只要精神不滑坡
办法总比问题多

董博然◎著

"中国10大经管团购图书" 钻石升级版

卓越员工自我修炼必备的理念和行动准则

——打造不找借口找方法的一流员工——

台海出版社

图书在版编目(CIP)数据

只要精神不滑坡,办法总比问题多 / 董博然著. --

北京:台海出版社,2013.7

ISBN 978-7-5168-0161-1

Ⅰ. ①只… Ⅱ. ①董… Ⅲ. ①企业-职工-职业道德

Ⅳ. ①F272.92

中国版本图书馆 CIP 数据核字(2013)第 117362 号

只要精神不滑坡,办法总比问题多

著　者:董博然	
责任编辑:孙铁楠	
装帧设计:天下书装	版式设计:通联图文
责任校对:罗　金	责任印制:蔡　旭

出版发行:台海出版社

地　址:北京市朝阳区劲松南路 1 号，邮政编码:100021

电　话:010-64041652(发行,邮购)

传　真:010-84045799(总编室)

网　址:www.taimeng.org.cn/thcbs/default.htm

E-mail:thcbs@126.com

经　销:全国各地新华书店

印　刷:北京高岭印刷有限公司

本书如有破损、缺页、装订错误,请与本社联系调换

开　本:710×1000　　1/16	
字　数:215 千字	印　张:16
版　次:2013 年 8 月第 1 版	印　次:2013 年 8 月第 1 次印刷

书　号:ISBN 978-7-5168-0161-1

定　价:32.00 元

前　言

到底是什么阻碍了你的成功？

1

有人说，我的失败，是因为我做出了错误的决策。这句话有一定的道理，但问题是，任何人都不是圣贤，再聪明的人的决策也会有失误的时候。况且，所有的决策都是在有限信息的前提下做的，不可能全都正确。

那么，你是否能从失误中学到点什么？至少保证下次不犯同样的错误。

也有人说，我的失败，是败在了用人上，我没有良好的人脉。

这也有一定的道理。在现实生活中，有些人很有才华和能力，却经常失败，其重要原因就是缺乏好人脉。所谓的"白金人脉圈，驯服千里马"，说的就是这个意思。

问题是，我们都没有火眼金睛，不能事先清楚了解一个人的好坏优劣，了解他擅长与不擅长的领域，了解他的能力水平……那么，你能否在建立人脉的过程中，增加对一个人的了解和对公司的了解，从而避免看错人、用错人、信错人，或把人安排在错误的位置上？

……

到底是什么阻碍了你的成功？

两个字：借口！

人生中的许多失败，就源于那些一直麻醉着我们的借口——如前所述，正是这些借口，成了你推诿的挡箭牌，无能的遮羞布，懒惰的代名词，成功路上最大的绊脚石。

2

有哲学家说过："如果你有自己系鞋带的能力，就有上天摘星的机会。"赢得成功固然要靠才华，也需要毅力、勇气、坚持、责任……但最重要的还是不找借口——"只为成功找方法，不为失败找借口。"

没有任何借口，看似冷漠，缺乏人情味，但它却可激发出一个人最大的潜能。无论你是谁，在人生中，无需任何借口。失败也罢，做错了也罢，再妙的借口对于事情本身都没有丝毫的用处。而那些主动寻找方法、积极解决问题的人，才是最优秀的人，自然也就是最受欢迎、最容易获得成功的人。他们相信，凡事总会有解决方法，而且总会有更好的方法，因此无论遇到什么样的问题和困难，他们都不会用借口来安慰自己。

其实，方法和借口一样，"就像海绵里的水"。只要去找，总是会有的。只要我们抱着第一时间行动的态度，用积极的思维方式思考，勇于承担责任，不断地自我提升，保持良好的工作习惯，就能高效地、创新地解决问题。

3

本书对生活中，尤其是企业中找借口的种种现象进行了全面分析，对如何彻底杜绝工作中的借口，从理论到行动都进行了全面而透彻的分析探究。对塑造员工一流的责任心、确保完成任务的执行力，以及打造最优秀的团队文化，具有很好的指导和启迪作用。

本书观点鲜明，描写生动形象，书中的策略和技巧，操作性极强，是一本最适合单位培训和个人发展的职场读物。

目 录　　　　　　　　　　CONTENTS

第三章 性格改变命运——最神秘的性格色彩学 ………… 52

性格影响着我们的行为,左右着我们的思维,决定着我们的命运,因此,我们必须想办法规避自己性格中的弱点,不要让其成为我们幸福人生路上的障碍;我们要积极乐观地面对成败,摒弃性格劣势,发挥性格优势;只有这样,我们才能战胜失败,成就辉煌的人生。

第六章 失败也是正能量——如何抵御消极心态 ………… 128

失败是常有的事,千万不要哭泣。事实告诉我们,失败并不可怕,怕的就是你爬不起来,失败后无谓的气馁、自卑、哭泣只会消磨你的时间,削弱你的自信。因此,要想改变失败的现状,就要懂得从失败中学习经验,吸取教训,只有这样成功才会离你更近一步。

第七章 用失败磨练意念力——拒绝借口,赢在方法 …… 149

对于畏惧失败的人来说,借口就是他们慰藉的理由。而对于成功的人来说,失败却被当作走向成功的阶梯,他们不把失败当借口,而是在失败中不断进步,把失败当成坚定信念、磨练意志的基石,不畏惧、不逃避、不放弃,并把失败后的痛楚化为动力,不断前行。

第八章 摆脱借口——心慢下来,行动快起来 ………… 168

一流的人找方法,末流的人找借口。一个在工作中千方百计为自己找借口的人,永远也不会得到他人的认可和器重。借口是成功路上的高山险阻,要想在工作中克服困难、走出失败获得成功,就必须从现在开始杜绝借口,做一个能够突破自我、敢于勇往直前的人。

第九章 勇气与担当——做内心强大的自己 …………… 189

摒弃借口,生活中我们可以与勇气为伴走向成功,亦可以抓住希望的翅膀继续飞翔;摒弃借口,遇到困难时不挖空心思编织花言巧语为自己开脱,而是迎难而上、坚持不懈地去面对。这样,生活中的我们将永远充满自信与热情。这样,成功才会渐渐地离我们越来越近。

第十章 做卓有成效的决策者——赢在方法，拥抱成功 ······ 219

成功者未必有特殊的机遇和优越的条件。相反，他们大都历经坎坷、命运多舛，他们是能在不幸的境遇中奋起前行的人。对他们来说，艰险的处境、失败的打击只会使他们更加坚强，他们不会被困境压垮，而是用努力变压力为动力，从荆棘中开辟成功的道路。

第一章

没有任何借口
——打造最高效的执行力

> 找借口是世上最容易的事,因为我们可以找到很多的借口来自我安慰,掩饰自己的错误。然而,它却是一张使人走向失败的温床。它让我们暂时逃避了困难和责任,获得了些许心理慰藉,但是它的代价却非常的昂贵,它给我们带来的危害比其它的恶习都要多得多。

借口使一个人变得懦弱

对于生活,对于工作,对于未来,人们有着美好的蓝图,但当现实的残酷逐渐暴露的时候,幻想渐渐破灭,于是人们妥协、放弃,变得懦弱。

迷茫的人们,请记住:首先,不要找借口,不要用一些冠冕堂皇的理由去允许自己放纵的生活。或许,真的很累了;或许,该是让自己轻松一下的时候了。但请记住,放纵之后的你一定不会快乐,放纵更不会是你想要的生活。是的,败了也不能懦弱。结果并不是说不重要,与过程相比起来,它只会让你忽略很多重要的东西。不要太在乎结果,不要为了你人生的目标而习惯说不。

生活中的问题就像一座云雾缭绕的高山,山脚下的人们抬头仰望,既不知道前面还有多远的路要走,也不能确定漫长的路途上暗藏着哪些危险。不给自己找借口的人,会勇敢地开始跋涉,他们可能遇到危险,但最终会登上胜利的顶峰。给自己找借口的人,因为内心对未来的恐惧,会告诉自己"我看不清前面的路","我可能因此丧命","我的体能没有这么好",等等。给自己找借口的人,只能终生驻留在山脚下,直到白发苍苍,依然不停地徘徊。

借口让人们把精力全部集中在未知的危险上,把潜在的危险放在显微镜下研究,最终造成了心理上的过分恐惧。怯懦的人被恐惧"劫持",他们畏惧未来的一切,"万一错了,我会不会失去工作","就算我竭尽全力,也不一定会成功","如果我没有成功,大家都会嘲笑我"……这些借口让人失去了行动的勇气,同时也让自己被惴惴不安的情绪压垮。

把我们吓倒的通常是我们自己。借口助长恐惧的心理,借口让怯懦者更加怯懦。而如果尝试着勇敢起来,哪怕只勇敢地尝试一次,人们就能发现勇敢并没有想象中那么困难。

美国前总统艾森豪威尔讲述过对他影响最深的一段经历,这段经历告诉他,只要鼓足勇气,令人胆怯的事物并不像他想象得那么可怕:他5岁的时候去叔叔家玩,叔叔家的院子里养了一对大鹅,大公鹅一看见他,就怪叫着向他扑来。他吓得跑进了屋子,大哭起来。

受了惊吓之后,叔叔给他找了一个旧扫把,然后教他用扫把去打败那只公鹅。艾森豪威尔很害怕,但在叔叔的鼓励下,还是战战兢兢地走到了大公鹅面前,壮起胆子,向大公鹅打去。公鹅挨了打后,再也不敢对着艾森豪威尔怪叫了。

在生活中,令人心生胆怯的事物非常多:因为害怕失败,所以放弃尝试;因为害怕受到他人的批评,所以放弃表达自己的观点;因为害怕失去财产,所以不愿尝试新的生活方式;因为害怕失去爱,所以不愿对爱人坦白自己的缺点……这些借口都让我们最终成为怯懦的人,不敢尝试、不敢创新,只能拘泥在已有的生活中,最终我们逼迫自己走向了贫穷和失败。

为什么人们会用如此多的借口来伪装自己的怯懦呢?因为人是依靠经验对未来进行判断的生物。每个人都有这样的经历,当我们还是孩子的时候,父母一句无心的责备,会让我们伤心很久;上学之后,我们偶尔的一次尴尬经历,都有可能成为同学们嘲笑的话柄;工作后,我们开始在意别人的评论,例如我是否太枯燥乏味、是否显得过于愚蠢等。这些从小到大的经历,都造成我们对行动的阻碍心理,我们害怕再次被他人批评,再次遭遇失败。而当我们成长为具有理性分析能力的个体,再回首往事时,就能发现,这些成长经历中的不愉快,大多不是当事人针对我们故意为之的,绝大部分都是在一种无意的状态下发生的。

这些被嘲笑、被拒绝的经历让我们变得缩手缩脚,但是理性的力量完全能够帮助我们战胜这些心理阴影。当我们要发表言论,却害怕被人批评时,应该回想一下上次发生这样的事情是在怎样的环境下,而现在自己要讨论的问题和环境是否与上次相同。最重要的是,明确上次被大家否决的观点存在哪些问题,然后告诉自己,只要在这次讨论中避免这些问题,情况就会好转。这些分析将帮助我们勇敢地把自己的想法说出来。

克服了心理上的恐惧,我们还要树立强大的信念:就算眼前是一座望不到顶的山,依然坚信自己能走到顶峰。成功的信念会驱散一切怯懦。拿破仑的名言是:"我成功,因为我志在成功。"如果没有必胜的信念,我们就会被"我害怕失败"的借口征服。

不要给自己任何借口,就能摆脱怯懦,战胜那些曾经困扰我们的经历。做一个勇敢的人,向着人生目标不断前进,并最终成功。

借口有时能酿成大遗憾

有这样一个实验:把一只活蹦乱跳的青蛙扔到热水沸腾的锅里,它会迅速跳出锅逃生;而如果把它放在冷水锅中,再对冷水缓慢地加热,青蛙就会没有反应地待在锅里，直到水温升高到足以致命，它再想逃生，却为时已晚，只能坐以待毙了。小借口就是这锅冷水，它纵容人的惰性，让人忽视周围潜在的危险，抱着得过且过的心态，等发现危机将临的时候，再想要逃生已经来不及，只能惨遭淘汰。

夏某在一家公司做销售已经十几年了，业绩一直都不错。有一天，他负责的一笔订单突然被别的公司抢走了，上司来询问情况，夏某推诿说，他腿上的旧伤复发了，比竞争对手晚到了一个小时。上司看他以往的业绩都不错，且腿伤也是几年前出差时弄伤的，就没有对他加以更多的责备。其实，夏某那天只是因为自己起晚了，耽误了工作，他的腿伤完全不会影响到他的行动，也不会给工作带来不便。自此，夏某发现了让自己清闲起来的"秘籍"，只要一有比较艰巨的任务，他就以腿伤为借口，告诉上司自己不能胜任。此后的半年，夏某发现，不但腿伤是个借口，孩子生病，家里装修，等等，都可以成为迟到早退、不按时完成任务的借口。就在夏某暗自为自己"英明"的举动高兴时，公司的"裁员大潮"开始了。领导把他叫到了办公室，对他说："我知道你为公司负过伤，以前也干得不错，可是近一年来，你的业绩几乎为零，所以，你被解雇了，不要对我做任何解释，这一年来，我已经听得够多了。"

这就是夏某为每一天所使用的小借口付出的代价，那些看似不起眼的小借口，让人觉得危害不大，因为并没给他人制造更多的麻烦，但如果长此以往，小借口也会酿成大遗憾：它们会彻底改变上司、同事对他的看法，认为他是一个不能担当责任、做事效率低下的人。这样的印象不但会让他错过更多的发展机会，一旦出现危机，还会让他首先遭到淘汰。

借口可以帮助人们暂时缓解对自己的责备，降低自我要求，从而获得短暂的自我满足。然而，清醒的人都明白，这样的借口只不过是自我麻痹的毒药，如同医生给病人治病，麻醉剂虽然能暂时缓解病人的疼痛，但并不能彻底根治疾病，如果长期使用，甚至会让病人命丧黄泉。人的一生中，借口就好比麻醉剂，如果一个人习惯了依赖借口生活，为了获取眼下相对舒适的生活，却要付出永远与成功无缘的代价。有时候，正是那些习惯性的小借口,会给人生造成无法弥补的遗憾。

据美国心理学会的调查结果,在美国的心理诊所,平均每个月每位医生至少会遇到一位这样的患者:他们已经人到中年,肩负着家庭的重担,却还在公司的底层挣扎。这些病人最常说的话就是:"为什么我辛辛苦苦做了一辈子,依然没有得到提升。那些比我小十几岁的人,都已经成了我的主管。"这些患者不断向医生抱怨,他们在一个岗位上如何辛苦耕耘了几十年,公司却总是对他们的贡献视而不见。难道这些心力交瘁的中年人真的就是命运不济才得不到公司的重视?让我们来看看美国《读者文摘》上登载的一位美国医生的记录,从中便能找到这些患者的人生悲剧的根源:

今天我又遇到一位中年危机患者,他不停地抱怨公司不给他机会,我于是问他:"先生,您能把自己受到的不公待遇说清楚些吗?"

"当然,前些日子,公司竟然要派我去海外营业部工作,您可以想象吗?像我这样的年纪,到遥远的日本去?"患者情绪非常激动地说。

"可是,先生,去日本虽然很远,也许还会水土不服,但您不认为这正是公司给您的一次机会吗?"

"机会?我这样一把年纪,还要我这么奔波,这些都应该是二十几岁的小伙子做的事情,我可不认为这是机会,这简直是对我的折磨。"

"那么您又是如何处理的呢?"

"我告诉我的上司,我有严重的心脏病,不适合到这么远的地方去工作。"

"那么,先生,我觉得如果您的身体状况并不乐观,或许您应该降低一下对自我的要求,做一些闲差也不错,您知道,做公司的管理人员压力很大,这或许对您的身体并不好。"

"医生,我的病并不严重,这只是我的一个借口,这样他们就不会派我去日本了。"

原来这位患者和我所见过的所有一事无成、牢骚满腹的患者一样,并

5

没有什么真正的疾病,只不过他们总是为自己寻找借口,从青年时期开始找借口,一直找到中年,直至老年,他们并不知道,这些借口才是他们人生郁郁不得志的根源。

显而易见,一个个看似不起眼的小借口,累积起来就会造成人生的大遗憾。当我们抱怨得不到公司的提拔、上司的赏识时,最先要反省的,就是在工作中,我们为自己找了多少借口。

消极的人每天都会为自己找借口,有些借口看似微不足道,例如,缺席一次会议,推卸掉一次出差的任务,把工作的难题推给同事,等等。但把这些小借口积累起来,人生就会变成医生所描述的那位患者的样子:人过中年,依旧碌碌无为,小借口虽然换来了几日的舒适,不用出差、不用面对需要冥思苦想的难题,但最后的人生结局却是一事无成。

由此可见,借口不会使人走向成功,它只会在无形中慢慢地麻痹人的斗志,让人一次次地错失良机,最终酿成莫大的遗憾。因此,我们要杜绝一切借口,只有这样我们才能告别遗憾,走向成功。

借口只会让人步步跌倒

失败是没有任何借口的,即使遇上了意外也不能给失败找到借口。推卸自己的责任只会让自己犯更大的错误,跌倒了只有自己勇敢地站起来,才能汲取教训、有所收获;相反,失败后,只是一味地抱怨,找借口,那么你只会一步步地跌倒,再不可能爬得起来!

在生活中,我们经常看到,孩子被凳子绊倒,然后会哭着告诉父母:"那个凳子把我绊倒了。"一些父母可能会疼爱地抚摸着孩子的头,然后对他说:"好宝宝,不哭了,妈妈去打那把坏凳子。"但教育学家告诉我们,正确的方法应该是让孩子重新回到被绊倒的地方,让他再一次从凳子边经过,并告诉他应该如何处理类似的问题,学会保护自己,以后就再也不会被凳子绊倒。

当我们找借口的时候，就和智力不成熟的孩子一样，只会把自己的过错强加给其他人或事物，而不去反思自己存在的问题，不去想尽办法修正这些错误。成功者按照理性的指导，有计划有步骤地找出问题的症结所在，并逐一解决它们。不给自己找借口，就是让自己从错误中汲取经验，而不是无休止地发牢骚。找借口的人用诅咒的口吻抱怨一切：时运不佳、出身不好，甚至连刮风下雨都能成为他失败的借口，而唯独忘记了分析失败的原因。借口禁锢人的分析、学习能力，让人在同一个地方连续跌倒，就像蹒跚学步的孩子，如果不去教他如何在椅子旁边走过，他就会屡次被椅子绊倒。

无论一个人能为自己的错误找出多少条借口，都无法帮助他在下一次面对同样的问题时避免同样的错误。借口让人降低自我要求，逐渐形成得过且过的心态，满足于蒙混过关。某公司年底考核业绩，同样是两个没有完成任务的业务员，其中一个找各种借口为自己开脱，认为只要熬过了今年的年关，明年再说明年的事情；而另外一个则认真总结一年以来的错误和失败的原因，在年底的时候，已经把这存在的问题分析清楚，等待在新的一年中逐一解决。不难想象，承认错误的业务员会在第二年有长足的进步，因为第一年犯下的错误，都将在第二年中避免，但为自己找借口的业务员，可能连明年写总结的机会都没有了，他无视自己的不足和缺点，只会让工作业绩日趋下滑。给过错和失误找借口并不困难，但这是于事无补的方法，借口让人暂时得以逃避责任，但面对同样的问题，依然会手足无措，根本不知道如何解决。

不在困难面前找借口，勇敢地直面困难，督促自己迅速地找出解决问题的方法，才能避免这些困难成为限制自身发展的终身困境。发明家爱迪生可以为自己找出十几种借口，从而彻底屈从于自己艰难的处境：没有接受过正规的教育；身体有缺陷，耳朵不好使；生活窘迫，没有足够的资金从事试验等等。但爱迪生从来没有为这些困难找过任何借口，他坚持不懈地努力学习。在研制灯泡的过程中，他遭受了上百次的失败，但最终获得了巨大的成功,把全人类带入了光明的世界。

在他之前,很多科学家都未能研制出能持续发光的电灯,爱迪生认真总结了前人失败的经验后,拟定了详细的试验计划,对1600多种不同的耐热材料进行逐一的试验,同时改进了抽真空设备,提高了灯泡内的真空度,终于在1879年发明出影响了整个人类文明进程的电灯。此后,为了延长灯丝的寿命,他又对6000多种纤维进行了逐一试验,直到找出新的发光体,才彻底解决了灯泡寿命短的问题。

爱迪生一生总共创造了上千项发明,单就电灯一项发明,他就做了几千次的试验,每一次试验都是对上一次所犯错误的改正,哪怕还是没找到成功的方法,但至少又获得一次失败的经验。1880年,连跟随爱迪生多年的助手都要放弃了,他还在不懈地努力。在爱迪生的人生中,没有借口这个概念,试验失败了,就认真研究问题,在下一次试验中避免类似问题,长此以往,他才最终获得了巨大的成功。

为失败找借口的人总认为自己的努力等不到应有的回报,却忽略了正是在借口的掩护下,失败者从没有清晰地看到自己的问题所在。为懒惰找借口的人,总觉得自己的工作无聊,却不知道无聊不是工作本身带来的,而是他们放任借口侵蚀心灵,丧失了发掘生活的意义以及工作的乐趣的能力。美国学者葛雷在其著名的《成功的共同性》中,揭示了成功的秘籍:成功者能为失败者所不能为,纵使并非心甘情愿,但为了理想与目标,仍可以凭借毅力克服心理障碍。爱迪生之所以不为上千次的失败找任何借口,从未在失败面前低头,正是源自他对目标的执著和实现目标的毅力。无论多么简单的工作,如果没有对更高目标的追求,那么都会在同一类型的小事上,重复低级简单的错误。

教育学家告诉我们,那些经常出现计算错误的学生,往往最终不能成为一个成功者,因为他们从小就养成了用借口为自己开脱的不良习惯,他们总是告诉别人,自己并不是没有实力考好,只是粗心马虎。然而,粗心马虎正是因为他们缺乏对目标本身的执著和高度的热情,他们对考试漫不经心,也会对以后的工作更加地心不在焉。事业的成功与否,在很大程度上并不取决于所从事领域的艰辛程度，而是取决于是否对成功有热烈的渴望。

借口让人丧失热情，在找借口的人心中，失败总是别人导致的，而环境又总是和他们过不去。他们很容易陷入抱怨的循环中，因为不停地为失败找借口，而抱怨一切可能阻碍他们的事物，又因为不停地抱怨，而进一步丧失了对生活和工作的热情。借口让人丧失对成功的欲望，在做事情的过程中，总是以敷衍了事为原则，这让他们在看似非常小的错误上，也会一犯再犯。同样看似简单易行的工作，不同的人来完成，结果就会有天壤之别。

借口让人只求完成眼前的工作，而忽略了更长远的工作，这不但会在无形中增加工作量，还会增加人们不耐烦的情绪。以心不在焉为借口，只会导致简单工作复杂化，因为忘记了需要更深入了解的情况，可能要多跑上两三趟，甚至七八趟；因为不及时吸取教训，同一个地方会摔倒很多次。这样的人只能永远做小职员，替人跑腿儿，同时对自己的不足毫无察觉。

每一个成功者虽然成功的经历各不相同，但他们都有一个共同之处，那就是：不给自己找任何借口，遇到问题和失败，及时纠正错误，激发自己实现目标的执著，全身心投入到事业中。但是，依赖借口的人喜欢把问题推卸给别人或者抱怨环境不佳，他们百无聊赖，除了借口，一无所有，这也只能导致他们屡次被同一块小石头绊倒，因为他们总是以自己运气不佳为借口，却忘记了用自己的眼睛去寻找一条石头较少的路。

借口有时就等同于妥协

任何一个成功的人士，他们绝不会向失败和困难投降，更不会给自己的失败找任何的借口；没有打击和困难的人生是不存在的，任何人面对困难和逆境，都可以伤心、悔恨，但唯独不能用"我不行"作为借口，丧失继续前进的勇气和决心。成功者往往在遇到困难时定会抛弃借口，总结教训，奋力前行。

为自己找借口，就是向困难屈服。在日常生活中，当我们遇到困难，如果先想到退缩，先对伟大的目标望而生畏，自我否定，那等待我们的只有失败。"不可能"、"我不行"这些最常用的借口，恰恰是人生的枷锁，它们禁锢我们的勇气、信心和智慧，左右我们的情绪，最终让可能的光荣永远与我们无缘。在生活中，永远没有绝对的不可能，只有相对的不可能：那就是我们给自己找到的各种各样的借口，借口让我们变成怯弱和懒惰的奴隶。

2002年，一位留学英国的年轻人看到《卫报》上的一则广告，招募两名年轻人进行环球旅行，报社支付3000美元的费用。没有多少人认为这是一项可以完成的任务，"用3000美元环游世界，这简直不可能！"

而这位年轻人就是不服这种"不可能"的说法，通过周密的安排，不但用3000美元完成了环球之旅，还有40%的夜晚是在星级酒店里度过的。这个年轻人就是畅销书《3000美元环游世界》的作者朱兆瑞。他在面对好奇的读者时，曾这样解答他是如何完成这个看似不可能的任务的：用勇气去开拓，用头脑去行走，用智慧去生活。

每个人在面对艰巨的任务或难以实现的理想时，都会为自己找借口："这对于我来说太难了，我根本没有天分。""这对我来说，绝对不可能，我没有那么多钱。"人们把自己现存的劣势或缺点作为借口，无非是要为自己的妥协和放弃开脱。

可是，美国成功学专家格兰特纳却告诉我们："如果你有自己系鞋带的能力，你就有上天摘星的机会！"不要为自己找借口，哪怕只有万分之一的机会，也决不放弃。成功者总会借助信念的力量，找到最后的星光，并借这希望之光，走向人生的又一个巅峰。

阿朗佐·莫宁是世界上最伟大的篮球运动员之一，在他的篮球职业生涯中，他曾四次入选NBA全明星阵容，并代表美国国家队获得了悉尼奥运会篮球比赛的冠军。然而，2000年，莫宁被查出患有肾病，在他带病坚持比赛几周后，医生命令他离开了他一直以来热爱的赛场，并给他切除了一个肾脏。

莫宁完全可以说，我已经身患重病，应该结束自己的职业篮球生涯了。但是他并没有给自己找借口，而是继续前进。2004年，接受了换肾手术的莫宁重返球场，此时他已是34岁的老将了，但他以永不放弃的精神和精湛的球技征服了世界，并于2006年获得了他职业生涯的第一枚总冠军戒指。

现在，莫宁已经成为NBA篮球的一种精神象征。他的成功正是源于他的名言："在我的职业生涯中，从不对困难屈服。"

世界以其特有的广博和多样性，为我们提供了所有超出想象的可能性。正是这个世界所提供的可能性，正是我们作为人，这种经过上百万年的进化，终于从那么多动物中脱颖而出的物种，能把这种可能性变为现实。确实，人类出现的本身就是一个奇迹，而这个奇迹作用在每个具体的人身上就是个体生命不断创造新的奇迹的历程。

从现在开始，不再为自己找借口，做一个永不妥协的成功者。记住，我们的前辈是历经百万年的进化，浴血奋斗，经历无数苦难而成为集天地精华的人类！

当我们在为自己找借口前，一定不要忘记想想面对一堆废墟的爱迪生，用3000美元周游世界的朱兆瑞，经历换肾手术仍能挑战人类运动极限的莫宁。面对困难，甚至绝望的境地，我们只要平心静气地认真规划一下，拿出人生的勇气与智慧，就会发现，那些困难只是五彩的气泡，而我们为自己找的各种借口，只不过是藏在我们身体中的懒惰和怯弱耍的小伎俩。因此，只要我们抛弃借口，锐意进取，成功一定能够属于我们。

借口只会令人失去成功

借口是失败的温床，成功的大敌。它能够瓦解一个人成功的意念，削弱胜利的欲望，消减人的耐心。在成功的道路上，缺乏耐性的人总会为自己找到借口："这件事肯定不可能,对我来说它太漫长了。"甚至有时候,这些人还会嘲笑那些执著努力的人,就像那些嘲笑愚公移山的智叟。可是,说这些借口的人却忽视了一条法则:没有一蹴而就的成功。借口让他们不愿意去脚踏实地地走出每一步,而总是渴望一步登天。

石匠拥有的只不过是一个铁锤和一把凿子,而石头却坚硬无比。很多过路人看到石匠在硕大的石头面前,一锤锤地费力敲打,敲打了几百下之后,石头依然没有任何的裂痕。很多围观的过路人都在窃窃私语,还有人嘲笑石匠太自不量力。然而石匠兀自埋头苦干,在几千下敲击之后,最后一锤敲下去,巨大的石头轰然破裂。对于石匠而言,每一次敲击都是有价值的,正是这些细微的积累,才有了最后破裂巨石的力量。

借口会让人失去成功的机会,但哪怕是一次微小的成功,都可能对人生产生重大的影响。不要让借口毁掉成功的可能性,人生的大辉煌正是由一次次的小成功筑就而成的。有人经常会这样对自己说:"这件事太微不足道了,我何必费心去做呢。"正是这种借口让人心安理得地放弃了努力去做的想法。而找借口的人却不知道,解决大问题时所需的能力与经验,正是在解决这些小任务的过程中,不断历练出来的。

美国橄榄球史上伟大的教练——隆巴蒂,他曾经带领美国绿湾橄榄球队取得了令人难以置信的辉煌成绩。隆巴蒂训练球员的要诀很简单,就是要球员都牢记:"一定要取得比赛的胜利。如果不把目标定在非胜不可上,那比赛就没有丝毫的意义。不管打球、工作、思想,一切的一切,都应该'非胜不可'。"他告诫球员,比赛就是不顾一切,不找任何借口地往前冲,无论横在你面前的是一辆坦克还是一堵墙,都不能成为你停下脚步的借口。在绿湾球员的心目中,只有胜利的欲望,没有其他的杂念,为了胜利,他们无视所有的困难。

给自己借口的人总是以事情太小为由,从而放弃努力,成功者却认真对待每一天的生活,正是每天的小成功,才能积累起了不起的大收获。

张立勇因为家里贫穷,从江西老家辍学,来到北京在清华大学做厨师。他带来的只有初中的英语学习课本,但是他在清华开始了从不间断的自学。他住在4平方米的小屋内,利用学生废弃的二手磁带和资料,每天坚持自学英语7~8个小时,有时学到凌晨两三点钟。他还把所有的生活和工作用品都贴上了英文。就是凭借这种水滴石穿的精神,2001年,张立勇参加了托福考试,并获得630当年的高分(670分满分);超过了所有接受过高等教育的大学生。

在成功的道路上,绝没有小事,任何大的成功都源自小的积累。那些以为事情太小,不值得一做的人,正是忽略了每一个小进步都有其不可替代的意义。凭空建不起楼阁,那些埋藏在地下的石块并不为人所识,却是恢宏建筑的根基。

要在成功的道路上不断前进,首先要耐得住寂寞。那些小的进步,就算别人看不到,没有给予赞赏,我们也应该为自己高兴,有小成功才会有大发展。只有不断地自我鼓励,才能让我们不放弃,不被"过程太漫长"的不良情绪困扰。我们应该给自己一个每天都在进步的生活,而不是眼高手低,小事不肯做,大事做不了,只能浑浑噩噩地混日子。

不给自己找借口,就是不错过任何一次成功的机会,珍惜每一天所取得的进步,并时刻提醒自己,应该寻找成功的机会,绝对不要用"这件事成功的概率太低"为借口,让懒惰占了上风,让机遇从身边溜走。要抓住机遇,首先要敢于实践,不要害怕失败,同时也要勤于思考,甘于现状的人永远无法发现机会。一旦发现机会,就必须抓紧每一秒钟,迅速采取行动;停滞、犹豫、观望、徘徊都会有可能让机会稍纵即逝,让自己后悔莫及。

因此,在生活中我们要牢记:借口是失败的温床,它只会令人失去成功。所以,无论生活还是工作,我们都不要给自己找借口,在困难与失败面前要毫不懈怠,坚持每天进步一点点,在发现机会的时候,全力出击,相信将来非凡的成就必将属于我们。

借口会滋生拖延的恶习

《明日歌》中写道：明日复明日，明日何其多，我生待明日，万事成蹉跎。由此可见，拖延是要不得的。无论干什么工作，都不能找借口，因为借口最容易滋生拖延的恶习。

寻找借口就是想进行某种开脱，进而有所缓和。拖延的背后是人的惰性在作怪，而借口则是对惰性的纵容。对付惰性最好的办法就是根本不让惰性出现，往往在事情的开端，总是积极的想法在先，然后当头脑中冒出"我是不是可以……"这样的问题时，惰性就出现了，"战争"也就开始了。一旦开仗，结果就难说了。所以，要在积极的想法一出现时不找任何借口，马上行动，让惰性没有乘虚而入的可能。

要想改变自己平庸的生活，就需要丢掉借口，立刻把自己的想法付诸实践。那些抱怨自己生活不如意的人并不知道，让他们无法改变现状的不是别人，正是他们自己。那些成就卓越的人，往往并不会在智商上高出平凡的人很多，大部分只是一般水平。人的成功并不取决于智商的高低，而是取决于对待事情的态度，那就是：不给自己任何借口，毫不迟疑，立刻投入行动。

科学研究表明，人的大脑是一台非常精密的仪器，它的创造力远远高于我们的预期。大脑时常会呈现出富有灵感的想法，但甘愿失败的人则会找出无数条借口，来和大脑的灵感对抗。人们会说："反正不着急，这个想法等到明天再说吧。"可是到了明天，他早就把点子抛到了脑后。人们还可能说："现在条件还不成熟，等条件成熟了，再做也不迟。"可等条件成熟了，好的主意早就变成别人的行动了。人们还会说："这算什么，我要做就做一个最完美的，一鸣惊人。"可不付出实际行动的话，"完美"从何而来呢？

丢掉这些为自己辩护的借口，立刻采取行动，从当下的一分钟开始，彻底改变慵懒的生活状态。

　　美国混合保险公司的创始人斯特隆曾说："对我的人生影响最大的一句话就是：'马上去做。'"这是斯特隆的母亲从小教导斯特隆的话，也是斯特隆一生的行为准则。

　　第二次世界大战后，美国经济大萧条使原本生意兴隆的宾夕法尼亚伤亡保险公司濒临破产。该公司归属巴尔的摩商业信用公司，他们决定以160万美元的价格出售保险公司。当时的斯特隆已经拥有了一支非常优秀的保险推销队伍，这让他突然想到一个主意，并立即付诸了实践。他找到了商业信用公司的负责人，并告诉他自己要购买他们旗下的这家保险公司。公司的负责人告诉他："当然可以，需要160万美元。"斯特隆说："我没有这么多钱，但我可以向你们借。"这个想法让负责人惊呆了，斯特隆解释道："你们商业信用公司不就是给别人做信用贷款的吗？我完全有把握把保险公司做好，然后再把借来的钱还给你们。"斯特隆的建议意味着，商业信用公司不但拿不到一分钱，还要借钱给斯特隆经营保险公司。但商业信用公司通过全面的调查，看到斯特隆以及他的优秀的保险团队，对他们的经营能力充满了信心，最后，斯特隆没有花一分钱，就获得了这家保险公司，并把它经营成美国著名的保险公司。

　　"马上去做"就是不要给借口任何可乘之机，不要去追究自己现在心情如何，身体如何，这个想法的成功概率到底有多大等等。只有把想法付诸实践，才有可能成功。彻底丢掉借口，立刻处理手边的事情，不要只用"我知道"、"我会尽快处理"作为口头禅，却把事情丢在一边。我们经常会说："您放心，我马上去做。"但随后又会告诉自己"我得先去吃饭"或"我得下班了，明天再说吧"。

　　某一天，列宁收到了一份来自前线的急电，内容是：冬天到了，士兵缺少衣服，弹药也快用完了，十万火急，但总部机关迟迟未予回复。列宁让通讯员把电报送到了总部，一个小时后，列宁打电话给部长，询问电报是否收到了。部长说："没有收到。"列宁请部长去查邮件，部长回答："我马上去，然后给您电话。"

　　"不，不，我等着。"列宁说。

部长立刻检查了电报,发现电报已经送达。他告诉列宁:"电报收到了,我和同志们研究一下,再回您电话。"

"不,不,我等着。"列宁说。

部长很快就回来汇报说:"一切都安排好了,正在和服装管理处联系,我随后告诉您消息。"

"不,不,我等着。"列宁仍然坚持说。

部长于是马上联系了服装管理处。拖延了一个月的问题,在列宁的督促下,只用了不到半个小时就解决了。

借口会让很多本可以立刻得到解决的问题拖延很久。找借口的人总认为时间还很多,手边的事情可以暂时不用做,因为他们内心中并不愿意立刻付出行动,如果每一件事情都可以暂时搁置起来,也就可以无所事事了。所以,要想成就一番事业就应该勇于战胜自我,大胆地摒弃借口,把行动放在首位,拒绝拖延,迈向成功。

借口能毁灭人的自制力

所谓自制力,就是人们能够自觉地控制自己的情绪和行动的能力。既善于激励自己勇敢地去执行采取的决定,又善于抑制那些不符合既定目的的愿望、动机、行为和情绪。

如果说,自制力是征服放任、杜绝借口的有效武器;那么,反过来寻找借口、盲目放纵又是自制力的腐蚀剂。借口不仅可以让人丧失自制力,放任自我的沉迷,甚至养成各种不良嗜好;而且还会让人过度地关注自己的情绪,把大好时光花费在无谓的感叹上。只有不给自己找借口,才能成为一个拥有自制力的人,而不是变成"少壮不努力,老大徒伤悲"的典型。

在生活中,有些人总是会发出这样的感叹:"这个时代变化太快,我们的生活压力太大。"这些坐享其成的现代人,享受着高科技所带来的一切便捷,却还总是会生出很多的抱怨。这些抱怨最后都演变成了借口。这些给自己找借口的人，最后变成了终日沉迷于肥皂剧、网络游戏、麻将、扑克的人。因为他们认为在工作之余，他们不能再忍受任何的工作，而是需要彻底的放松。有些人甚至因此养成了恶习，比如酗酒、赌博等，最后只能依靠心理医生的帮助，以摆脱这些生活陋习。

事实上，我们的社会并没有这些心理孱弱的人所说的那么可怕，现代科技让人们的工作效率更高了，也为人们提供了更多的生活服务。生活前所未有的便捷，娱乐消遣的方法不计其数，居住与工作的环境舒适宜人。只要仔细想想，稍微有点理性的人都知道，因"生活压力大"而自我放纵，只不过是他本人缺乏自制力找的借口罢了。

弗兰克林·班吉尔是美国最成功的保险推销员之一，他的成功秘籍就是：一旦投入工作就全身心地去做，绝不拖延或遗落任何可能成功的机会。他每天都在下班前就把第二天必须完成的工作列成清单，如果当天不能完成，就绝不下班。

推销员是工作业绩考核压力最大的职业之一，他们不停地和客户交谈，解答客户的各种疑问，几乎需要马不停蹄地工作。如果班吉尔也为自己的忙碌找借口，告诉自己可以把今天的事情拖到明天，或者后天，而今天就到此为止，该下班轻轻松松了，那么他就永远不可能成为美国最成功的推销员之一。

不给自己找借口，能帮我们恪守社会道德的底线，不会因为自己的放纵而伤害到他人。丧失自制力的人很容易激化矛盾，因为在面对不理性的人时，他们更容易产生对抗情绪，这样的情绪无疑只会让事态愈加糟糕。

在美国某一家公司的投诉接待处，曾经有过这样一段佳话。这家公司是销售服装的，每天都有很多气势汹汹的女人跑到这里来投诉："我买的衣服缩水了！""我买的衣服变形了！""我买的衣服掉色了！"

"我明明买了L号的，拿回家却变成了M号！"几乎每一位进来的女士都是怒气冲天的，但她们出去的时候，都会面带满意的笑容。是谁让这些看上去怒不可遏的女士们又变回了淑女的样子？其实很简单，公司的总经理请了一位笑容可掬的女士作为接待，她会认真地记录下问题，并告诉女士们应该如何处理这些出了问题的衣服。但是，这位接待员其实是一位聋人，她永远听不到顾客的抱怨以及谩骂，只能通过助手传过来的纸条，看到顾客需要处理的问题。公司的经理说："这些需要解决的问题通常都非常简单，但是由于顾客的怨气和不满，让一般的接待员非常容易和她们发生争执，这些接待员都有同一个借口，那就是顾客先辱骂了她们。后来，我们聘请了听不到抱怨的员工，这些问题就都解决了。顾客看到我们的接待员总是温文尔雅、笑容可掬，就会对自己不理智的行为感到惭愧，所以小问题很快解决了，她们的怒火也很快得到了平息。"

以非理性对抗非理性，只能导致冲突升级。只要就事论事，问题就非常容易地解决了。"那些顾客都疯了，她们对我大喊大叫。"这是接待员们为自己找的最多的借口。借口让她们丧失了自制力，完全忘记了本职工作，而是投入到和顾客的激烈争辩中。

从古到今，哲人颂扬人的自制能力，道德学家宣讲自制力的伟大，政治家鼓励个体的自制力，以促进社会的整体发展。自制力是人类最为重要的美德之一。但是，借口会从根本上瓦解人的自制力，只要想想那些"一失足成千古恨"的人，我们就能知道借口的危害力。那些或面带愧色或毫无悔意的人对着记者的话筒，几乎总会用一半的时间来表述自己犯罪的借口，诸如"我当时恼羞成怒"、"我已经走投无路"等等。其实，他们的根本问题就是丧失了自制力，不能控制自己的情绪，调动自己的理智。美国的社会学者曾在约19万名青少年罪犯中进行了问卷调查，结果有90%的犯人认为他们缺乏必要的自制能力，如果他们能够拥有一些自制能力，也许就不会犯罪。

为什么一个人最后沦落到了缺乏必要自制能力的地步？因为他把自己的人生交给了借口。没有钱的时候去偷窃，因为他们对自己说："我太穷了，没有办法。"但却忘记了，最贫穷的人也能凭借做苦力维生。身居要位的人挪用公款，因为他们告诉自己"这万无一失，我不会被发现的"。酒后开车酿成大祸，当初也只是一念之差，那个借口便占了上风，"我没喝多少，绝对没有问题"等等。这些永远无法弥补的错误，都是由于一个人习惯了给自己找借口,逐渐对自己的行动丧失了判断力,对法律和道德体系视而不见。他们在借口的纵容下,已经不能给自己的人生之船掌舵,最终撞上了漂浮在海面的冰川。

不给自己找借口,就能杜绝丧失自制力的可能性。让自己的理性占据上风,能够自觉地控制自己的情绪,善于激励自己勇敢地去执行决定,去抑制那些不符合既定目的的愿望,如此以来,你必定能够具备战胜失败不可或缺的良好自制力。

自满为借口会使人倒退

自满使人变得消极,慢慢倒退。自满的人会逐渐远离现实生活,因为他伴着以往的荣誉昏睡,哪怕是再微不足道的荣誉。生活如同在激流中搏击,你可以得到片刻间歇,稍事休息,唤起你的精力和果敢去迎接新的挑战,而自满则是一种漫长的"休假",它会使你陷于枯燥、乏味的生活。切记:自满是上帝赐予平庸小人的礼物。

自满情绪将扼杀美好的前程,无论天赋有多高,不思进取就是不懂得珍惜自己的天赋。自满的情绪会让我们变成龟兔赛跑中那只骄傲的兔子,躺在树荫下打盹儿。"我比乌龟跑得快得多,根本不用担心"这样的借口,让兔子输给了比自己的速度慢很多的乌龟。自满情绪会助长很多让人懒惰的借口,这些借口让人们误认为,只要有眼下的成就,就能做一辈子的成功者。但是,事实正好相反,驻留在自满的情绪中,对他人的进步丝毫没有察觉,等醒悟过来的时候,自己已经被远远地甩在了他人的后面,从曾经的成功者变为失败者。

由自满情绪所产生的借口,会让人变得懒惰却又无知,以为自己将永远处于遥遥领先的位置。就像一个病入膏肓的病人,却还不知道自己已经生病,这将延误最佳的治疗时机,而在自满情绪下产生的借口,正是这种致命的疾病,让人在没有意识到的情况下,事态每况愈下。

　　同样是两个天资很高的孩子，一个孩子在五岁的时候，就能作出令人称绝的诗句。他出生在一个农民家庭，父亲几乎不怎么认识字，可见这个孩子的天分有多高。乡亲们无不称他为"神童"，这个孩子也自认为自己非常了不起，从此便不再认真学习。到了十多岁，这个曾经的"神童"已经变成了一个普通人，只能和他的父亲一样，在家务农了。这个"神童"就是方仲永，他因为骄傲自满，而辜负了自己超乎常人的天分。

　　另一个孩子叫左思，他出身于书香门第，可是小时候并没有聪慧过人的地方。家里人请老师教过他书法、音乐、兵法，但都没有什么成就，望子成龙的父亲失望地说："这个孩子不如我年轻的时候聪慧，真是一代不如一代了。"但是左思没有气馁，他并不认为自己的天赋不高，就不能成就一番事业。他在家里的墙上、厕所、厨房都贴了纸张，想出好的句子，就随手写上。经过十年的刻苦努力，他终于写出了流传万代的《三都赋》，洛阳人读后，争先恐后地买纸抄读，竟然形成了"洛阳纸贵"的奇观。

　　一个是少年天才，最后只能落到田间地垄；一个是让父亲失望的普通儿童，最后经过不懈的努力，成为著名的文学家。前者被自满的情绪淹没，逐渐丧失了自己的天赋。方仲永十岁左右，正是成长的时候，他认为自己的天分就可以让自己做一辈子天才，所以以天资超常为借口，终止了学习，最后只能做个最普通的农民。左思并没有因为自己的家庭条件很好，而不思进取，他受到父亲激励，不懈努力，最终获得了成功。

　　一个被自满情绪掌控的人，总可以找到让自己懒惰的借口，他会说："我的家境这么好，何苦去拼命努力呢？家里的钱财足够我一生吃穿。"但他却忘记了，没有一双自己能换取财富的双手，一旦走出家庭的温室，就会被社会淘汰。自满的人还会说："我记忆力比别人都好，所以我只需要花半个小时，就能学会别人花一个小时学习的内容。"这样的人把时间浪费在无聊的游戏、闲聊中，却忽略了别人会花两个小时，学习更多他所不会的内容。自满的情绪是一架显微镜，它放大了所有细小的天分和优势，却让人忽视了自己的不足和缺点。

　　不给自己任何借口，特别是不要让自己被自满的情绪毁掉了前途。当我们获得成功的时候,应该为自己欣喜,告诉自己:"我就是最好的!"但也一定要知道,我们永远不可能攀登到最高的山峰,这次成功不是终点而是一个起点,它是下一次向更高的山峰攀登的开始,但永远不是终点。在进取的道路上,永远没有终点,永远不要以为到了一个小小的山顶,就可以停止前进的脚步。

孔子有一次带领学生到鲁桓公的寺庙参观,看到一个用来盛水的器皿倒斜在寺庙中。孔子问庙里的人:"请告诉我,这是什么器皿?"庙里的人说:"这个器皿叫做'欹器',是放在座位的旁边用来警戒自己的。"孔子对学生说:"我听说过这种器皿,里面的水如果太少,它就会倾倒;只有水装得适度的时候,它才会直立;如果把水装满,它就会翻倒,里面的水都会流出来。"学生们往器皿里注水,果然,过少的时候,它是倾斜的,水满之后,就会完全翻倒。孔子说:"看,世界上哪有装得太满,而不翻倒的事物啊!"

那么,如何让自己避免产生自满的情绪呢?最重要的就是牢记圣人的教诲:装得太满,就会翻倒。自我感觉非常良好的时候,也是最为危险的时候,我们就像"欹器",已经被自满的情绪注满,却还不知道,瞬间倾倒后,那些我们曾经取得的成绩,就会如同那些已经装入器皿中的水,都会付之东流。当我们认为自己在某一件事情上获得成功后,就要开始思考,下一个目标是什么,该往哪一个更高的目标前进。

无论运动员的竞技水平多么高,都需要每天坚持训练;无论作家的天赋多么好,也需要坚持写作,不断修改不足;学者的学问再好,也必须坚持每日的研究,才能保证自己始终处在学术的前沿;而那些从事最普通职业的人同样需要不断的进步,因为在这个高速发展的世界,如果抓住昨天的成就不放,拒绝更新自己的知识库,就会在明天被淘汰。无论是工程师还是设计师都必须坚持学习新的技能,无论是教师还是律师,都需要不断接受新的理念,没有一种行业,能够用昨天的成就,替代今天的新知。

在今天这样进步飞快的社会里,自满的人只会早早地被淘汰掉。不管是名副其实的自满还是有名无实的自满,一旦以自满为借口,就会限制自己进一步提高的动力,一旦自满,成功的大门就会关得越来越窄。自满会消耗你的壮志雄心；自满会让你在过去的成绩上睡大觉而被别人超过；自满会让你去要求本不该是你享受的事物；自满会在一段时间以后彻底地毁掉你。自满情绪让人随意找到驻足不前的借口，最终只能在安逸中迷失自我，远离成功。

嫉妒为借口会让人堕落

莎士比亚说过："您要留心嫉妒啊，那是一个绿眼的妖魔！"嫉妒的人是可恨的，他们不能容忍别人的快乐与优秀，会用各种手段去破坏别人的幸福，有的挖空心思采用流言蜚语进行中伤，有的采取卑劣手段；嫉妒的人又是可怜的，他们自卑、阴暗，他们享受不到阳光的美好，体会不了人生的乐趣，生活在他们的黑暗世界里；嫉妒的人是那么的可悲，"心灵的疾病"会扩散到身体各处，引起躯体上的不良反应，七病八疾不请自到，它是摧毁人性和健康的毒药。以这种毒药为借口的人也只会慢慢地消沉和堕落下去。

在生活中，有些人常常在被一种以嫉妒为借口的恶性心理征服着、奴役着。嫉妒心理让他们找到各种借口，绞尽脑汁损害他人的利益，但却对自己没有丝毫的好处。嫉妒能够引发一个人焦躁、忧虑甚至仇恨的负面情绪，逐渐地使人远离美好、善良、快乐的生活，彻底沦为负面情绪的牺牲品。如果说，不满和自满的负面情绪所带来的伤害还可以通过日后的努力及时弥补，那么嫉妒只能带给身心无法挽回的伤害。

周瑜是《三国演义》众多人物中最为聪慧的人之一，他运筹帷幄之中，决胜千里之外。但就是这样一位青年才俊，临终前的最后一句话却是"既生瑜何生亮"的感叹。如果他能以平和的心态接受诸葛亮的才学，不以攀比的心理进行比较，可能也不会英年早逝。

嫉妒是真善美的仇敌，也是一个人过于自我膨胀的病态表现。在嫉妒的情绪中，我们可以为自己的不良行为找到诸多的借口。在电影《豆蔻年华》中,一个女生出于对另外一个女生才学的嫉妒,而造假谎称那个女生的母亲生病,让她迅速赶回家里错过了学科竞赛。嫉妒让人以获胜的欲望为借口,人为制造不公平的竞争环境。嫉妒让人对目标充满了畸形的渴望,为了超越他人,变得不择手段,但最后却无法真正成功。

每一个成功者肯定都是对获胜充满欲望的人。但是,嫉妒让人以天下人为敌。嫉妒的人无法容忍他人拥有任何他们没有的东西,并以此为借口,危害他人的生活,采取不正当的手段,掠夺他人的财富。嫉妒的人看不得别人比自己更好,这种病态的心理让他们无法和别人成为真正的朋友,也无法正视自己的缺点,他们宁愿大家一起饿死,也不愿大家都有美酒佳肴。

著名的"螃蟹效应"正好从反面印证了这一理论。把十几只螃蟹放在桶里,是不用盖盖子的,因为如果有一只螃蟹奋力往上爬,其它的螃蟹就会死死抱住它的腿,等待着这只螃蟹带着它们一起爬上去。但是,这只往上爬的螃蟹会不堪重负,爬不到一半就掉下来,这样,十几甚至几十只螃蟹,没有一只能爬出木桶。

嫉妒会让人变成愚蠢的螃蟹,为了避免他人获得更多的灵感,而不表达自己的意见,这样无疑阻碍了所有人的进步。嫉妒是心灵的毒药,它伤害别人更伤害自己。一个心怀嫉妒的人总能以毁灭他人的美好生活为目的找到各种借口,最终伤害的还是自己。一个嫉妒的人没有办法获得真正的友谊,哪怕他们极力伪装也无法摆脱这种病态情绪的驱使,以各种借口伤害他人。

有一个让人感动却又心酸的故事,讲述的是两个高危病人的故事:她们都是卧床不起的重病号,一个靠窗的女病人总是在给自己的病友讲述窗外的景色:花儿开了,鸟儿飞翔,有位母亲和孩子在散步,有人在楼下打网球……聆听的病人逐渐嫉妒讲故事的人有机会看到这么多的风景,而自己却看不到。某个晚上,挨着窗的病人突然发病,她没有力气去按下呼救铃,而她的同屋在即将按下自己床头的呼救铃时,突然想到了不能按下电铃的借口:如果她死了,自己就可以睡到窗户边,看楼下的风景。为了获得这个机会，她对同屋的求助视而不见，最后因为抢救不及时，靠窗的这位病人去世了。

随后，不临窗的病人终于可以申请睡到可以看到风景的床位上了。但当她躺在那里时，却发现楼下除了暗灰色的医院围墙，什么都没有，既没有鲜花也没有鸟儿飞过，更没有母亲和孩子，一整天都无人经过。原来，这些美丽的场景都是之前的病人为了排遣病房中的寂寞，编造出来的。现在，空寂的病房里只剩她一个人，寂寞到极点，她只能看着死气沉沉的医院围墙发呆，没过多久，她也离开了人世。

成功者用不懈的努力为自己创造辉煌，同时，也为世界创造爱和温暖；而心怀妒忌的人，以千方百计获得他人的东西为借口，用卑劣的手段强夺，而受伤最深的只能是自己。在不良情绪中，危害最大的就是嫉妒，它让人彻底丧失理智，引诱人做出种种不道德的行为，最后沦为遭人谴责和被人鄙视的对象。

嫉妒情绪是人们产生借口的心理因素。当我们开始羡慕别人的东西时，也必须看到我们同样拥有他人所没有的宝藏。挖掘这些宝藏，我们就能成为最富有的人。从现在开始，杜绝因嫉妒产生的一切借口，用一颗宽容的心包容一切，那么你才会得到更多的快乐与幸福。

借口能够使人丧失自信

鲁迅先生说过："中国人从来不缺他信力，只缺自信力。"这就是人性弱点完完全全的写照，我们找来太多的借口为自己辩护，把信任放在了别人身上。以借口来妥协，过分地依赖别人，最终我们将一无所有。

一只被贴上驴子标签的狮子，仅仅因为得不到别人的认可，就真的以为自己是驴子了吗？难道这小小的一个标签或者就凭别人不认可这个借口，就能把自己的身份改了吗？要知道，狮子本质上还是狮子，但就是由于他的不自信，才轻而易举地被别人贬成了驴。

借口让我们在困难面前止步,长此以往,一旦面对困难,我们首先想到的就是质疑自我,因为太多的借口让我们不再相信自己还有能力超越那些困难。借口让"不可能"成为生活的主旋律,充满"不可能"的生活是永远不会成功的。

抛弃借口,才能建立信心。成功学大师拿破仑·希尔告诉我们:"有方向感的信心,可令我们每一个意念都充满力量。当你有强大的自信心去推动你的成功车轮,你就可平步青云,无止境地攀上成功之岭。"信心让"不可能"成为"可能",而在生活中,我们看到最多的不是自信,而是借口。人们习惯在困难面前说:"反正"、"毕竟"、"总之"……这些词汇都是借口的标志词,在这些词汇的后面,是我们写给困难的降书。缺乏自信会让现有的成绩减半,进而把本来已经可以成功的事情拉向失败。

自信不是骄傲自大,是对自己已有能力的充分肯定。尼克松是我们非常熟悉的一位美国总统,但就是这样一个历史人物,却因为一个缺乏自信的错误而毁掉了自己的政治前程。1972年的美国总统大选,尼克松竞选连任。由于他在第一任期内政绩斐然,所以绝大多数政治评论家都预测尼克松将以绝对优势获得胜利。然而,尼克松本人却很不自信,他走不出以前几次失败的心理阴影,非常担心再次受挫。在这种潜意识的驱使下,他鬼使神差地干出了令自己后悔终生的蠢事。他指派手下的人潜入竞选对手总部所在的水门饭店,在对手的办公室里安装了窃听器。这就是水门事件。事发之后,他又连连阻止调查,推卸责任,在选举胜利后不久便被迫辞职。本来稳操胜券的尼克松,因缺乏自信而导致惨败。

"我不行。""对我来说太难了!""反正我就这个水平。""毕竟这是很难的,我怎么行呢?"这些以总结性的口吻说出的借口,在无形间放大了自己的劣势,忽视了自己的优势,把缺点做了定论,认定自己将终生与这些缺点为伴,比别人差也自然变成了不可逆转的事实。

只有把这些借口统统从脑海中清除,才能增强自信。质疑"芝麻开门"的人会说,世界上根本不存在这样的事情,怎么可能只是说两句话就能让大门打开呢?这些借口让他们从不去尝试,宁愿让自己困死在主观判断中,也不愿去为可能存在的奇迹做一次努力。这些心存质疑的人永远也不会在人生中创造奇迹,因为他们自己首先彻底否定了奇迹的存在。

自信就是告诉自己:我能行,我完全可以超越现状,创造奇迹。不断引导自己看到成功因素的人,总是能在事物中找到积极的一面;给自己找借口的人,因为害怕失败,而彻底放弃了可能的成功,甚至是足以影响全人类的成功。

1951年,英国一位叫弗兰克林的人作了一次演说:她从自己拍摄的DNA的X射线衍射照片上看到了DNA的螺旋上升结构。但是她对这个发现充满了质疑,总是怀疑自己的假设是错误的,最终她放弃了研究。1953年,科学家沃森和克里克也同样在DNA的照片上看出了DNA的分子结构,他们的发现比弗兰克林晚了整整两年,但是他们坚信自己的假设是正确的,并不断求证,最终提出了DNA双螺旋结构的科学理论。这一理论标志着生物科学的新时代,两个人也因为卓越的科学贡献,而获得1962年的诺贝尔生理学或医学奖。

一个人一旦丧失了自信,便等于蒙上了自己的眼睛,阻断了自己前进的道路。

那些以过去的事实来判断未来的人,才会给自己找到"反正"、"总之"这样的借口。他们用已经发生的事情,来总结并评判自己以后的人生,当然这样的评判总是错误的,因为他们忽略了在时间流逝中,人的成长以及个体变化。

孟华曾经是个数学成绩很不好的孩子,他的考试成绩总是处于班级的中下游,他也自认为数学不行。但直到某一次上课,他突发奇想地想到了一道难题的解法,这不但令全班同学对他都刮目相看,最重要的是,他重新认识到自己并非数学不行。从那堂课开始,他不再是那个碰到难题就说"反正我数学不好"的孩子,而是彻底抛弃了不自信,只专注于题目的解答。他发现,自己能解答出来的难题居然比班上的数学尖子生还多。他的数学成绩突飞猛进,同时还参加了市里的数学奥林匹克竞赛,并最终成为金奖得主。当被问到学习技巧的时候,孟华说:"思维训练非常关键,但是最重要的是，不要一遇到暂时想不出怎么做的题目，就告诉自己我做不了。"

著名的心理学家阿德勒在名著《自卑与超越》中提出了精彩的观点：他认为人类的所有行为，都是出自于"不自信"以及对于"不自信"的克服和超越。

每个人都会有不自信的时候，但只要在质疑自己能力的时候，避免"反正"、"总之"这样的借口，就能把不自信的心态变为超越不自信的行动。不要因为上一次失败了，就告诉自己"反正我没有这个天赋"，而应该告诉自己"虽然我上次失败，可是这一次完全不同了，我的阅历更加丰富，头脑也越发的灵活了。"只有不断给自己正面暗示，而不是负面借口的人，才可能克服困难，并在碰到类似的问题时，仍拥有战胜困难的把握。

不要让任何借口吞噬你的自信心，更不要以标签的借口不自信。要敢于抛弃一切借口，敢于冲破负面借口的枷锁，只有这样，我们才能时时刻刻做到自信，在任何逆境面前屹立不倒，成为战胜失败，勇于进取的猛士！

第二章

抱怨不如改变

——最有效的情绪控制策略

　　许多人习惯于把抱怨视为解决问题的良方。每每遇到一点挫折、困难时,他们总能找出诸多理由来抱怨,结果只会适得其反。要知道,欲求成功者,第一要达成的境界就是停止抱怨。面对一切的困难,只有能做到以坦然的心态去承受的人,才能披荆斩棘,走向成功。

抱怨是无能的表现

　　荀子说过:"自知者不怨人,知命者不怨天,怨人者穷,怨天者无志。失之己,反之人,岂不迂乎哉!"抱怨是一种不良的习惯,是一个人无能的表现。

　　也许有人会说,有谁愿意抱怨啊?你是不了解我的痛苦!确实,生命的苦旅中有无数艰难险阻,甚至让人难以承受。但是抱怨又能怎样呢?当你看完了下面的故事,相信大多数人都会明白,我们甚至没有抱怨的资格!

　　2004年5月的一个晚上,在12000余名听众雷鸣般的掌声中,一位"半身

人"用双掌撑地，一步步地走上了青岛天泰体育场的主席台。

这个半身人来自澳大利亚，名叫约翰·库缇斯，天生没有下肢，但是他却用双掌走遍了世界上190多个国家和地区，被誉为"世界上最著名的残疾人演讲大师"。此外，他还是大洋洲的残疾人网球赛的冠军。

"大家好！"打过招呼，库缇斯拿起了桌子上的矿泉水瓶子，边比划边说："从一出生我就是个悲剧，当时我只有矿泉水瓶这么大，两腿畸形，医生断言我活不过当天，可我活到了现在，35岁的我依然健在，而且经常在世界各地旅行……"

库缇斯一口气讲了半个小时，其间，观众们的掌声几乎就没停过。最后，库缇斯突然举起手里的一件东西说："我非常感谢青岛朋友的热情招待，我住的宾馆条件非常好，但有一样东西让我不知所措，服务生每天都会把它放在我的床头。"说完，库缇斯把他说的东西扔向了听众席，原来是一双一次性拖鞋。

听众席一片肃静。

"如果你能穿拖鞋的话，你是幸运的，你是没资格抱怨的！不是每个人都能够穿拖鞋的！"库缇斯大声说。听众席上立即爆发出一连串的喝彩声，紧接着是长久的掌声。

一位哲人说："苦海即是天堂，天堂也即苦海。"想想真是如此，有时候我们明明生活在天堂，却总是觉得自己苦不堪言；而我们意识当中的苦海，却有很多人生活得不亦乐乎。这一切，其实都源自于我们的心态是否平和，我们是否足够坚强。

和库缇斯相比，你有没有资格抱怨？如果没有，还是及早放弃抱怨，学会珍惜吧！只要抛开那些无谓的烦恼和杂念，学着去适应、去发现、去感受、去改变，你一定会摆脱抱怨的束缚，发掘到幸福快乐的真谛。

法国作家罗曼·罗兰也说过："应当让人懂得，他是世界的创造者和主人，对于世间一切不幸他都有责任，生活中美好的东西、荣誉也属于他。"因此，面对工作中暂时不完善的地方，我们最好不要牢骚满腹，不要怨天尤人，不要像裁判员、检察官那样居高临下地评判、抨击和指责别人，而应当看到自己的责任，拿出实干的精神和勇气来。

对工作和公司产生种种抱怨情绪，甚至采取一些消极对抗的行动，这是人的一种正常的心理反应。但是，一味地抱怨，不仅什么都改善不了，还会失去更多的东西。

有一位资深人士准备到一家新公司应聘，在众多竞争者中他的工作经验最丰富，学历最高，工作成绩也最显著。经过复试，他本已脱颖而出，却没想到最终被录用的竟不是他。他很惊讶，到这家公司问个究竟，得到了这样的回答："的确，您的经验、能力是最突出的，但从您对您原来的公司的形容中，我们发现您是一个很喜欢抱怨的人。抱怨中午的工作餐不是人吃的，抱怨工作差、工资少，抱怨空有一身绝技却没人赏识……您口中的前公司那么差，而据我所知，我们两家公司的规模和体制差不多，我想您到我们公司来也一定会有同样的想法，所以……"

所有公司的领导都会认为，抱怨只是一种无能的表现。工作中不可能事事如意，也许暂时会有不顺，但不可能永远地不顺下去。只有将之化为动力，才能真正地提高工作效率，收到实际的效果，才会得到领导的认可。

某心理学家做过一个关于抱怨的心理测试，得出了这样的结论：如果你想抱怨，生活中一切都会成为抱怨的对象；如果你不抱怨，生活中的一切都不会让你抱怨。

有位成功人士说得好："就算生活给你的是垃圾，我认为，你同样能把垃圾踩在脚底下，登上世界之巅。"其实，这个世界只在乎你是否到达了一定的高度，而不在乎你是踩着巨人的肩膀上去的，还是踩在垃圾上上去的。何况，一味地抱怨不但于事无补，有时还会使事情变得更糟。所以，不管现实怎样，都不应该抱怨，而应该换种想法来思考问题，靠自己的努力改变现状并获得幸福。

比如，我们应明白骑在驴上才可以找马这个道理。现在这份工作的经验，是你开始另一份更适合你工作的垫脚石。没有一份经历是全然失败的，这份工作至少让你多了一个总结经验的机会，"他山之石，可以攻玉"。在不断的调整中才有可能寻找到自己的最佳位置，可前提是你得首先有个位置作为坐标。

不要浪费过多的时间在无聊的事情上。如果你的工作让你一点成就感也没有，那就赶紧想办法另谋高就，而不是不停地抱怨，抱怨不会提高你的口才，也不会让你得到什么有益的经验。只会使你浪费更多的时间，从而坐失更多的机会。

另外，不抱怨就是给自己良性的心理暗示。心理暗示的作用是非常强大的，我们都知道良性心理暗示的正面作用，可很少去想不良心理暗示的负面作用。当人忧郁、气愤、心情不佳时，呼出的气体是有毒的，这个你知道吗？长期地抱怨会侵蚀你的生理与心理健康。如果你还没有学会给自己良性的心理暗示，至少你不应该用不良的暗示来迫害自己。

最后，也是非常重要的一点，如果你真的要发泄而抱怨，那么你必须要分清场合，看清对象，你可以和家人或知心好友说说，他们是真正关心你的人，会用心地倾听，并且可能会给你一些好的建议。切忌同那些交情一般且有工作关系的人去抱怨，否则，只会给你带来不利。

请记住：在工作中，没有什么是一成不变的，如果你不能适应，不能调整心态，就永远无法摆脱烦恼。一切都会变好的，你的生活也是美好的。对生活中的困难和人生中的困惑，只要你坚持乐观向上的态度，充满信心，咬紧牙关，少一点抱怨，多一些热爱，那么所有的美好都将属于你。

以不抱怨的心态面对苦难

英国政治学家和教育家格雷厄姆·沃拉斯说过："绵羊每叫一次，它就会失掉一口干草。你抱怨越多，消极的思想出现的次数越多，你就越难摆脱破坏你健康心态的敌人，你就越难摆脱破坏你幸福的敌人。因为，你每想象它们一次，它们就更深地潜进你的意识之中。思想宛如一块磁铁，它只吸引与它类似的东西，与你思想相左的东西是不大可能产生的，你的成就首先是在你的思想上取得的。"

喜欢抱怨的人很多，人们因为抱怨而徒增的烦恼、造成的不利则更多。永远不要抱怨，如果能够改变就努力地改变，如果不能改变就欣然地接受；我们越是不愿忍受，就往往越难以忍受，越难以忍受也就越不愿忍受，如此恶性循环，极易导致心理或者行为的过激。

一个富商在一次投资中，赔光了所有家产，债主整日在他家中索债。他伤心欲绝地去跳河，来到河边，他看到一个妇女站在河边，哭得非常伤心，而且一步步走向河中间。出于本能，他把那个妇女拉回了岸上，他同情地问道："你为什么跳河？"

"我，我被丈夫遗弃了。"妇人还在抽泣，并且抱怨他不该把她拉回来，她声称自己已经没有活路了。

"你什么时候认识你丈夫的？"富商问道。

"我是3年前认识他的，我们刚结婚一年他就另觅新欢不要我了。"

妇人越说越伤心，站起来，又要去跳河，富商一把抓住她。

"哦，你等等，"富商道，"那3年前没有遇见他的时候你是怎么活的？没有他你就必须跳河吗？"

"哦，3年前我没有认识他的时候，我生活得很好，很快乐。"妇人陷入了往事的回忆中。

"是啊，你完全能从头再来啊，只不过3年时间，他在你一生中只占几十分之一啊，干嘛要为3年付出那么多代价呢？3年是可以用另外一个3年挽回的。"富商忽然想到自己，他停顿了一下，继续说道："你看，3年前我也是一个到这个城市打工的，当时我身无分文，可现在我已经是富翁了。你说是吗？"

"是啊，3年前我生活得很好，现在我依然可以很好。"妇人若有所悟，喃喃地自言自语，继而她对富商深深地鞠了一躬，说道："谢谢你，我真不知怎么谢你。"然后她轻松地离开了。富商摇了摇头，看了一眼滔滔的河水，也轻松地离开了河边。

既然我们无法避免生活的苦难，那么就不要再去抱怨，学会直视它。其实，生活中的坎坷没有什么大不了，人只有经历各种摸爬滚打，才能提高自己对环境适应的能力；人只有经历风雨、饱经磨难，才会真正体会到生命的力量。仅有聪明，人并不一定能取得成功，也不可能真正明了做人的意义。

赫胥黎说过，没有哪个聪明人会否定痛苦与忧愁的锻炼价值。同样，我们也不可否认不可回避的磨炼所具有的价值，成大事者必须具备承受痛苦的能力。这里的痛苦不单是指肉体的痛苦，而且是指因失败、挫折等各种外在因素的打击而导致的精神痛苦——这是不可回避的。

除非你想做个"输不起的人"，否则，你就要面对。当你第一次面对时，你可能心怀恐惧，但是这些东西不是孤单的，它们总是在各个不同的角落，以各种不同的形式出现，比如，你可能痛失亲人，你可能在职场被淘汰，你可能面临破产……但是，你每承受一次打击，你就会发现你的意志力会增强一分。人的意志力的强弱与对痛苦的承受能力成正比关系。意志坚强者百折不挠，意志薄弱者知难而退。

孟子说："故天将降大任于斯人也，必先苦其心志，劳其筋骨，饿其体肤，空乏其身，行拂乱其所为，所以动心忍性，曾益其所不能。"我们处在一个激烈竞争的社会，人们面对各种各样的压力，失败和挫折给人造成的精神痛苦无疑是巨大的，如果没有坚强的意志来承受这种痛苦，如果只是抱怨痛苦所带来的不幸，那么，你就可能因失败而一蹶不振。

人高于其他动物的一个可贵之处恰恰是，人在改造自然和社会实践中，不是本能地逃避痛苦，而是能动地经受磨难，接受不可回避的东西，把这种磨难变成一种精神财富。

成在稳重，败在抱怨

在历史上，不乏稳重成大事的人。诸葛亮坐镇守空城，面对司马懿几十万大军临危不惧，那种安定沉稳、面不改色、弹琴曲调柔和，音韵不改的气势让人敬佩；拿破仑每每遇到大战险情，那种指挥若定、遇事不慌、化险为夷的气魄值得赞叹。他们在困难面前，不是满腹的抱怨，而是临危不惧，稳重自若，最后才成就了一番事业。

抱怨只会使人远离成功，走向失败。在生活和工作中，只有成熟才能把技巧发挥得淋漓尽致，只有稳重才能在竞争中不慌不乱、有板有眼地发挥智谋。强强对抗中一丝一毫的幼稚与惊慌，牢骚与抱怨只能于事无补，最终导致功亏一篑。

曹玮是宋朝时渭州的知州，兼管本地军事。他训练出的军队英勇善战，西夏人很惧怕他，因此，朝廷一直让他踞守于此。

一天，曹玮正在州府内宴请宾客，部下将军都在席上陪同。宴后，曹玮要与宾客下棋。刚刚摆好棋子，只见一名士兵慌慌张张地跑进来，禀告曹玮说："大事不好，有士兵叛逃到西夏去了。"周围的将官与宾客听了都很震惊。

曹玮也很吃惊，但他为人精明稳重，马上意识到自己是主帅，应该稳住大局，不能像其他人一样慌乱而抱怨部下，尤其是如今宾客尚在，人多嘴杂，难免出现纰漏。所以，他急忙止住士兵的话说："不要大惊小怪，他们是我派去的，你千万不要把此事声张出去。"

曹玮的话不知道怎么传到了西夏，西夏人以为逃亡来的宋营士兵是奸细，非常气愤，立即把他们杀了，并把人头抛向宋朝的边境。自此，再也没有士兵叛逃。

在没有思想准备的情况下，曹玮以不变应万变，不但迅速稳定了情绪，而且将计就计，顺水推舟，一下子变不利为有利了。伟大人物都是"镇静"的高手，因为他们懂得，抱怨对解决问题毫无意义，只有沉下心，才可能让办法浮出水面。

我们经常会看到这样一个场面，面对突然变故，一些核心人物总会大喝一声："慌什么！"这句话一半是提醒别人，另一半则是在暗示自己。惊慌抱怨容易使人失去正常的思考能力，使人丢三落四，语无伦次。

在美国，有一位具有27年飞行经验的驾驶员，在一次采访中介绍了他的一段飞行史中最不平常的经历：

第二次世界大战时，他是F-6型飞机的飞行员。一天，他们接到战斗命令，从航空母舰上起飞后，来到东京湾。他按要求把飞机降到距离海面300英尺的高度做俯冲轰炸。300英尺低空飞行在今天可能不算什么，但在当时，这已经是很低的飞行高度。

正当他以极快的速度下降并开始做水平飞行的时候，他的飞机的左翼突然被击中，整架飞机翻了过来。

人在飞机中，是很容易失去平衡感的，尤其在天和海都是蓝色的时候。飞机中弹后，他需要马上判断他的位置，以便决定他应该向上还是向下操纵他的飞机。但是，在最初那一瞬间、在那生死攸关的关键时刻，他没有去碰驾驶舱里任何控制开关，只是强迫自己冷静、思考、理智，于是，他发现蓝色的海面在他的头顶上，知道了自己确切的位置，知道了自己的飞机是翻转了。这时，他迅速地推动操纵杆，把他的位置调整了过来。在那一瞬间里，如果他慌乱地操作，那么，他可能会把大海当作蓝天，一头撞进海里葬身鱼腹。这位老飞行员回忆后，语重心长地对记者感慨道："是我的冷静挽救了我的性命。"

一切都在变化之中，发生突变事件是难免的，老飞行员能从冷静中挽回性命，如果那时他只是抱怨飞机是谁维护的？老天为什么这样惩罚他？那他就只有死路一条了。然而，正是他稳定、理智的情绪救了他。可稳定的情绪来源于何处？答案是来源于正视事实，接受事实。理智的人在危险面前能保持头脑清醒，因此能临危不惧，化险为夷。

因此，培养稳重的习惯是非常重要的，这样我们在任何场合才能应付自如。相反，不稳重不仅会使我们自己无法正常思考，而且会让周围的人慌作一团。那些有过辉煌成就的人物，都曾经驾驭过别人，都有战胜一切阻碍其发展的力量的经历，当然他们最先战胜的是自己的情绪，因为战胜了自己的情绪，他们在关键时刻才会显得从容不迫，接下来的一切才会变得简单起来。要想成为一个成功的人士，就必须先成为一个从容不迫的人，就必须养成稳重的好习惯。

面对时运不济，也不抱怨

面对自己的时运不济，抱怨是人们最常采用的办法，它贯穿于人们生活的始终，严重影响了人们的情绪。

抱怨的人们生活在一种抱怨的内心世界中，他们的想法、感觉、做法也常常会因为抱怨、争吵、吹毛求疵、批评而受到影响。出现差错时，他们大多数人的第一反应就是："该抱怨谁呢？"长此以往，抱怨不仅会给人们带来明显的压力和紧张，而且其过程也不时会微妙地影响到人们的想法和行为，最终使人们的情绪变得极度消沉。

当我们因环境所加予的各种各样的限制和干扰，而不能追求自己的理想时，我们不能灰心，也无权抱怨。我们需要尽量取得经验，耐心地生活、耐心地等待。

有这样一个不幸者的平凡故事也许能够佐证这个道理：有一个名叫邓伍的人，从小就双腿残疾，在父母眼中，这个儿子简直就是他们无法摆脱的包袱。

"他为什么不去死呢？"一天，邓伍听到父亲这样对他的母亲说，那时候他的家里很穷，有4个正在上学的姐姐，母亲无业，父亲也只不过是一个工厂里的普通工人。

"我不死，我只要求有一口饭吃。相信我，我能给你们带来好运！"邓伍听了父亲的话尽管心里很难受，但他还是用从未有过的沉稳这样回答了他的父亲。于是，他暗暗发誓要做个有用的人，腿不能走，他便选择了学习书法。

15岁的时候，邓伍所在的城市举办了一次书法竞赛，邓伍只得了个纪念奖，但他已经很满足了，他对家人说："等着吧，不用5年，我就可以用这支笔来养活你们。"事实上，邓伍在他18岁的时候就已经满城皆知，20岁的时候，他已是全省书法界的佼佼者了。30岁的时候，他就用自己写字挣到的钱为父母买下了这个城市最宽敞、最漂亮的房子,还为他的姐姐们买了汽车,而且每年他给残疾人基金会的捐赠高达数十万元,可是一字千金的邓伍却执意不肯搬离他的老房子,他依旧在写,一年四季,从不间断……

邓伍的故事说不上曲折,更谈不上感人,就像我们身边的朋友,或邻家的孩子让人在淡淡的品味中,生出些许慰藉。是的,不幸是上帝的错误,而不是我们的。但是,要纠正这个错误,不是靠抱怨,而是要靠我们自己。

越王勾践忍国破家亡之痛,寄人篱下,仰人鼻息。他的遭遇即使在今天看来也是生不如死,而求死在当初的会稽山上是一件轻而易举的事,但那是懦夫的行为,因此,他还是勇敢地选择了活,表面上看这是没有气概的苟且行为,但实际上他骨子里却是韧劲十足的不屈不挠。"留得青山在,不怕没柴烧。"勾践卧薪尝胆的方式,为我们提供了很深刻的启示,当面临挫折、失败以至灾难时,我们究竟是该逃避、哀叹、抱怨命运的不公,还是永不放弃心中不灭的信念,以自信和勇气让一切从头再来?

究竟什么能使一个人成功?你可能会说,你的人生不取决于自己,而是被一些自己不能选择也不能控制的外界力量等因素所影响,而那些成功的人,是因为他们有机会。其实机会不会从天而降,而是积极的自我意识为核心的信念促使你去争取成功。一个人不可能总是一帆风顺的。在时运不济时,永不抱怨的人才有成功的希望。

忍住抱怨增强自身的实力

不管我们在生活、工作中遇到什么样的困难,正在经历什么样的挫折,承受了多么大的委屈,让我们永远不要抱怨。因为抱怨是毫无意义的,只有忍住抱怨,不断地增强自身的实力,你才能立于不败之地。

小男孩只有7岁,父亲派他去葡萄酒厂看守橡木桶。每天早上,他用抹布将一个个木桶擦拭干净,然后一排排整齐地摆放好。令他抱怨的是:往往一夜之间,风就把他排列整齐的木桶吹得东倒西歪。

小男孩很委屈地哭了。父亲摸着孩子的头说："孩子,别伤心,我们可以想办法去征服风。"小男孩擦干了眼泪,坐在木桶边想啊想啊,风为什么把木桶刮倒呢?也许是重量不够吧。想了半天,他终于想出了一个办法,小男孩去井边挑来一桶一桶的清水,然后把它们倒进那些空空的橡木桶里,然后他就忐忑不安地回家睡觉了。

第二天,天刚蒙蒙亮,小男孩就匆匆爬了起来,他跑到放木桶的地方一看,那些橡木桶一个个排列得整整齐齐,没有一个被风吹倒的,也没有一个被风吹歪的。小男孩高兴地笑了,他对父亲说:"要想木桶不被风吹倒,就要加重木桶的重量。"男孩的父亲赞许地微笑了。

人生也是如此,我们可能改变不了风,改变不了这个世界和社会上的许多东西,但是我们可以改变自己,我们不去抱怨任何外界环境,而是给自己加重分量,这样我们就可以适应变化,不被打败。

楚汉战争期间,刘邦屡败于项羽,最后兵困荥阳,处境危在旦夕。

正在这时,刘邦的部下韩信在北线却捷报频传。

随着军事上的节节胜利,韩信的政治野心也逐渐膨胀起来。他派人面见刘邦,要求封自己为王。刘邦一听,便怒不可遏,当着信使的面抱怨道:"我久困于此,日夜盼望韩信前来相助,想不到他竟要自立为王。"

此时,张良正坐在刘邦身边,急忙附耳说道:"汉军刚刚失利,大王有力量阻止韩信称王吗?不如顺水推舟答应他,否则将会产生意外之变。"

刘邦立即心领神会,话锋一转,反改口骂道:"大丈夫要做就做个像样的王!"刘邦原本爱骂人,这一骂不足为怪,况且前后两语衔接不错,竟也没露出什么破绽。

不久,刘邦派张良作为专使,为韩信授印册封。刘邦忍住了自己的抱怨,从而不动声色稳住了韩信,为汉军日后十面埋伏,击败项羽作了准备,最终成就了一番大业。

在生活和工作中,多一些努力,少一些抱怨,你更能得到他人的认可,同时能够充实自我,学到更多的知识与技能。

齐晖大学毕业后,就进入一家出版社。在编辑部,他人活泼机灵,又十分热心,同事们都知道,有事找齐晖,绝对没二话,什么活齐晖都不会抱怨。出版社的工作很忙,社长又不愿增加人手,所以编辑部的人有时还要兼顾一些发行部的工作。其他的人多干一些活就提出抗议,怨声载道的。只有齐晖像旋转不停的陀螺,却总是乐呵呵的,指挥他做什么事,他二话不说就去做。甚至是那些搬书、装书的力气活,齐晖也从来不抱怨,有同事悄悄对齐晖说:"图什么呀?又不给加工资,你是一个编辑,他这是拿你当苦力啊!"齐晖却只是一笑:"能忍则有益!"同事摇摇头。

后来,齐晖成为老板支使最多的人,他像每个部门的临时助手一样,一时人手不够,连员工都知道可以去叫齐晖帮忙。取稿、跑印刷厂、邮寄、直销……所有的业务流程,齐晖全程都参与过。

渐渐地,齐晖熟悉了出版社的整个运作状况,几年之后,他成立了自己的文化公司。那些"忍耐别人"时锻炼出来的经验,帮了他的大忙,他一上手运作,便很快地进入了状态。

年轻的时候,阅历浅、经验少,尚不是计较报酬高低的时候,要知道,这时候你人生的一切都是雏形,你不断学习、开拓,才能让你自己更快地成长。你做一件事,就是为自己累积一些人生的经验。忍耐别人支使你的那些抱怨,有机会多干一点活儿,正是对你最好的锻炼。

任何一个人,只有看清自己的分量,在一切可能的情况下,忍耐抱怨,补充自己的实力,加重自己的分量,在未来激烈的竞争中,才有立于不败之地的实力。

与其抱怨,不如尽力改变

在生活中,总有一些人喜欢抱怨,整天抱怨这件事不可能做到,那件事也不可能做好,却不知只要时时处处善于用心,灵活变通,愁事可以办成喜事,难事可以办成易事,不利之事可以办成有利之事,难堪之事可以办成愉悦之事。

古希腊有这样一则故事:

凡是来到弗里吉亚城的朱庇特神庙的外地人，在被引导去看戈迪阿斯王的牛车之后，都会交口称赞戈迪阿斯王把牛轭系在车辕上的技巧。

"能打出这种结的人实在是太了不起了。"人们常常这样赞叹。

"你说得没错，但是更加了不起的要属能解开这结的人了。"庙里的神使总会这样回应。

"为什么呢？"

"虽然戈迪阿斯不过是弗里吉亚这样一个小国的国王，但是能解开这个结的人将把全世界变成自己的国家。"神使回答说。

听了神使这么说之后，每年都有很多人来看戈迪阿斯打的结。各个国家的王子和政客都跃跃欲试，想打开这个结，可他们总是连绳头都找不到，根本就不知从何下手，只能望"结"兴叹，抱怨自己没有戈迪阿斯聪明。

几百年之后，年轻的国王亚历山大也来到弗里吉亚。他曾经征服了整个希腊，率领不多的精兵渡海到过亚洲，并且打败了波斯国王。

"那个奇妙的戈迪阿斯结在什么地方？"亚历山大问道。

于是众人将亚历山大领到朱庇特神庙，那牛车、牛轭和车辕都还原封不动地保留着原样。他看了一眼那个结，立即拔出随身佩带的剑，随手一挥，绳子应声落地。

百年难解之结就这样在一瞬间被解开了！

难办之事竟然也会这么轻易办成！其实，这种解开绳结的方法是多么简单，然而又是多么有效，一切就只在于能否懂得变通，而不是抱怨自己。我们举目四顾，拥有这个世界的人哪一个不是敢于变通的人呢？而那些只会抱怨的人又如何呢？

政治家的理想是安邦治国，孙中山在建立民国的前期天真地认为，只要自己有钱，通过金钱援助地方的军阀，就可以把清王朝推翻。所以他首先将自己在美国的家产卖掉，再通过向华侨宣传，募捐经费，他将募捐来的钱全数交给他认为有可能与北洋政府敌对的人。他先是资助军阀陆荣廷和陈炯明，后来陈炯明与陆荣廷因为权力争斗打起来，孙中山的计划无疑成了泡影。

在这种情况下，孙中山没有抱怨自己的草率与失误，而是重新作了审慎思考。他明白要推翻北洋政府，必须有自己的军队，不掌握军队很难实现理想。于是，孙中山先生又一次奔走，通过苏联的帮助在广州建立黄埔军校，聘请当时的日本士官生与保定军校生当教员，培养了自己的军队，组建了北伐革命军，奠定了国民党与北洋军阀抗衡的力量。

历史证明，孙中山变通后的决策和做法是正确的，是成功的。试想，如果孙中山在第一次的想法落空之后，不知道另寻他途，而一味地抱怨甚至绝望，认为局势不可能有转机，其抱负根本不可能实现的话，那么中国的历史一定会大大地被改写。

在这些成功人的意识里，没有办不到的事情，因为他们不会一味地抱怨上天的不公，他们没有固执心理，他们拥有豪情、激情，当困难临近，他们会自然地"跳出三界外"，不受世俗常规思想的烦扰，而能发现最适应自己发展的思路。正因为这样，他们才显得与众不同，他们才能够有所建树。

学会变通，在不可能中寻找可能，在方法之外寻找方法，在失败之中寻找成功。如此，我们的理想才不致化为幻想，而会在千回百转之后成为现实。

抱怨使你失去更多机会

要把握住自己的命运就要远离抱怨，懂得珍惜身边的机遇。如果说命运是一卷书，那机遇就是里面的一行行字。在每个人自己的宗卷里，我们用足迹刻下每一行字，有些迷失了，有些被奉为了圣经，这是另一种命运。命运本非注定，只是你往往会忽略掉改变命运的机遇。机遇对每个人都公平，只不过，不善把握的人常常任由它从眼皮底下溜走。

要把握机遇的人，应该抛弃幻想，杜绝抱怨，即使干躺着真的能等到天上掉下的馅饼，而馅饼巧合到直直地落进你的嘴巴，你也会因为吞之不及而被哽死。要把握机遇的人应该为机遇而做准备，努力学习，努力生活，使自己能有足够的准备去驾驭机遇。要把握机遇的人,应该坚守自己的领地,因为每个人都有自己的舞台,在每个角落都能发出耀眼的光彩。要把握机遇的人应该收起抱怨,因为抱怨总能使你在哀叹中失去更多的机会。

人们往往对离自己最近的地方熟视无睹,也往往看不出日复一日的工作琐事中有什么值得挖掘的机会。

初入社会的年轻人很容易将机会与运气混为一谈,其实,机会与运气是完全不同的两个概念。运气,不需要作任何准备,只要碰上了,不费吹灰之力便能够财运亨通或平步青云。运气具有非常大的偶然性,任何人都不能拿自己的一生去赌。而机会,则常常把自己打扮成挑战或挫折,只有那些在平凡的工作中善于用心并敢于接受挑战的人,才能发现并抓住机会。

吉米是一家超市新来的员工,而且是最基层的员工,做包装工作。如果说公司要裁员的话,他也许是第一个被考虑的对象。但吉米进入公司就告诉部门经理说:"我有时间的时候可以来您这里帮忙,我希望多了解一下您部门的工作情况。"然后,他又到畜产品部对他们的领导说:"我有空时希望可以来向您学习学习。"之后是安全部、管理部、清洁部……几个月下来,吉米走遍了公司的所有部门。以后当某个部门有人请假时,大家自然想到的就是吉米。

后来,超市生意一度不景气,与吉米同时来的三个人相继离开了,一名经理也因此被辞退,鉴于吉米的表现,他被提升为经理。

在日常生活中,我们千万不要抱怨工作中的各种小事,往往平凡的工作中蕴藏着可贵的机会,因为它可以让老板多认识你,而你对老板的影响力也不是一两天、一两件事就可以产生的,机会往往蕴藏于各种平凡无奇的小事之中。

生活和工作中到处充满着机会:学校中的每一堂课都是一次机会;每次考试都是生命中的一次机会;医生面对的每名患者都是一次机会;报纸中的每一篇文章都是一次机会;每次失败的训诫都是一次机会;每一笔或大或小的生意也都是一次机会……

放弃抱怨,调动自己全部的智力,全力以赴,只要勤勤恳恳地把自己的工作做得比别人更完美,你就能发现机遇,否则抱怨只会让你失去最宝贵的机会。

凡事要多往好的方面想

每当遇到挫折与困难的时候, 人们常常这样想:"老天怎么总是和我对着干?""完蛋了,我肯定无法按时完成上司交办的任务了!""我怎么总是把事情弄得一团糟!"如果你想的是厄运和悲哀,那么悲哀和厄运就会到来。因为消极的词语会破坏一个人的自信心,不能给人以鼓舞和支持。

有这样一个故事:一个商人驾车出游, 行驶在一条漆黑无人的小路上,突然轮胎没气了。四下张望,最后发现了远处农舍的灯光。他边向农舍走着边想:"也许没有人来开门,要不然就没有千斤顶。即使有,主人也未必肯借给我。"他越想越觉得不安,当门打开的时候,他一拳向开门的人打过去,嘴里喊道:"留着你那糟糕的千斤顶吧!"

这个故事看后令人发笑,因为商人简直是个神经病,主人还没做任何表态,他却先把自己打倒了。这就是消极思想在作怪。

消极是人生中的大敌,它严重地阻碍了我们走向成功的脚步。因此,凡事要往好的方面想。积极的想法可以为你提供巨大的精神动力和智力支持,可以促进你早日走向成功。你可以按照下面这些方法去做:

(1)打消消极的念头

当消极的念头出现时,立即用一句"停止"的口令将它打消。在理论上,叫停是件轻而易举的事,但实际操作起来非常困难。要想做到这一点,必须拿出巨大的恒心和毅力。

杨立从小到大一直活在"蜜罐子"里。这使得杨立严重地缺乏自主能力,以致做事时畏首畏尾。

如今，杨立在一家公司做事。他很倾慕部门里的一位女同事，很想约她外出。但他的疑虑使他踌躇不前："跟同事约会怕是不大好吧"，或"要是她不答应，那该有多尴尬啊。"

后来，在朋友的鼓励下，杨立打消了内心的忧虑，勇敢地向她提出约会。结果，她竟以怪罪的口气问他："杨立，你为什么这么久才来约我？"

(2)抛开令人心烦的事

一位经常被烦心事困扰的朋友这样描述他的经历："我晚上躺在床上总是睡不着，思潮起伏不定，一会儿想'我对孩子是不是有些苛刻？'一会儿又怀疑'客户打来的电话我是不是回了？'转而又想'明天老板又要交给我一项新任务，要是完不成可怎么办？'后来，我实在太心烦了，干脆不去想那些令人心烦的事，而是回想和朋友一起旅游时度过的快乐时光。想起他对着猩猩大笑的样子，我竟然不由得笑起来。不久，我的脑子里全是一些美丽的回忆，慢慢地就进入了梦乡。"

(3)客观地看待那些令你忧虑和恐惧的事

刘芳第一次去看心理医生，开口便说："医生，我觉得你根本帮不了我，因为我实在是个很糟糕的人，老是把工作弄得一团糟，早晚会被老板炒鱿鱼。就在昨天，老板说要调我的职，说是升职。要是我干得很好，他干吗要调我的职呢？"

说完那些泄气的话后，刘芳又道出了自己的真实情况。原来，她在两年前拿了个工商管理硕士学位，而且有一份待遇优厚的工作。

事实上，她在工作上干得非常不错，但总是没有自信，认为自己欠缺的地方太多。消极使她陷入了自卑的境地。

针对刘芳的情况，心理医生要她以后把心里想到的话记下来，尤其在晚上睡不着觉时想到的话。在他们第二次见面时，刘芳列下了这样的话："我并不怎么出色，之所以有些成绩，纯属侥幸。""我明天一定会大祸临头，因为从没主持过会议。""今天下班时老板一脸的不高兴，我做错了什么呢？"

她坦诚地说："仅仅在一天里，我列下了22个消极思想，难怪我经常觉得疲倦,意志消沉。"

刘芳听到自己把忧虑和恐惧的事念出来,才发觉到自己为了一些假想的灾祸浪费了太多的精力。

如果你感到情绪低落,可能是因为你也像刘芳那样,总是在给自己灌输消极的观念。若是这样,建议你把内心的想法写出来。久而久之,你就会发现那些消极的念头毫无意义,慢慢地,你就能控制自己的情绪,而不是被消极思想套牢了。那时,你的思想和行为就会发生很多的改变。

(4)剔除自我评价的消极字句

我们常常听到有些人这样感叹,"真没用,我只是个小小的秘书!""我实在是太渺小了,仅仅是个推销员!""我只不过是个打字员,根本配不上人家一个堂堂大学生。"……

在进行自我评价的时候,人们常常用一些消极的字眼儿,如"只是"、"仅仅是"、"只不过"等来贬低自己。事实上,他们不仅贬低了自己,也贬低了他们正在从事的事业。这对于改变他们所处的现状来说,起不到任何作用。

把消极的字眼儿剔除掉,你才能发现自身的价值,才能给自己一些肯定。你若以一种肯定的语气来评价自己 "我是个推销员","我是个秘书","我是一名电脑操作员",你就能发现你所存在的价值和意义。这也有助于你今后更好地完成工作。

用微笑和热情拥抱失败

失败并不可怕,可怕的是掉进失败的深渊中不能自拔。我们要抛开抱怨,用微笑和热情拥抱失败,进而鞭策和鼓励自己在通往成功的道路上继续勇往直前。

对于多数人来说,失败意味着完结,但对于那些热爱失败和挑战的人来说,失败是一次宝贵的经历,是一次新的开始,是一个达到新高度的跳板。他们甚至不用失败这个字眼，而是代之以"失误"、"受挫"和"新起点"等词汇。

有人问美国古柏建材公司前董事长拜伦，在他的创业历程中，遇到的最棘手的问题是什么。他回答说："我不知道什么是最棘手的问题，只知道尽我最大的努力去做事。"

老人牌麦片公司曾收购过一家电子计算机商店和一家化妆品商店，后来因经营不善纷纷关闭了。公司董事长威廉·史密斯承担了这两次"失误"的责任，事后他对属下们说："我希望你们的骨子里有一种敢于冒险的特质，哪怕这次冒险把事情搞砸了。我们公司的高层人员中，没有一个没犯过类似错误的，包括我本人在内。这就像学滑雪一样，不栽跟头是永远学不会的。"

"太阳锅巴"和"阿香婆"的创始人李照森。他之所以能够创业成功，原因之一就是他能够善待失败，始终能用微笑和热情去拥抱失败。

李照森自创业十多年来，饱尝了挫折和失败的滋味。然而李照森是个响当当的硬汉，从未屈服过，一路走来谱写了精彩的奋斗篇章。

1984年，李照森在吃"鱿鱼锅巴"时，突发奇想，如果能把只在饭桌上才能吃到的锅巴变成人们手中的小食品该有多好。于是，他开创了"太阳锅巴"。"太阳锅巴"可谓顺应需求，一问世便受到广大消费者的青睐，一时间出现供不应求的热销局面。

太阳集团在李照森的一手领导下，像火红的太阳一样能熊熊燃烧起来。春风得意的李照森万万没有想到危机和灾难正在悄悄袭来。

李照森结束出国考察回到厂里一看傻了眼：锅巴积压了20万箱，厂里从库房到院子到处堆满了积压的产品。

见此情景，李照森顿时慌了手脚，忙中出错又作出一个错误的判断：锅巴卖不动的原因在于市场上假冒产品的冲击。由于假"太阳锅巴"质量低劣，大家连真"太阳锅巴"也不敢吃了。一步走错，步步走错，李照森从此开始陷入困境。于是打假大战紧接着打响了。

为了打击假冒伪劣锅巴，李照森决定采取降价销售措施，试图使假冒商品无利可图而退出市场。然而效果却不明显,简直是劳而无功。李照森第一次尝到了苦头。

1991年销售额从1990年的1.5亿元一下降到5000万元;1992年,销售额又掉到4600万元,亏损300万元;1993年,销售额跌至4200万元,亏损700万元。

许多领导和员工见公司效益日渐下滑,一个个像泄了气的皮球,对公司前景极为失望。只有李照森越挫越勇,他相信自己仍有回春之力。李照森召集领导班子对失败的原因进行了深刻的反思和研究,结果发现,原来从10月份开始是锅巴销售的淡季。

李照森周围和身边的人认为他最大的特点是豁达、乐观,无论他面对多大的困难,他总是不断地进取,从不悲观消沉。

面对新的问题,李照森又要从头开始。于是他努力试图寻找新的"亮点",重新开发出新产品,重新抓管理、抓质量,重新开拓市场。

1994年,太阳集团又选择了最容易下手的方便面作为突破重点,生产了"三高面",但又失败了,结果净赔120万元。

1994年11月,突破重点又转到婴儿营养品"助哺宝"。但因缺乏资金支付巨额广告费,李照森只能被迫放弃,甘愿认赔。

一次次的失败经历告诉李照森,胡乱出击是行不通的。李照森心想,哪里跌倒就要在哪里爬起来,于是他又想起了虽日落西山,却余威不减的"太阳锅巴"。李照森觉得,"太阳锅巴"的销售尚未到达周期,是被突然扼杀的,并未走到穷途末路。还有,"太阳锅巴"在北京卖得很火,已经占据了50%的市场份额,华东地区的需求潜力很值得进一步挖掘。

1995年年初,经过大手笔的重新策划和包装,太阳集团决定首先拿出200万元打开天津锅巴市场,得手后再开辟上海市场。4月,锅巴在天津卷土重来,正赶上世乒赛的良机,"太阳锅巴"顿时火遍津城。然而好景不长,11月份来临,广告一停,锅巴市场又陷入萧条局面之中。李照森不得不再次暂时放弃。

这几年里,李照森就是这样在开拓——失败——开拓——再失败的磕磕绊绊中走过来的。他从不怨天尤人，也从未想过鸣金收兵。虽然挫折和失败频频向他袭来，但他凭借自己打不垮、捶不烂的坚强意志硬撑了下来，始终勇往直前。这也让他一步一步走向了成熟，具备了企业家必备的素质。

东方不亮西方亮。尽管"太阳锅巴"陷入了低谷，但太阳集团的另一产品"八珍牛肉甜辣酱"却销售得相当不错。该产品自1993年开发出来，当年就销售3000箱，1994年销售2万箱，1995年销量猛涨到3万箱。李照森多年积累的经验使他认识到，在甜辣酱上做文章会大有作为，前景十分看好。

李照森认为，应该给"八珍牛肉甜辣酱"换个名字，最后起了一个既有传统文化背景，又有民族特点的"阿香婆"。其中还蕴含着"多年的媳妇熬成婆"的意味。李照森也想借此来喻示自己的创业经历，他这位多年的"媳妇"也快要熬成"婆"了。

"阿香婆"一上市就在京津地区畅销起来。到现在为止，"阿香婆"已经打入了全国市场，几乎成了家喻户晓的美味。

"阿香婆"的问世终于让李照森迎来了创业生涯中的春天，也让他这位屡败屡战、永不服输的商场战将获得了回报与欣慰。

在这里，我们并不是说这些成功人士都以失败而自鸣得意。而是他们都相信自己能从失败中学到更有用的东西，从而为成功奠基。几年前，国际某机器公司一位很能干的低级别经理在一次冒险尝试中，使公司损失了数百万美元，公司创建人托马斯·沃森把他叫到办公室。年轻的经理脱口说道："老板，你要炒我的鱿鱼吗？"沃森回答说："你不必把这事放在心上，就算公司为你付了几百万元学费。"

以上这些人都具备的一个共同点是，他们都能坚定地追求自己想要达到的目标，敢于冒风险，不怕失败，善待失败。因为他们都能深刻地认识到：不抱怨，不抛弃，不放弃，战胜困难，下一步定会成功！

不是失败而是没有成功

挫折并不可怕,关键是我们要敢于面对。碰到挫折,我们既不要抱怨,也不要逃避,而要勇敢地去正视它,并有打垮它而英勇拼搏的气魄。

美国著名电台广播员莎莉·拉菲尔在她30年职业生涯中,曾经被辞退18次,可是她每次都放眼最高处,确立更远大的目标。最初由于美国大部分的无线电台认为女性不能吸引观众,没有一家电台愿意雇用她。她好不容易在纽约的一家电台谋求到一份差事,不久又遭辞退,说她跟不上时代。莎莉并没有因此而灰心丧气。她总结了失败的教训之后,又向国家广播公司电台推销她的清谈节目构想。电台勉强答应了,但提出要她先在政治台主持节目。"我对政治所知不多,恐怕很难成功。"她一度犹豫,但坚定的信心促使她大胆去尝试。她对广播早已轻车熟路了,于是她利用自己的长处和平易近人的作风,大谈即将到来的7月4日国庆节对她自己有何种意义,还请观众打电话来畅谈他们的感受。听众立刻对这个节目产生兴趣,她也因此而一举成名了。如今,莎莉·拉菲尔已经成为自办电视节目的主持人,曾两度获得重要的主持人奖项。她说:"我被辞退18次,本来会被这些厄运吓退,做不成我想做的事情。结果相反,我让它们鞭策我勇往直前。"

不懂得在逆境中坚持就是胜利,正是很多人失败的根源。虽然成功需要天赋和智慧,但如果没有坚持到底的信念,那么,所拥有的才能又会发挥多少作用呢?人生处处充满了挑战,面对阻力,不是退却,而是迎难而上,才能取得明天辉煌的成就。

本田公司的创始人是一位性格刚毅的男子汉。他具有一种不惧艰难,知难而进的挑战性格。本田公司能在竞争异常激烈的汽车制造业里崛起,他这位不畏艰难、越挫越勇的领导者实在是功不可没。在1955年至1965年期间,日本制定了有关日本汽车工业的发展政策,为了提高汽车工业在国际上的竞争力，只允许2~3个制造汽车的厂家存在。政府也将动用财力支持这2~3家厂商，这就是有名的"特殊振兴法"。按此规定，本田技研工业株式会社就只能被封死在摩托车的领域内，或者被丰田汽车株式会社或日产汽车株式会社兼并。

面对这一严峻形势，本田勇敢地接受挑战。他认真分析了本田技研会社在生产技术上的特点并寻找出发展途径，下定决心，制定出了本田技研进入四轮车领域的战略决策。本田技研株式会社就是由于这一决定而发展成为今天能够生产各种轿车的"世界的本田"。

在挫折面前，你表现得越没有耐性，不愿意正视它，它就越喜欢戏耍你，越喜欢欺负你，这样你就必败无疑。那么，如何才能战胜自我呢？

科林讲述了自己亲身经历的故事：

若干年前，我实现了人生理想：建筑事业蒸蒸日上，有舒适的住宅，两辆新车，还有一艘帆船，婚姻美满，应有尽有。

这个故事的开头充满了喜庆圆满，然而，悲剧就在这个圆满中产生了。

股票市场毫无征兆地崩溃，一夜之间，炙手可热的房子无人问津。要偿付沉重的利息，几个月就耗尽了储蓄。以为情况坏到不能再坏的时候，太太说要离婚。

不知今后如何是好，他决定"扬帆驶向夕阳"，沿海岸从康涅狄格州南下佛罗里达州。可是到达新泽西州海岸之后，他竟然转向正东航行，直奔大海。

"几小时后，我靠着栏杆，'让海水吞了我该多容易。'我心想。突然间，船被大浪托高再疾坠。我失去平衡，幸好抓住栏杆，但两只脚已浸在了冰冷的海水里。我勉强爬回船上，吓坏了，心想：'是怎么回事？我可不想死。'从那时起，我知道必须振作，才能渡过难关。旧日生活已去，必须重建新生才行。"

科林决定忍受生活的艰辛，接受命运的挑战。其实，没有过不去的火焰山。世上并没有真正的失败，因为宇宙万物随时都处在发展变化之中。

你正在经历的失败,其实不过是事物不断发展变化中的一幕而已。只要你能够忍耐,那么你就有战胜挫折的机会。

　　人一生中不会总是一帆风顺,难免会遭受挫折和不幸。但是成功者和失败者的区别就是,失败者总是把挫折当成失败,从而使每次挫折都能够深深打击他追求胜利的勇气;而成功者则从不言败,在一次又一次挫折面前,总是对自己说:"我不是失败了,而是还没有成功。"

第三章

性格改变命运
——最神秘的性格色彩学

> 性格影响着我们的行为，左右着我们的思维，决定着我们的命运，因此，我们必须想办法规避自己性格中的弱点，不要让其成为我们幸福人生路上的障碍；我们要积极乐观地面对成败，摒弃性格劣势，发挥性格优势；只有这样，我们才能战胜失败，成就辉煌的人生。

破解性格木桶的短板

"木桶效应"告诉人们：一只木桶能装多少水，取决于它最短的那块木板；同理，一个人性格系统的"木桶效应"也是如此：性格的完美程度，就取决于这个人性格中最弱的环节。

现实生活中，人只能寻求近似的完美，而找不到绝对的完美。在生活中的任何领域寻求完美，都不过是抽象的幻想而已。性格也是如此，没有人有绝对完美的性格，每个人的性格中都有短缺的一块"木板"。即使构成你的性格"木桶"的木板都比较长，但总有一块相对较短的，换掉那块"短板"，你就铲除了性格中最大的弱点，也就消除了性格系统中最大的隐患。

否则,这块"短板"将会影响到你一生的发展。

著名学者王国维于1927年6月2日,在北京颐和园的昆明湖自沉而死。对于其死因,有很多种说法,有人说王国维曾任过清朝末代皇帝溥仪的老师,溥仪的退位、大清的崩溃,使他伤感万分,因此最终走上了绝路;有人说他是因为悲观厌世才选择投湖自尽;也有人说他是受好友兼亲家罗振玉逼迫而死……

还有很多关于王国维死因的说法,我们在此就不一一列举了。但不管是哪一种原因,都与其孤僻、固执的性格脱不了干系。正是这种性格使王国维不能顺历史洪流而生,终日苦闷、彷徨,最终在其学术生涯的盛年自杀而终,铸就了人生的悲剧。

孤僻、固执正是王国维性格中的那块"短板",这块性格"短板"不仅葬送了王国维的大好前程,同时还直接葬送了他的性命。

由此可见,性格的短板对一个人的命运有着重大的影响。每个人都应该予以重视。要毫不避讳地找出那块短板,并把它坚决地替换掉,这样,才会有别样的人生。

如果你发现了自己性格"木桶"中的"短板",但是却不敢展示到别人面前,企图将其掩盖,那无异于讳疾忌医。这样不仅不能使"木桶"的容量变大,还会让你被这块"短板"所限制,很难再有提升的空间,甚至会成为你的致命隐患。

性格的缺陷,是一个人的性格"木桶"中最短的"木板"。换掉这块"木板",就铲除了性格中的最大的弱点,从而发挥性格的长处,把性格这个"木桶"装得圆满。只有这样,你才能始终把自己最好的一面展示在大家面前。

性格主宰你的命运

古人云:"三十而立,四十而不惑,五十而知天命。"这里的天命,并非预知自己命运,而是说人到了五十岁以后,已经懂得了自己能做什么和如何去做,也就是将外在的命运内化为自己的性格。把握住了自己的性格,也就把握住了自己的"天命"。

在20世纪中期,心理学家就发现,在影响一个人成就的各种因素中,直接影响学习成绩、工作成就的记忆、演算等智力的影响只占20%;个人的出身、生活环境、机遇等占20%;而动机、意志、情绪、信仰与习惯、人际关系等间接影响学习成绩、工作成就的性格因素,造成的影响却高达60%!一个人的学习成绩、工作成就主要是由这个人的性格因素决定的。

很多人总喜欢把自己遭遇的不幸归结为环境和别人的原因,而不知道从自身找原因。其实,环境对一个人的命运确实有一定的影响,但更重要的是一个人的性格因素。是你自己的个性,决定着自己人生的成败。

对于一个人来说,最坏的事情莫过于总认为自己生来就是不幸之人,认为自己天生没有一个优越的环境,认为命运之神总是不垂青自己。其实,世上本就没有什么命运之神,我们自己的命运掌握在自己的手里,命运要靠我们自己去主宰。下面的故事告诉我们,环境不是阻碍成功的因素,性格才是改变命运的力量。

20世纪初,福建某贫穷的乡村里住着兄弟俩。因为不愿忍受穷困的日子,他们决定离开家乡,跟着亲戚到海外去谋发展。

开始的时候,哥哥好像相对要幸运一些,他被带去了富庶的旧金山。而弟弟却相对不幸些,他被带到了比较穷困的菲律宾。

40年后,兄弟俩相聚了。这时的哥哥,已经当了旧金山的华侨领袖。他拥有两家餐馆,两家洗衣店和一家杂货店铺,而且子孙满堂。在他的子孙中,有些承继衣钵,有些成了杰出的专业人才。而弟弟则成了一位享誉世界的银行家,拥有了东南亚相当多的山林、橡胶园和银行。

虽然环境不同,但是,经过几十年的努力,他们都成功了。而且,当初相对不幸的弟弟,居然比哥哥取得了更大的成功。

那么,为什么在不同的环境中,兄弟两人在事业上都能取得成功?而相对幸运的哥哥,又为什么没能达到弟弟那样的成就呢?

谈到自己的经历,哥哥说:"我们没有什么特别的才干,惟有用一双手煮饭给白人吃,为他们洗衣服。总之,白人不肯做的工作,只要我们愿意去做,生活就没有问题。但是,也不敢奢望有太好的事业发展,惟有安安分分地去做一些基础工作,要想进入上层社会是很困难的。"

而弟弟在谈到自己的成功时则说,自己初到菲律宾,也是只能做一些低贱的工作,但是,渐渐地,他开始融入这个社会,并且抓住机会,让自己获得了更好的发展。

由此可见,影响我们人生的绝不仅仅是环境,更重要的是一个人的性格,性格控制了人的行动和思想,也决定了人的视野、事业和成就。这两位兄弟的成功,并不在于他们的环境,而在于他们共同的性格特征。而他们最终取得的成就不同,也来自于他们的性格特征有着些许的差异。

美国心理学家鲁本塞教授指出,在美国历任总统中,成功的总统往往是固执和不讨人喜欢的。研究发现,成功的总统都非常自信,富有理想和勤奋精神,但他们同时也非常自负,有"为求目的不惜一切"的性格。

科学家爱因斯坦也把自己的成功归功于性格。爱因斯坦晚年曾这样评价自己:"我自己并没有特殊的天才。好奇、着迷、顽强的耐力,加上自我批评,使我达到了我的思想境界。"

由此可见,对于一个人来说,良好的性格不仅能够有利于我们的工作和学习,而且还能提升人的思想境界,使我们在曲折的人生旅途中,能够更好地主宰自己的命运。

性格成就不同人生

有什么样的性格,就有什么样的命运。性格不仅可以决定命运,而且能够成就不同的人生。性格对一个人的影响是十分明显的,但这并不是说拥有什么样性格的人就一定成功,而拥有另一种性格的人就一定失败,而是说在很大程度上性格却决定了一个人的人生。

两个乡下人外出打工,一个准备去上海,一个打算去北京。可就在等车的时候,他们各自都改变了主意。因为他们听到邻座人议论说,上海人精明,连问路都要收费;北京人质朴,见到吃不上饭的人,不但给馒头,还给衣服。

原本准备去上海的人想:还是去北京好,就算挣不到钱,至少也不会饿着,他庆幸自己还没有上车。而原本打算去北京的人则想:还是去上海好,既然连给人带个路都能挣钱,那还用发愁找不到挣钱的活儿吗?他也庆幸自己还没有上车。

就这样,两个人在退票处相遇了,他们互换了车票,本准备去上海的去了北京,本准备去北京的去了上海。

去北京的发现,北京果然很好。他最初到北京的一个月里,虽然什么事都没干,但也没有饿着,不仅银行大厅里的纯净水可以白喝,而且大商场里欢迎品尝的点心也可以白吃。

去上海的人发现,上海果然很好挣钱,干什么都可以赚钱,擦皮鞋可以赚钱,弄盆凉水让人洗脸也可以赚钱。凭着乡下人对泥土的深厚感情和独特的认识,他在建筑工地上弄了10包含有沙子和树叶的土,以"花盆土"的名义向爱养花的上海人兜售,一天就赚好几十元。一年后,凭出售"花盆土"的收入,他在上海租了一间小小的铺面。后来,他又发现,清洁公司原来只负责清洗楼面,不负责清洗招牌。他立即抓住这一空当,买了梯子、水桶和抹布,办起了小型清洁公司,专门负责清洗招牌。很快,他的业务就由上海发展到杭州和南京等地。

不久,他去北京考察清洗市场。在火车站,一个捡垃圾的人向他要空矿泉水瓶子时,双方都愣住了,因为五年前他们换过一次车票。

命运给两个人开了一个玩笑,让他们在从同一起点走出后的五年里再次相遇。命运是公平的,他给了两个人同样的机会;命运又是不公的,他给了两个人不同的结果。

但是,反过来想想,这是命运的安排吗?命运是服从于个人的性格的。

两个人之所以有了截然不同的命运,根本原因在于两个人的性格有着本质的区别。去上海的人在最后决定去上海的那一刻,就已经让我们看到了他勇于挑战自己的精神,因此,他凭借自己的勤奋努力,凭借自己敏捷的思维,抓住了一次又一次挣钱的机会。而去北京的人,在决定不去上海而去北京的那一刻,就向我们展示了他的消极怠惰、不思进取,因此,情愿不劳而获的他,不再想着用自己的努力去取得成功,最终,也只落得个在车站捡拾垃圾度日的困境。

由此可见,人与人之间有时候就会由于性格这一很小的差异,造成成功和失败这一巨大的差异!我们并不用因此而担心,因为世界上没有单一性格的人,每一个人的性格结构都是丰富多彩的。只要注意挖掘、利用自己性格中积极的一面,克服自己性格中消极的一面,成功就不再遥远。

性格决定职业成败

富兰克林说:"有事可做的人就有了自己的产业,而只有从事天性擅长的职业,才会给他带来利益和荣誉。站着的农夫要比跪着的贵族高大得多!"

性格若能与工作相匹配,工作中便能得心应手,很容易取得成绩,也让人更富有成就感。反之,如果不能适应工作中的各种情境,工作起来就会有诸多困难,对个人和职业的发展都会造成不好的影响。

英国前首相丘吉尔才华横溢,完全称得上是一个伟大的天才式人物。但是,天才也不是样样都行,他的天才也只是在适合的领域里才能发挥作用。有一次,丘吉尔的老朋友——美国证券巨头伯纳德·巴鲁克陪他参观华尔街股票交易所。丘吉尔当时已年过五旬,但狂傲之心丝毫不减当年,那里紧张热烈的气氛深深地感染了他,他也决定下海小试一把。

于是,他让巴鲁克给他开了一个户头。没想到,丘吉尔的头一笔交易很快就被套住了,这让他很丢面子。接下来,他又瞄准了另一只很有希望的股票,但股价偏偏不听他的指挥,一路下跌,他又被套住了。丘吉尔做了一笔又一笔的交易,同时也陷入了一个又一个的泥潭。

到下午收市钟响时，丘吉尔惊呆了，他已经资不抵债了。

正在他绝望之际，巴鲁克递给他一本账簿，上面记录着另一个温斯顿·丘吉尔的"辉煌战绩"。

原来，精明的巴鲁克早就料到，丘吉尔的聪明才智在股市中未必能有用武之地。因此，他提前为丘吉尔准备好了一根救命稻草。让手下人用丘吉尔的名字另开了一个账户，丘吉尔买什么，另一个"丘吉尔"就卖什么；丘吉尔卖什么，另一个"丘吉尔"就买什么。这才让这位聪明的大人物得以保住资本。

正如俗话说的"隔行如隔山"，如果你曾在某一领域取得成功，并不能说明你样样都能行。倘若因感觉无所不能而毫无顾忌地投身于自己并不占优势或根本不适合的领域，结果可能会败得很惨。但是，这道理很多人都懂，真正应用起来却并不容易。就连丘吉尔这样的大人物还免不了犯下如此"低级"的错误，更何况我们这些普通人呢？我们应当时刻提醒自己做本分之事、擅长之事，做那些与自己的性格相符之事，因为我们都知道，人的时间和精力总是有限的，倘若样样都参与，就难免顾此失彼了。

职业心理学研究表明，性格会影响一个人对职业的适应性，不同的性格适合从事不同的职业，同样，不同职业对人的性格也有不同的要求。

因此，我们在选择职业时，不仅要考虑自己的职业兴趣和职业能力，还要根据自己的性格特点，根据职业对人的性格要求和影响，来选择自己最易适应、最易成功的职业。

性格与职业成败有着密切的关系。理解、认清自己的性格特点，找出自身性格中的优缺点，并且学会在工作中扬长避短，才能使自己在职业竞争中表现卓越。同时，由于性格与职业的选择发生错位而导致失败的情况，也越来越多地出现在职场中。

有一位女教师，取得了北京师范大学的硕士学位。可是一上讲台，她就觉得浑身不自在，45分钟的课时，她讲到15分钟时就把要讲的都讲完了，下面的时间不知该讲些什么了，只得宣布下课了事。

后来，她到机关工作却是如鱼得水。比较之下，她才发现自己更适合在行政工作方面发挥自己的才能。

这位女教师并不是没有文化，也不是没有能力，只是她不适合站在讲台上，不善于做传授知识的教师罢了。她之所以能够把行政工作做得出色，恰恰是她的性格与机关的工作环境相吻合。有句话说："平凡的东西运用得恰当就是美丽。"适合的才是最好的，而适合某种职业的性格，也当然会使人胜任该职业。

在现今的职场中，很多企业都把性格测试放在首位，因为性格在某种程度上比能力更重要。一个人能力不够，可以通过培训提高；但是，如果一个人的性格与职业不匹配，那就很难做好本职工作。因此，在进入职场前，首先要看清自己的性格，然后根据自身的性格选择属于自己的职业。

只有充分认识自己的性格，尽量选择那种与自己的个性爱好相吻合的行业，你才能拥有一份得心应手的工作，才更能充分发挥已有的知识和技能，从而能最有效地利用你自己的资本。

有关专家认为，每个人的性格都是一个多种类型混合成的矛盾体，但是"万变不离其宗"，每个人的性格中都一直保留着某种恒定的偏好，无论时间如何流动，它们都保持着本质的稳定。

而性格偏好，就是你以某种方式做事的天生爱好。就像你的左右手，你每天都要使用自己的两只手，但你一定偏好使用其中的一只，因为它使用起来更加自如、更加协调。

当然，性格也并非完全无法改变，性格在一定程度上来源于后天的培养，如果你已经选择了一个职业，或者不得不选择某一职业，那么，就要努力寻找自己的性格中与职业合拍的因素，这往往会让你意外地发现自身存在的潜力。

人的个性并不能完全决定他的社会价值与成就水平。当你发现你的性格与职业匹配度不高时，可以通过个人努力来弥补自身不足。不过，要牢记这一点，一个人即使在与自己性格适合的职业中，如果不努力，也不会成功。

良好的性格是决定成败的基石

性格是一把双刃剑,好的性格是一个人成功的源泉,而性格中的缺陷往往是导致一个人失败的祸根。因性格而导致失败的人可谓不计其数。正所谓"成也性格,败也性格"。

一个人的行为受性格的影响,而人的行为又极大地决定着他能否取得成功。性格可以帮助每个人找到真实的自己,从而理解自己的思想。

良好的性格是铸就成功的基石,它能够影响着你不断地超越自我,战胜困难;在挫折和失败面前能够激发你潜在的勇气,指示着你勤奋思考,杜绝拖延,锐意进取,最终把你推向成功人生的巅峰。

有位美国记者采访晚年的摩根:"你认为是什么条件决定了你的成功?"

摩根毫不掩饰地说:"性格。"

记者又问:"资本与资金相比,你认为哪个更重要?"

老摩根斩钉截铁地说:"资本比资金重要,但最重要的还是性格!"

翻开摩根的奋斗史,我们会发现,无论他成功地在欧洲发行美国公债,大搞钢铁托拉斯计划,还是冒着生命危险推行全国铁路联合,都是由于他具有刚毅和敢于冒险的性格,如果没有这一条,恐怕有再多的资本、再雄厚的资金,也无法实施投资银行这一伟大的开创性事业。

性格对于摩根事业上的成功有着决定性的影响。这对于很多人来说,也都十分适用。美国曾经公布过一份权威调查,调查显示:美国此前20年政界和商界的成功人士的平均智商仅在中等,而情商却很高。

1995年5月,华盛顿大学的350名学生请来当时世界巨富沃伦·巴菲特和比尔·盖茨演讲,当学生们问到他们怎么变得如此富有这一问题时,巴菲特说:"这个问题的原因不在智商,而在于习惯、性格和气质等多方面的因素。"

盖茨也表示同意,他说:"我认为沃伦关于性格的话完全正确。"两位成功人士道出了自己成功的诀窍。

巴菲特和盖茨还指出:性格中还包含脾气和习惯。也许你无法在短时间内改变自己的性格,但是,你可以试着改变自己的脾气和习惯,因为它们影响着你的性格,你要让它们"辅佐"性格向成功的方向发展。

两位成功人士的演讲,使我们更深刻地认识到了性格对于一个人战胜自我,赢得成功的重要性。性格具有两面的效应,如果我们调节好自己的心态和习惯,让这种良好的性格指引我们不断前行,我们就能够向着成功的方向发展。相反,如果我们让坏性格占据了上风,那么失败就会主动地侵袭而来。

因此,当我们希望自己成功时,就应该摒弃自己性格中不好的因素,将性格中积极的因素发扬光大,因为只有主宰了自己的性格优势,才能主宰自己的命运,进而引导自己战胜困境,迈向成功。

性格怯懦是成就事业的大敌

怯懦的人通常大多害怕困难,害怕挫折,害怕交际。往往表现得软弱无能、畏避退缩,做事缺乏勇气,在人际交往中,往往因自我封闭而导致不良的人际关系。

性格怯懦的人遇事容易退缩,他们不愿冒半点风险,遇到困难时会惊慌失措,不知如何是好,受到挫折则会觉得自己无地自容。在处理具体事务时,他们过于谨小慎微,没有十分把握绝不冒险,遇到难题能避则避,没有自己的主见,喜欢按他人的意愿办事,害怕承担责任和受别人非议。

怯懦的人缺乏交往的主动性,他们在与人交往时,常常会不由自主地过分约束自己的言行,神态也会显得极不自然,在交谈时,怯懦的人常常无法充分表达自己的思想和感情,从而影响与人建立正常的关系。他们害怕压力与竞争。他们不习惯迎接挑战,因而常常害怕机遇;他们总是在机遇中看到忧患,而在真正的忧患中,却又看不到机遇。

怯懦通常是恐惧的伴侣,恐惧更进一步加强了怯懦。总是担惊受怕的人,常常会被各种各样的恐惧、忧虑包围着,看不到前面的路,更看不到前方的风景。

法国文学家蒙田说:"谁害怕受苦,谁就已经因为害怕而在受苦了。"

怯懦性格的人往往意志薄弱,个性软弱。他们往往行动拘谨,容易逆来顺受和屈从他人。怯懦的人在对手面前,往往不善于坚持,而选择回避或屈服。怯懦的人并非不重视自己的自尊,但他们常常更愿意用屈辱来换回安宁。怯懦的人经常自怜、自卑,在他们心中没有生活的高贵之处。

性格怯懦的人,做事总是担心被别人耻笑,担心自己要说的别人都懂,他们因为爱面子而不敢越雷池半步。怯懦的人常常会遭到嘲笑,而遭到嘲笑,会让怯懦的人变得更加怯懦。

怯懦的性格有时候会被误认为是谦虚或是害羞,因此有时怯懦也会被当作一种优良的品德,也正是这种品德,扼杀了很多好的想法、好的建议,也为怯懦者自己拒绝了无数好的机会。其实,你大可不必怕人笑话,更不能将好不容易涌现出来的构想埋没于心中。只有这样,你才有机会表达自己的想法,才有机会表现自己,从而最终获得成功。

莎士比亚曾说过:"这种踌躇和犹豫其实是对自己的背叛。当幸运之神来到眼前而不抓住,那是没有第二次机会的。如果遇事连试都不敢试,那他一生都不会与幸运有缘。"

对于胆怯而又犹疑不决的人来说,一切都是不可能的。怯懦是性格的一大缺陷,但就如任何其他的病症或者缺陷一样,怯懦也是可以克服和治疗的。

大文豪萧伯纳小时候就曾经是个怯懦的人,有这样一段关于他的逸事:

在上学的时候,一次萧伯纳有事情要找校长谈,他来到校长室门前,想敲门进去,手刚刚举起又放了下来,犹豫了一阵,还是走了回去。但是,没走几步,他又折了回来,并在心中暗暗下决心:这次一定要进去!可是,真到举起手来的时候,他就又失去了勇气。就这样,他在校长室门前徘徊了三十多分钟,才鼓足勇气敲响了校长室的门。

后来,他下决心要从怯懦中自拔出来,他试着在众人面前讲话。开始他有些语无伦次,甚至会全身发抖,但是,慢慢地,他有意识地摆出一副自信的样子,不断延长自己的讲话时间。终于从怯懦中一步步走出来,成为具有坚定信念和充满自信力的人。

如果自己有怯懦的性格,或者性格中有一些怯懦的因素,可以从自身心态进行调整,在日常生活中多进行自我训练,就不难克服怯懦心理。有这样一些克服怯懦性格的方法:

(1)径直迎着对方走上前去。

(2)会见陌生人之前,先列一张话题单。

(3)与别人谈话时,盯住对方的鼻梁,让人感到你在正视他的眼睛。

(4)开口说话时,要尽量声音洪亮,结束时也要强而有力。

(5)与比自己强的人交往,同时还可观察强者的弱点和缺点,从而增强自己的信心。

热情让生活充满阳光

热情是一种性格,一种素质。一个人只要强烈地朝着一个目标坚持不懈地追求,他就能取得成功。伟大的热情能战胜一切,一个人,当他有无限热情时,就可以成就任何事情。没有热情,不可能成就任何伟业。无论多么恐惧、多么艰难的挑战,热情都会赋予它新的含义。

热情是发自内心的兴奋,从一定程度上来说,热情控制着人的思维和情感。热情能唤起内心深处神奇的力量,让人散发出一种炽热的光辉,那就是吸引人和感染人的魅力。

热情的人会很自然地把他内心的感情表现出来,一个充满热情的人,他的志向、兴趣、为人和性情都能从他的走姿、眼神和活力中表现出来。

一次，有三个人做游戏，要在纸片上把他们曾经见过的印象最好的朋友名字写下来，并解释为什么选这个人。结果写好后，第一个人解释说："每次他走进房间，给人的感觉都是容光焕发的，好像生活又焕然一新了一样。他热忱活泼，乐观开朗，总是非常振奋人心。"

第二个人也说明了他的理由："他不管在什么场合，做什么事情，都是尽其所能、全力以赴。他的热忱鼓动了每一个人。"

第三个人说："他对一切事情都尽心尽力，所付出的热忱无人能比。"

这三个人都是英国著名刊物的通讯记者，他们见多识广，足迹遍布世界的各个角落，结交了各种各样的朋友。当三人都亮出纸片上的名字，他们惊异地发现原来三个人写的是同一个名字——澳大利亚墨尔本市一位著名的律师，这位律师正是以热忱而闻名于世。

热情能产生这样一种神奇的力量，只要你拥有它，即使你有一些不足，别人也会忽略或体谅。

热情是一种巨大的力量。它是人生主要的推动力，也是一个普通人想要生活好、工作好的最关键的心态。也许你经常用"我是一个普通人"的借口来原谅自己没有什么成就，假如你有这样的想法，你就要注意了，你这样的心态，说明你在还没有努力之前就已经失败了。

确实，我们大多数人都是普通人。但许多做出成就的人，他们也是普通人，不同的是，他们虽然也承认自己的普通，但他们不会因为自己的普通而放弃努力，他们愿意为了自己的目标，一直坚持不懈地追求下去。

卡耐基的办公室和家里都挂着一块牌匾，牌匾上写着这样的文字：你有信仰就年轻，疑惑就年老；你自信就年轻，畏惧就年老；你有希望就年轻，绝望就年老；岁月使你皮肤起皱，但是失去快乐和热情就损伤了灵魂。

麦克阿瑟将军在南太平洋指挥盟军的时候，办公室里也挂着一块牌匾，牌匾上写着同卡耐基一样的座右铭。

每一位成功人士的身上都有一个明确的特点，那就是对人、对事、对生活、对事业都充满了热情，就如同富有魅力的演员热爱舞台和观众，极具领导风范的企业家热爱他的企业和员工……可以这样说，热情是促使他们成功的动力,而如果没有了热情,他们的事业也就成了镜中花、水中月。

心理学家告诫人们,生活中需要热情,快乐更是由热情点燃的。当你为了一件事而全身心投入的时候,不管最后取得的结果是否让你满意,曾经付出的专注的热情都会持久地温暖你的心。

热情不仅能使一个有目标的人走向成功,还可以影响到人的情绪。对事保持热情心态的人,做事的品质总会比别人好,行动力也比别人强。只要对人保持热情,别人就会喜欢你。当你对别人感兴趣的时候,别人也会对你感兴趣。你的热情会使人们把谈论的中心转移到他们最感兴趣的事情上,别人会因此觉得和你在一起很快乐。

热情能够帮助你在较少时间内完成更多的事,帮助你做出更好的决定,它能使你显得更富有魅力。在热情的推动下,你会觉得你的日子飞一般流逝,你的成就也来得尤为迅速。有了热情,无论你处于什么样的环境,都可能有所作为。

"有热情一切都会有",你一定要热情,否则,再有才华也会一事无成。

不论你有多大的才干,有多少知识,如果缺乏热情,那就等于是纸上谈兵,没有人愿意整天跟一个提不起精神的人打交道。

热情的心态可以弥补精力的不足,发展坚强的个性。只要你确立的目标是合理的,并且努力去做一个热情积极的人,那么你做任何事都会有所收获。热情的性格让一个人随时随地都充满着乐观向上的激情,热情可以让一个人的生活总是阳光灿烂。

积极使人生得到改变

积极的性格是成功的起点,它能够使人生得到改变,创造人生的奇迹。选择了积极的性格,就等于选择了成功的希望;而消极被动则总是在消耗自己的人生,最终无法成就任何事业。社会在不断地发生变化,人生需要不断地进行自我调整,只有这样,你才能适应社会的发展。如果你想成功,想把美梦变成现实,就必须摒弃扼杀你的潜能的消极性格。积极起来,一切都会改变。

小丽是新进公司的职员,从进入公司的那天开始,她就一直默默地干着分内的和分外的工作。

早上,别人还没到,小丽就已经开始打扫办公室。然后,在同事们的办公桌上,各放上一杯她沏好的茶。晚上,当其他人飞快地奔向电梯回家的时候,小丽却不言不语地收拾凌乱的办公室,然后再坐下来,把自己当天的工作做一个总结,再把第二天上班前要做的准备工作做好。

小丽就这样任劳任怨、一声不响地做着,但是,这并不表示小丽甘愿就此沉默下去,她一直都在寻找能够适时表现自己的机会。

这一天,公司召开一个业务会议,老板在会上提到了10个关键数据,现场所有人都一头雾水,没有人知道这些确切的数据。

这时,小丽发言了。她不仅将数据阐述得准确清晰,而且加入了自己的一些独到看法。结果,小丽赢得了所有人的佩服,更赢得了老板的赞许。此后,老板开始器重小丽,并多次对她委以重任。

从小丽成功的经历中,我们能够发现,想在事业上有所建树,就一定要有目标和成功的思想,积极地行动起来,并抓住关键时机,让自己走向成功。

一个人要想成就一生的幸福,就必须以积极的心态面对世界,以积极的心态做人、做事,以积极的心态指导自己的人生走向。

有人对享有盛誉、成就卓著的林肯、爱因斯坦、罗斯福等人的性格特征进行过研究,发现他们的性格中有如下一些共性:有创见、崇新颖、尚实际、重客观、热爱生命、与人为善、能包容、富于幽默性、悦己信人。这些性格特征对他们确立造福于人类的信仰,并始终如一地为实现信仰而奋斗,起到了巨大的作用。

凡事积极主动去做的意识,不仅使伟大的人物能够力挽狂澜、成就大业,也是平常人日常生活、工作和交往中必需的立身之谋。

一位心理学家在他的小女儿上学之前,教给她一个秘诀,那就是在学校里要多举手——尤其在想上厕所时。

于是,小女儿遵照父亲的叮嘱,不只在想上厕所时记得举手,老师发问时。她也总是第一个举手,不论老师所说的、所问的她是否了解,或是否能够回答,她每次都是第一个举手。

日子一天天过去,老师对这个总是喜欢举手的小女孩印象极为深刻。

不论她举手发问,还是举手回答问题,老师总是优先让她开口。由此她拥有了许多别人没有的优先权利,也因此,这位小女孩在学习的进度上、实践的表现上,甚至许多其他方面的成长,都大大超越了她的同班同学。

多举手,正是那位心理学家教给女儿在学习生涯中的利器,也是成功者积极主动的态度。

积极的心态是一种有效的心理工具,是能够看透自己的必备素质。一个人的心态如何,在很大程度上决定了自己人生的成败。

皮鲁克斯在《现代人性格何以失衡》一书中这样说:"积极的心态是种力量,心态失衡是现代人常被击垮的一个性格弱点,因为他们无法从消极心态过渡到积极心态。这种失衡性格成为一个时代的疾病。""如果一个人有信心、求希望、善关爱、肯吃苦,而不是悲观、失望、自卑、虚伪和欺骗,那么这个人的个性就是令人欣赏的。"

做事,一定要积极;进攻,必须强调主动。一切自卑、畏缩不前和犹豫不决的行为,都只能导致人格的萎缩和做人处世的失败。每一个人只有保持积极主动的心态,努力培养自己的主动意识,并不断改进方式和方法,才能更有助于自己走向成功。

坚韧让生命绽放光彩

居里夫人说:"人要有毅力,否则将一事无成。"法国生物学家巴斯德说:"告诉你使我达到目标的奥秘吧,我唯一的力量就是我的坚持精神。"生活中,每个人都会碰到困难和挫折,甚至还会遭遇致命的打击。这时,一个人的性格因素,将会在很大程度上决定他的人生成败。

2008年5月12日,在那场突如其来的灾难中,一直渴望成长为舞蹈家的李月失去了左腿。然而一百多天后,这位有着舞蹈梦想的11岁的小女孩竟然出现在残奥会开幕式的舞台上,当她重新拾及自己的芭蕾梦想时,她轻轻跃进了全世界观众的心中。

5月15日,汶川地震后的第三天,李月躺在废墟中。由于左腿被坍塌物死死卡住,随时都可能有生命危险,救援人员无奈之下现场截去了李月的左腿。随后,在送往医院的急救车上,李月又几度昏厥。不过,顽强的她硬是挺过了生命最危难的时刻。在医院,她对亲人说的第一句话是:"我身边的同学都不在了,但是我一直想着跳舞,就坚持了下来。"

失去了左腿,以后还能继续跳芭蕾吗?李月经常在病床上失声痛哭,11岁的她不忍就此失去舞蹈梦想。而就在此时,一直关注李月的著名独臂舞蹈家马丽专程从北京赶到绵阳告诉李月:"残缺的肢体一样可以演绎完美的艺术。"

李月牢牢记住了这句话,渐渐走出了灾难阴影。她乐观地对关心她的人们说:"虽然地震夺去我的左腿,但是我永远不放弃芭蕾梦想。"

2008年9月6日的夜晚,成了李月圆梦的时刻。她坐在轮椅上,穿着粉色的芭蕾裙。当光柱投射到她身上时,她缓缓张开双臂,一双清澈的眼睛里流露出无限憧憬与陶醉。她用手臂代替足尖,轻点节奏、曼妙而舞。当"芭蕾王子"吕萌将她从轮椅上托起,举过肩头时,她蹬直了右脚。此时,人们看到一只红舞鞋顽强地"站立"在空中,这一刻,全世界为之动容。

从失去左腿到重新起舞,李月用她坚韧的性格为世人勾勒出一个梦想的美丽。这位坚强的小女孩,在她圆梦的同时,向世界传递着对梦想的追求和坚持。

我们不是李月,我们难以体会她失去一条腿的痛苦,但是我们能够体会到她追求梦想的执著和坚定,能够体会到她面对苦难的顽强,能够体会到她风雨不折腰的坚韧……其实,每个人的内心都隐藏着巨大的能量,无论是孩子还是成人。如果能够将这巨大的能量发挥出来,就一定能够成为一个出色的人。

在逆境和挫折面前,一个人坚韧刚强的个性会表现得尤为突出。拥有坚韧性格的人,在挫折面前不退缩,在失败面前不气馁。即使面对命运给予自己的不公平的灾难,拥有坚韧性格的人,也能够勇敢地去面对。美国杰出的小说家、诺贝尔文学奖获得者海明威,就是具有这样坚韧性格的人。

海明威出生于美国伊利诺伊州芝加哥市郊的一个小镇,他的父亲是当地的一位颇有名气的外科医生,闲暇之余,他经常带着小海明威去钓鱼或打猎。他的母亲出生于一个家教甚严的家庭,她力图将海明威培养成为一名音乐家,但是对于海明威而言,大自然显然要比那些音符更具有吸引力。

海明威14岁走进拳击场,即使被打得满脸鲜血,他也不肯倒下;19岁时,他走上战场,在车队当司机,在执行任务的过程中,他的头部、胸部、上肢、下肢都被炸成重伤,身上中的炮弹片和机枪弹头多达230余处,一共做了13次手术,有些弹片始终没有取出来,至死都留在体内。

1936年,西班牙内战爆发,第二年年初,38岁的他以北美报业联盟记者的身份赴西班牙采访,并拿起武器参加了战斗。1939年,完成了他的长篇小说《丧钟为谁而鸣》。

1944年,他随美军在法国北部诺曼底登陆,因获取大量情报,他获得一枚铜质勋章。

两次世界大战,常年的冒险生涯,多次发生的事故,严重损害了他的健康,也耗费了他大量精力。1954年,海明威夫妇应邀去非洲采访时,海明威竟两次遇到飞机失事,头部再次受重伤。

遇到那么多事故,遭受那么多创伤和不幸,海明威却从来没有停止过奋斗和冒险。在困难面前不低头,不退缩,自强不息,与命运展开斗争,是海明威个性中最有价值的东西。

海明威的作品《老人与海》中的老人,是激励过无数人的不言败的"硬汉"形象。其实,不止这一个,在他的作品中,他塑造了一系列"硬汉子",这种精神,也正是海明威所追求的永恒的东西,这就是人的坚毅品格、顽强精神。同时,这些也是他自己精神的写照。

海明威就是这样一个人,多块弹头弹片没能让他倒下;无数的退稿、无数的失败,也无法把他击垮;两次飞机失事,他都能从大火中站起来。

我们的心是世界上最坚韧的东西,痛苦和磨难可以摧垮一个人的身体,却摧不垮心灵,只要心灵不垮,我们总会完好地站起来。人生之光荣,不在于永不失败,而在于始终能够坚定自己的信念。这种信念,使人在任何条件下都不会放弃自己。

依赖使自己日益懦弱

依赖别人,意味着放弃对自我的主宰,这样往往不能形成自己独立的人格。喜欢依赖他人的人更容易失去自我,遇到问题时,自己没有主见,进而慢慢地丧失了做人的独立性。

1993年的"世界爱鸟日",芬兰维多利亚国家公园放飞了一只在笼中关了5年的秃鹫。但是,令人意想不到的是,3天后,这只秃鹫却饿死在公园附近的小山上。

秃鹫,原本是一种凶悍的大鸟,生存本领极强,常捕食小动物。饥饿异常的秃鹫甚至敢与虎豹争食,然而这只鸟中之王却死于饥饿。动物学家分析原因,最后得出结论:原来几年来,这只秃鹫已经过惯了公园里"饭来张口"的生活,在舒适的生活环境中渐渐丧失了在大自然中生存的斗志和能力。这只秃鹫,与其说死于饥饿,倒不如说死于依赖。

心理学家分析,依赖心理是一种消极的心理状态,它影响一个人独立人格的完善,制约人的自主性和创造力。

有依赖型性格的人,如果没有他人大量的建议,对日常事情就不能做出决策,并且总是希望别人为自己做决定。他们在生活上愿意他人为自己承担责任,甚至从事什么职业都由别人决定。他们把所有的希望都放在别人身上,遇到困难时,总是想获得别人的帮助。有依赖型性格的人一般没有深刻而复杂的思维活动,亦没有远大的理想抱负和追求,他们满足于得过且过的生活现状,最终也只会落个一事无成的境地。

有依赖型性格的人独立行动能力很差,很难单独实施自己的计划或做自己的事,他们喜欢将自己的需求依附于别人,过分顺从别人,一切听任别人决定。他们常常会有无助感,总感到自己无能、笨拙、缺乏精力。同时还有被遗弃感。当依赖无法继续或者亲密关系终结时,他们会有被毁灭和被遗弃的感觉。

当然,依赖性格人人都有,而且也是可以慢慢地来克服和纠正的。

(1)破除习惯性依赖

依赖型人的依赖行为大多已经成为一种习惯,当依赖成为一种习惯时,对人心理的影响就会达到根深蒂固的地步。要想独立,必须首先破除这种不良习惯。

认真清理一下自己的行为中哪些是习惯性地依赖别人去做的,哪些是自己决定的。你可以每天做记录,将这些事情分为自主意识强、中等、较差三等,每周做一次小结。对照记录,针对自己的具体情况进行分析,对于自主意识强的事情,坚持以后遇到同类情况一定要自己来做。对于自主意识中等的事情,也要尽量提出自己的改进方法,并在以后的行动中逐步实施。对自主意识较差的事情,可以提高自我控制能力,提高自主意识。

(2)增强自己的自信心

有依赖心理的人往往缺乏自信,自我意识低下。依赖性强的人往往没有主见,缺乏自信,所以只能居于从属地位。遇到事情总想依赖父母、朋友或权威解决。一个凡事总依赖别人,不愿自己动手去做的人是危险的,再强大的依靠也有消失的一天,一个人最大的靠山其实就是自己。

寻找自己的优点和长处,从自己最擅长、最容易做的工作入手,最容易激起自己对工作、学习和生活的信心。给自己一个肯定,给自己加油,增加自己的自信心,相信自己可以自主处理事情,并把这种自信培养成一种习惯。

人都有依赖心理,只不过有些人依赖心理很强,而有些人依赖心理较弱,依赖和人的惰性是共存的。依赖性强的人就如依靠拐杖走路的不健康的人。只有甩掉拐杖,才能够站得稳,走得快。

每个人都有自己的人生,别人的帮助毕竟是有限的、一时的,只有通过自身的努力,才能走出属于自己的一路风景。惰性和依赖性,是成功路上最大的障碍,依赖他人只会让自己变得日益懦弱,而依靠自己,才会让自己变得更加强大。

犹豫让机会擦肩而过

犹豫是一种不良的心理情绪。它的表现形式多种多样,包括极端的懒散状态和轻微的犹豫不决。生气、羞怯、嫉妒、厌恶等都会引起犹豫不决,使人无法按照自己的愿望进行活动。犹豫的人总希望自己能够做出正确的选择,却又被每一个选择带来的负面结果蒙蔽了眼睛,根本不知道自己想要什么,事情的结果又会是怎样?最终让机会在自己的徘徊中悄悄溜走。

他们在面对重大选择时,总是会一再拖延,直至不得不决断的时候才仓促决定。他们唯恐今天决断了一件事情,也许明天会错过更好的事情,以至于自己可能会对第一个决断产生懊丧情绪。

有这样一个寓言:一头驴子面前有两垛青草,欲吃这一垛青草时,却发现另一垛青草更嫩更有营养,于是跑到另一垛青草那里。在另一垛青草处,却又发现这一垛还不如那一垛好,于是又跑回去。等到跑回来却又发现,还是另一垛好……于是,驴子在两垛青草之间来回奔波,最终也没吃上一根青草,以至饿死了。

按理说,人类要比驴子聪明得多,不会犯驴子一样的错误。其实不然,很多时候,人类的选择甚至比驴子还要笨。

有一位父亲试图用金钱赎回在战争中被敌军俘虏的两个儿子,但他被告知,只能救回一个儿子,他必须选择救哪一个。这个慈爱而饱受折磨的父亲非常渴望救出自己的孩子,但是在这个紧要关头,他无法决定救哪一个、牺牲哪一个。这样,他一直处于两难选择的巨大痛苦中。在他还没有做出最终决定的时候,他的两个儿子都被处决了。

歌德曾经说过,犹豫不决的人,永远找不到最好的答案,因为机会会在你犹豫的片刻丢失掉。

在一些必须做出决定的紧急时刻,不能因为条件不成熟而犹豫不决,应当机立断地做出一个决定,你可能成功,也可能失败,但如果犹豫不决,那结果就只剩下了失败。

许多人虽然在能力上出类拔萃,但却因为犹豫不决的性格,最终失掉良机而沦为平庸之辈。因此,我们必须改变犹豫不决的性格,即使处在混乱中,也必须果断地做出自己的选择。

优柔寡断,当断不断是成功的大敌,在很多情况下,许多人正是由于没有及时做出决定而错过了大好机会。

做人总会有进退两难的时候,就如站在人生的十字路口上,不知如何是好。这个时候,一定不要优柔寡断,而是要当机立断,迅速做出决定。因为,不能决断的时候,往往正是关系自己生死存亡的关键时刻,这个时候的优柔寡断,往往会让你遭受巨大的损失,甚至付出生命的代价。

一个樵夫上山砍柴,不慎跌下山崖。危急之际,他拉住了半山腰一根横出来的树干,但是崖壁光秃秃的,而且很高,根本爬不回去,而下面又是崖谷。

真是上天无路,入地无门,樵夫不知如何是好。正在这时候,一位老僧路过这里,对他说道:"施主,我现在可以指点你一条生路,但是,你必须听我的安排。"

樵夫赶快答应道:"好的,好的,你赶快说吧!"

僧人说道:"你现在放开你的两只手!"

"放手？不行啊师傅，下面是崖谷，我跳下去会摔死的，我还是等等，看有没有人能救我吧。"

僧人哈哈大笑："这位施主，既然不能上，那就只有往下跳了，跳下去不一定能活。但是，你这样吊着等人来救，别说没有人来，恐怕有人能救你的时候，你已经死了。"

樵夫觉得有理，索性横下心来，眼睛一闭松开两手——结果竟奇迹般地掉在了山脚的草堆上，很快被闻迅赶来的山民救起，保住了一条性命。

优柔寡断是成功的敌人，在它还没有伤害到你、破坏你的力量之前，你就要先把这一敌人置于死地，培养一种胆大心细、雷厉风行的行事风格。

要想把握生命中的幸福，把握住每一次成功的机会，就要果断决定，凡事要当断则断。其实，很多时候，你想思考周全，防止纰漏，结果却往往事与愿违。要知道，生活中原本需要非常谨慎的事并不太多，就算是真正的大事，也很难找到万全之策，一再犹豫不会使事情自动向好的方向发展。不如抓住机会果敢行事，或许还会取得意想不到的成功。

第四章

少有人走的路
——你的理想请你坚守

人的一生不可能一帆风顺,总会有转变,总会有障碍,总是充满着荆棘与坎坷。面对失败带来的打击和痛苦,需要我们努力地做到征服自我。其实,战胜失败首先要战胜的就是我们自己,而外力仅仅只能是辅助。在生活与工作中,只有勇于征服自己的人才能取得最后的胜利。

征服自己也是一种成熟

一个人最大的敌人就是自己。征服自己,超越自己,是每个人都应该做到的! 只有把自己彻底征服了,人生才过得有意义。

我们知道,外来的挑战虽然严酷,但不管能不能克服,终究还是会过去的;而我们内心的自我却永远不会消失。

然而,在生活中却总是自己被自己的不良行为所左右着:

(1)无论干什么事,只要失败了,就总喜欢拼命地诅咒自己。

(2)和恋人或朋友一同参加晚会时,从头到尾都和他(她)待在一起。你并不是因为乐意这样做,而是因为觉得这样做保险。

(3)总是躲在同一群朋友中间,从来不去接触代表新的未知世界的其他人;总是与同一群人来往,一辈子都将置身于这个小圈子之中。

(4)见到陌生人便畏缩不前,因为害怕同他们谈到陌生的话题,总以为陌生人肯定要比自己更强、更聪明,更有本事或更善谈吐,并且以此作为回避的理由。

(5)由于缺乏独立的精神,因而总是以群体的形式来进行活动,以此掩盖个人的苍白和弱小。因为自己不够强大,没有独行不惧的勇气和力量,因此常三五一伙,在一群人构成的声势和互相承认中得到一种幻觉。

如果你的眼睛总盯在别人身上,总是通过别人的成功和失败来体验生活,你就无法改变自己的行为。

为什么我们要相信自己?因为在这世界上,每个人都是独一无二的,所以你该相信自己。那为什么你会是这世上独一无二的呢?因为你所做的事,别人不一定做得来;而且,你之所以是你,必定是有一些相当特殊的地方,而这些特质又是别人无法模仿的。

既然别人无法完全模仿你,也不一定做得来你能做得了的事,试想,他们怎么可能给你更好的意见?他们又怎能取代你的位置,来替你做些什么呢?所以,这时你不相信自己,又有谁可以相信?

有这么一个故事:白云禅师有一次和他的师父方会禅师对坐,方会问:"听说你从前的师父大悟时说了一首诗,你还记得吗?"

"记得,记得。"白云答道,"那首诗是:'我有明珠一颗,久被尘劳关锁,一朝尘尽光生,照破山河星朵。'"语气中免不了有几分得意。

方会一听,大笑数声,一言不发地走了。

白云怔在当场,不知道师父为什么笑,心里很纳闷,整天都在思索师父的笑,怎么也找不出他大笑的原因。

那天晚上,他辗转反侧,怎么也睡不着,第二天实在忍不住,大清早去问师父为什么笑。

方会禅师笑得更开心,对着失眠而眼眶发黑的弟子说:"原来你还比不上一个小丑,小丑不怕人笑,你却怕人笑。"白云听了,豁然开朗。

身为一个凡人,我们有时比不上一个小丑。很多时候我们就是陷于别人给我们的评论之中。别人的语气、眼神、手势……都可能搅扰我们的心,消灭了我们往前迈进的勇气,甚至成天沉迷在白云式的愁烦中不得解脱,白白损失了做个自由快乐的人的权利。

持自己的思想,走自己的路,不要轻易被别人左右自己的方向,否则失去独立精神的你,就会因失去个性而陷人平庸之中。

自己把自己说服了,是一种理智的胜利;自己被自己感动了,是一种心灵的升华;自己把自己征服了,是一种人生的成熟。

大凡说服了、感动了、征服了自己的人,就是把自己看作是生活的主角。有人把自己看作是生活的配角;有人把自己看作是生活的观众;而不屈服于命运的强者,却把自己看作是生活的编导。记住!你有权力去相信自己,所以,请放心大胆地去吧,胜利一定会属于你的。

不要等待别人的恩赐

教育家陶行知先生曾说:"靠天,靠地不算是好汉,自己的事自己干。"竞争中能光靠他人的扶持吗?虽说靠着大树好乘凉,君不闻"树倒猢狲散"吗?是的,"靠山"终究会靠不住的,当那所谓的"靠山"倒了,受苦的只能是自己。

要想在社会上有一个立足之地,必须有一种与社会抗争的自立精神,不要等待别人的恩赐。我们要用自己的汗水换来丰硕,只有这样我们才会使自己心安理得,无怨无悔。

有句格言说得好:"失败者任其失败,成功者创造成功。"没有任何事是注定的!不要等待别人的恩惠。机会是要自己创造的,好运不会等着你。凡事要发挥自己的主观能动性,事事要靠自己的努力。

王刚大学毕业,找了一份销售员的工作,可这与他的专业不对口,他不希望自己几年来所学的专业知识荒废掉，于是他到处托关系，找门路，盼望能找到自己喜欢的工作。可人家不是推脱没时间，就是说自己也找不到关系等等。王刚想自己的专业知识学得不错，何必要东奔西跑的求人呢。于是他找到所在公司的人事科长，告诉他自己特长，并说做自己的专业一定比做销售员会取得更好的成绩。人事科长也认为不该埋没了他的才华，应该让他学以致用，便把他调到了他想要的工作岗位。

事实上，我们在遇到困难的时候，首先想到的不是自己解决，而是寻求别人的帮助。这就为我们自己设置了一个障碍，不要时时刻刻都想着别人给我们帮助。英文谚语："自助者，天助之。"完全依赖别人的恩赐是不可能的，解决问题首先想到的应该是自助。

1998年，国内彩电市场进入到一个低迷时期。诸多彩电厂家纷纷宣告倒闭。因为国内市场已经趋于饱和。如果再不改变战略，那么在这个不见硝烟的战场上，必死无疑。长虹也同样避免不了这个惨局，在经过慎重的思考之后，决定转战国外，在美洲、澳洲、东南亚、欧洲设立子公司，在美国、法国、俄罗斯等十多个国家和地区开设了商务中心，解决面临的困境。事实证明，长虹的选择是明智的，正确的。长虹没有依靠国家的扶助度过了困难时期，依靠自己的智慧救了自己。

有些事情明明自己也很容易做到，何必总是想着别人的帮助呢。如果我们都拥有遇事求己的那份坚强、自信、主动，我们也许就会得到自己想要的。

其实，每个人都是自己命运的主人，乞求别人，等待别人的恩赐，只能让我们养成一种惰性——就是把命运的方向盘交给别人，别人给什么，就只能拿什么，别人不给，就得不到什么。自然，人人都会遭受挫折，因此不能把命运的主动权放在别人的手上。

面对困难，千万不要"等、靠、要"，我们应该积极主动地改造自己，把握自己的命运，彻底打破不利的环境！请记住：自助者，天助之。

成功永远属于追梦的人

敢于梦想,勇于梦想,这个世界永远属于追梦的人。梦想者是人类的先锋,是我们前进的引路人。他们毕生劳碌,不辞艰辛,弯着腰,流着汗,替人类开辟出平坦的大道来。如今的一切,不过是过去各个时代梦想的总和,不过是过去各个时代梦想的现实化。

有人说,想象力这东西,对于艺术家、音乐家和诗人大有用处,在实际生活中,它的位置并没有那样的显赫。但事实告诉我们,凡是社会各界的领袖都做过梦想者。无论工业界的巨头、商业界的领袖,都是具有伟大的梦想、并持以坚定的信心、付之努力奋斗的人。

人不仅要有梦想,还要信仰梦想,更要激励自己去实现梦想。具有向上的志向,志向就会像一枚指南针,引导人们走上光明之路。良好的梦想,就是未来人生道路美满成功的预示。

有许多人容许自己的梦想慢慢地淡漠下去,这是由于他们不懂得,坚持着自己的梦想就能增加自己的力量,就能实现自己的理想。梦想具有鼓舞人心的创造性力量,它鼓励人们去尽力完成自己所要从事的事业。

梦想是才能的增补剂,能增加人们的才干,使一切幻梦化为现实。仅有梦想还是不够的,有了梦想,同时还需要实现梦想的坚强毅力和决心。如果徒有梦想,而不能拿出力量来实现愿望,这也是不足取的。只有在梦想的同时辅之以艰苦的劳作、不断的努力,那梦想才有价值。

在所有的梦想中,造福人类的梦想最有价值。约翰·哈佛用几百元钱创办了哈佛学院,就是后来世界闻名的哈佛大学,这是一个最好的例子。

梦想也有合理与不合理之分。所谓合理的梦想,并不是那些荒诞不经、超越情理的妄想。

像别的能力一样,梦想的能力也可以被滥用或误用。假如一个人整天除了梦想以外不做别的事情,他把全部的生命力,花费在建造那无法实现的空中楼阁,那就会祸害无穷。那些梦想不仅劳人心思,而且耗费了那些不切实际的梦想者原有的天赋与才能。

一个人有梦想,再加上坚韧不拔的决心,就能产生创造的能力;一个人有梦想,再加上持之以恒的努力,就能达到梦想的实现。有了梦想,假如没有决心和努力的配合,对梦想漠然视之,那么即使再宏大美好的梦想也会烟消云散,化为泡影。

虽然你还不是成功者,但可以在"白日梦"中以成功者的姿态出现一下,有一种成功的感觉,也会使你在别人面前显得信心百倍。事实上,这也是一种增强自信心的方式。

花点时间想象一下,如果你登上事业顶峰,生活将是什么样子。不妨想象你坐在总经理办公室里的情景,想象随之而来的巨额报酬和发号施令的权力。然后,再想想在通向总经理办公室的道路上,你经历过的每一阶段,那些你已经达到并超越的目标。在白日梦里,当想象自己达到某种近期目标时,还要在想象中体会成功的喜悦。

有人设计了这样一种做"白日梦"的方法:第一步,想象自己是某家公司的大老板,正坐在豪华的办公室或会议室里,正在对手下的一批管理人员训话。他们专心致志,聆听着你的每一句话,而现实中的你确实在说着某些话。第二步,闭上眼睛,全身放松,尽可能地在脑子里构想上述情景,使你作为大老板的形象进一步具体化或者说视觉化,你以怎样的语气说话。用什么样的手势、表情,你如何发脾气,等等,像是在脑中放一部电影,而那主角正是你。这样持续10分钟,眼始终闭着。

经过一星期左右的这种"形象化幻想"练习,你会发现自己的某些态度或行为已开始发生变化。变得比较果断,比较轻松或比较热情了。不管怎么说,这种变化表明你的幻想正在引导你慢慢地接近你想象中的渴望着成功的形象。

善于经营自己的长处

世界上无数的失败者之所以没有成功,主要不是因为他们才干不够,而是因为他们不能集中精力、不能全力以赴地去做擅长的工作,他们浪费掉了自己大量的精力,而他们自己却从未觉悟。

有这样一则寓言故事:在广袤的草原上,一只小羚羊忧心忡忡地问老羚羊,这里没遮没拦的,我们又没有锋利的牙齿,难道天生就要成为狮子、老虎的腹中物不成?老羚羊回答道,别担心孩子,我们的确没有锋利的牙齿,但却拥有可以高速奔跑的腿,只要善于利用,即使再锋利的牙齿,又能拿我们怎么样呢?"

这个故事告诉我们,认识自己、发展并经营自己的长处,你才能更准确地发现自己的最佳才能,找到到达成功目的地最迅捷的途径。

人生的诀窍就是要善于经营自己的长处。每个人都有自己的长处,要想成就一番事业你就得善于利用自己的长处。长处是人生的一片沃土,成功的种子就埋在它的下面。如果你不在这里耕耘,你就将错失原本属于你最宝贵的东西。

富兰克林说过:"宝贝放错了地方便是废物。"在人生的坐标系里,一个人如果站错了位置——用他的短处而不是长处来谋生的话,那将是非常艰难甚至可怕的,就像如果让武大郎去做投篮高手,他可能会在永久的卑微和失意中沉沦。

因此,具有一技之长相当重要,即使它不怎么高雅入流,但可能是你改变命运的一大财富。选择职业同样也是这个道理,你无需考虑这个职业能给你带来多少钱,能不能使你成名,重要的是,你应该选择最能使你全力以赴、最能使你的品格和长处得到充分发挥的职业。把自己安排在合适的位置上,经营出有声有色的人生。

市场中的游戏规则是每一个人依靠为他人提供服务与商品而生存。

当有很多人需要你提供的服务，而你又变得不可替代时，你往往就成为一个重要人物。那么如何变得不可替代呢？这就是说，你要培养自己的专长。

你的专长就是你的与众不同之处。这种专长可以是一种手艺、一种技能、一门学问、一种特殊的能力或者只是直觉。你可以是厨师、木匠、裁缝、鞋匠、修理工，等等，也可以是机械工程师、软件工程师、服装设计师、律师、广告设计人员、建筑师、作家、商务谈判高手、企业家、领导者等等，无论怎样，如果你想成功的话，你不能什么都不是。

成功者的普遍特征之一就是，他们由于具有出色的专长而在一定范围内成为不可缺少的人物。

大学专业恰恰是培养日后专长的重要阶段。选择一条你最适合走的路是一项重要的功课。我们都知道：福特的专长是制造汽车，爱迪生的专长是发明各种令人激动的"小玩意"，皮尔·卡丹的专长是服装的设计与制作，曾宪梓的专长是做质量最好的领带，阿迪达斯的专长是制鞋，迪斯尼的专长是画动画，盖茨的专长是编写软件与管理，巴菲特的专长是对华尔街的历史与现状了如指掌，上面所提到的这些人一开始都不能算是重要人物，但由于他们专长的不断发展，加上其他条件的配合，他们获得了成功。

为了发展你的专长，从今天开始你要做到两点：

（1）利用一切可能的机会提高自己专门领域的知识与技能，你要努力做更可口的菜，你要努力制造质量更好的机器，你要努力编写更实用的软件，你要努力写更漂亮的文章。

（2）将专业转化为专长，如果你长期这样做，不仅你的技艺在不断增进，而且你在这一领域建立起了自己的信誉。而信誉一旦建立，还会为你带来源源不断的财富与名望。

这也就是说，在你有实力经营企业、管理组织之前，先把自己经营好、管理好。成大事者会树立起这样的信念：我依靠比别人提供更出色的产品和服务来换取成功。因此，你不仅要有自己的专长，而且要在这一领域压倒周围的人。想要一个始终表现平平的人在一夜之间脱颖而出是不可能的。

美国人本杰明·格雷厄姆是著名的"现代证券分析之父"。20世纪20年代，他从哥伦比亚大学毕业后，放弃了哥伦比亚大学文学、哲学和数学三个不同的系同时邀请他执教的难得机会，毅然进入证券经纪公司工作。由于他勤奋钻研、细心观察，很快熟悉了证券市场的运作技巧。

1929年股市暴跌时，他运用自己发明的证明投资价值评估方法，帮助客户避免了资金的巨大损失，因而声名鹊起。1934年，他和戴维·多德合著了《证券分析》，有些学者把它奉为"华尔街的圣经"。《证券分析》奠定了现代证券分析理论的基础，这本书还对证券投资专家沃伦·巴菲特、马里奥·加贝利等产生过很大的影响。为了纪念和表彰他在证券分析领域的卓越建树，美国哥伦比亚大学商学院设立了永久性的"格雷厄姆教授讲座"。

在你自己努力塑造专长的同时，还要注重立足通长，不断拓展自己的知识层面。也就是说基础知识的广博性与专业知识的精深性相结合，是成功的重要条件。

无论是从事何种专业的人，在专业知识之外，还需要相应的基础知识和辅助知识，从而形成特定的知识结构。这种知识结构的程度越高，知识结构的韧性就会越强，对工作的适应就会越快。如果你想成为一个众人叹服的成功者，成为一个才识过人、无人可及的人物，就一定要排除大脑中许多杂乱无绪的念头。然后，找出自己擅长的，努力在这方面下功夫。

成功学家通过研究发现，人类有400多种优势。这些优势本身的数量并不重要，重要的是你应该知道自己的优势是什么，弱势是什么，之后要做的就是敢于放弃弱势，将你的生活、工作和事业发展都建立在你的优势之上，这样你才会成功。

那么，我又该如何才能发现自己的这些长处呢？只有不给自己任何借口，认真开始做每一件事情，才能发现自己的长处。借口让人浅尝辄止，在还没有发挥自己最擅长的能力前就放弃了。就好比一个挖井人，他挖了一辈子的井，在上百个地方都尝试过了，但每一次都是只挖到一米，觉得不会有水就放弃了，这样他一辈子都不会挖出一口有水的井；而另外一个挖井人就在前者曾经挖过的某个地方，向下多挖了几米，很快就打出了一口井。

成功学大师戴尔·卡耐基在年轻的时候曾经想过要成为一名作家，他每天埋头写作，然后把作品寄送给各个出版机构，最后得到的只是一堆退稿信。在尝试过几次之后，他明确地知道自己的天赋并不在此，于是放弃了做作家的梦想。后来他到了纽约又想当演员，可是在接受了演艺训练后，他发现自己的天赋也不在于此处。最后，他终于发现自己的演讲最能激发听众的热情，于是，他把人生的目标定在成为一名成功学导师上。最终，他也的确做到了。

没有经过认真刻苦的努力，就认定自己没有某方面的天赋，这是给自己的懒惰找的借口。哪怕是举世公认的天才，都需要潜心的学习才能取得非凡的成就。莫扎特是世界公认的音乐天才，他没有接受过专业的音乐训练，却谱写了传颂百世的乐章。莫扎特曾说："人们以为我的创作得来全不费工夫，实际上，没有人会像我一样花这么多时间来思考如何作曲，任何名家的作品我都仔细地研究过许多次。"

发挥出自己最擅长的能力对一个人的成长来说是至关重要的，这个过程既需要踏踏实实的努力，也需要自我判定的能力。一个人不可能在全部的领域都拥有出众的能力，同样只要不是先天的生理缺陷，也不可能在所有的领域都落后于人。

艺术大师文森特·凡高在27岁的时候才开始学习绘画，此前，他只不过是一名普通的艺术作品经销商。从那本他与弟弟的书信集《亲爱的提奥》中，我们可以看到他对商人的生活充满了厌倦，下定决心开始学习绘画。与那些从小就接受正规的艺术教育的画家相比，凡高的早期美术训练基础几乎为零。在27岁那年，他从头开始学习绘画，并在以后的艺术创作中，摒弃了一切学院派的艺术教条，开始纵情地用绘画表达自己的情感，于是才有了绚烂的《向日葵》、浪漫的《星月夜》等不朽的艺术珍品。

凡高在27岁的时候发现了自己的兴趣以及天赋，虽然他错过了基础美术训练的时期，但正是没有经过这样程式化的训练，才使得他最后能够摆脱传统艺术的束缚，以画笔抒发自己最真挚的感受。

每个人的生活经历都是独一无二的，心灵成熟的过程需要不断地自我探索，勇敢地尝试新的领域。只有在这个过程中不给自己任何借口，才能最终找到真正适合于自己的道路。如果凡高以追求安逸生活为借口，或以绘画基础太差为借口，安于继续做一个商人，他在物质生活上可能会有一定的保障，但他的内心深处永远不会体验到真正的快乐，更不会有那些佳作的问世。发现自己最擅长的领域是个体思想成熟的标志，如果我们准许借口存在，那么就不可能成为一个成熟的人。

人力资源管理学中有一个关于职业选择的建议：一个人从学校毕业进入社会，至少应该经历三次不同的职业选择，选择三种自己感兴趣的职业，逐一尝试一下，看看自己到底在哪种行业内最受欢迎。当然，这样的机会也可以通过在校期间的实习来完成，或者通过一些兼职的机会来尝试不同的领域。通常在经历了三次选择后，大部分的人都可以找到自己喜欢又擅长的行业。

人力资源学的建议并不是让人们放弃自己的事业，而是有理性地选择。因为职业规划是要为以后40~50年选择一个人生目标，那么在最开始的时候，花上2~3年的时间，给自己提供更多的选择机会，以确定对自己最有利的职业，这并不是浪费时间，而是明智的行为。

人不可能只对某一个职业感兴趣，而对其他的都一概排斥。同时成长经历、教育背景和个人天赋决定了总有一些领域是比其它领域做起来更加得心应手的。甘于安逸的人会给自己很多借口，诸如"目前的收入还不错"，"我对工作虽然没有热忱，但也不讨厌"，"如果换一个领域会有更大的风险"，等等，但在保住了目前的工作的同时，也放弃了找到自己最擅长的工作的可能性。就像蜗牛一样不愿意丢下自己重重的壳，因为壳带给它安全感，一有风雨，随时都可以躲到壳里，但也让它们变成了行动最迟缓的动物之一。

给自己找借口的人安于现状、不求进取，用潜在的风险作为借口，拒绝更多的尝试和变更，却忽视了每一个人在成功之前，都必须经过一段时间的探索，才能找到那条真正属于自己的路。

成大事者往往不谋于众

"成大事者不谋于众"不是猖狂，是一种智慧，相信自己的能力，但凡事都应该辨证地看待，所以同时不能盲目自信。

不谋于众，并不是说脱离集体，它是自己思维与智慧地集中体现，思考时用领袖的思维，行动时用利剑一样锋芒。相信自己的决定是正确地，只有你自己才能决定你的人生命运。

不要受别人的影响而改变自己正确的决定，因为自信是成功的必要条件，一个连自己都不相信的人，会有什么主见？

你可以到别人的大脑里去汲取精华和好的创意、思想，但是，你的决定要自己做主，别人的思想与创意只能优化你的决定，但是决不要改变你正确的决定。

有这样一则寓言：从前，有一位画家想画出一幅人人都喜欢的画。画毕，他拿到市场上去展出。画旁放了一支笔，并附上说明：每一位观赏者，如果认为此画有欠佳之笔，均可在画中标上记号。

晚上，画家取回了画，发现整个画面都涂满了记号——没有一笔一画不被指责。画家十分不快，对这次尝试深感失望。

画家决定换一种方法去试试。他又摹了一张同样的画拿到市场展出。可这一次，他要求每位观赏者将其最为欣赏的妙笔都标上记号。当画家再取回画时，他发现画面又被涂遍了记号——一切曾被指责的笔画，如今却都换上了赞美的标记。

"哦！"画家不无感慨地说道，"我现在发现了一个奥妙，那就是：我们不管干什么，只要使一部分人满意就够了，因为，在有些人看来是丑恶的东西，在另一些人眼里则恰恰是美好的。"

我们的为人处世也经常是按别人的反应来决定，而不是按照自己的意愿去行动。尤其是在向"成功"、"幸福"之类美丽的字眼跋涉的路上，一切似乎已经有了约定俗成的标准。弗洛伊德说:"简直不可能不得出这样的印象:人们常常运用错误的判断标准——他们为自己追求权利、成功和财富,并羡慕别人拥有这些东西。他们低估了生活的真正价值。"

很多人无视你的存在,总是要你往这边走、往那儿去;他们最常挂在嘴边的是:"你应当……"、"你不应该……"一般人碰到这类的要求,通常都很难回绝,尤其是如果提出要求的人是你最亲密的伙伴,"不"字就更难开口了。时日一久,这种互动关系定型,形成了一种默契或是彼此的承诺。

万一哪一天对方又要你做这个做那个,而你却坚持已见时,那会发生什么事呢? 一方面,对方一定会勃然大怒,认为你违背了双方的承诺;另一方面,如果你坚持不做这些"应该"做的事,你会觉得自己有愧彼此的默契,因而心生愧疚。

你可知道为什么会有愧疚感? 这是因为双方过度的情感乞求所致。每当对方要你怎么做的时候,你之所以会顺从他的要求,说穿了,就是想通过这种顺从的表现来得到对方赞许、关爱的眼神,甚至是想要取悦对方。

当这种取悦方法成了你行事的模式以后,拒绝对方的要求一定会让他很不高兴,而你也会觉得很对不起他,要不愧疚都很难。愧疚的感觉很像忧惧,而忧惧就好像是坐在一张摇摇椅上,你就只能这么晃荡着,看起来好像是想要将你摇向什么地方,但却只是在原地摆荡,让你啥地方也去不了。

不要忘了,我们有权力决定生活中该做些什么事,不应由别人来代做决定,更不能让别人来左右我们的意志,让自己成为傀儡。况且,他人并不见得比我们更了解情况,也不会比我们聪明到哪里去,所以,他们所提出的这类"理所当然"的事就很可能不是我们的最佳抉择。你的最佳抉择还是应该经由自己深入分析、思考之后来取舍。从现在起,做你自己,不要让别人的"理所当然"控制了你。

完成一次独立的行走

在这个竞争激烈的社会中,我们应该变依靠为独立,不再以对别人的依靠为支撑,从别人的搀扶中走出来,让自己去完成一次独立的行走。只有这样,我们才能够在生活的道路上,学会坚强、自信与独立。

这个世界有条条的大道,我们每个人都在走,走在自己所选择的路上。人生到处充满着无数的路,有的崎岖、有的平坦、有的狭窄、有的宽阔,也许在人生中我们都只是一个过客,跟着千千万万的人向前走,不管是特立独行或是创造新路,我们都应该为自己走出一条属于自己的路来。

每一次成长的经历,让我们品尝人生的酸甜苦辣;每一次跌倒爬起,让我们清楚了自己的能力与毅力;每一次成功,让我们体会了人生的美丽;每一个美好的诞生,则让我们看见了人生的灿烂。

我们在跨步中成长,我们在欣赏中丰富阅历,我们在一路行走中学会了面对得与失,学会了面对困难与挫折,学会了面对成功与失败,学会了珍惜眼前正拥有的一切,学会了迎接未来即将遇见的一切……

曾经有一位65岁的老人从纽约步行到了佛罗里达州的迈阿密市。经过长途跋涉,克服了重重困难,他到达了迈阿密市。在那里,有几位记者采访了他。他们想知道,这路途中的艰难是否曾经吓倒过他?他是如何鼓起勇气,徒步旅行的?

"走一步路是不需要勇气的,"老人答道,"我所做的就是这样。我先走了一步,接着再走一步,然后再走一步,我就到了这里。"

英语中有一个简单的单词:"try"!因为有了依靠,许多人不再愿冒险去"try"。凡事依靠,凡事不敢"try",安于无风啸浪涌的现状,沉于风花雪月的陶醉之中,就会难于自拔。

没有人一生都是一帆风顺的,任何人随时都会碰上磨难。勇于尝试,才能获得成功。没有尝试,就会显露出人生的肤浅苍白。离开尝试,就意味着没有了思想之源。因为尝试,才迫人思索,才逼人明智,才使人练达,富有创造精神的人,人生才会卓越,生命才能不同凡响。

要知道,人类最智慧的支撑不是金钱,不是权势,更不是靠山;人类最智慧的支撑是完成一次独立的行走。不要因为失去别人的搀扶而胆怯止步;不要因为是第一次独立行走而担心摔倒;一种年龄要走的路,就让那种年龄去走,哪一个走路的人没有跌过跤呢?留一份真实,留一份坦然,留一份独立的洒脱,在每一个生命的路口,每一个年龄的季节。从你开始,从我开始,在这里起步,让我们大家都去完成一次独立的行走!

丢掉了拐杖才能够自立

生活的真正实质在于独立。作为一个健全的人,在自己的人生道路上行走,首先要做的就是要敢于丢掉自己所有的依附,用自信和自立去打拼属于自己的美好人生。

依赖关系好比鸟巢,在这里哺育雏鸟再好不过。不过,鸟儿大了总要飞走,而飞离鸟巢去独立生活才是真正美好的。不仅飞走的小鸟会幸福,看着它飞去的母亲也会感到幸福。

为了训练狮子的自强自立,母狮故意将小狮子推到深谷,让它在困境中挣扎求生。在残酷的现实面前,随着小狮子挣扎着一步一步从深谷之中走了出来。它体会到了"不依靠别人,凭自己的力量前进",它成熟了。

在动物王国里,动物妈妈认为,它已经尽到了母亲应尽的责任。它并没有规定孩子们每隔一个星期天去看望它,也没有责骂孩子们忘恩负义,更没有用心脏病发作来威胁孩子们不要离开它。它只是让孩子们自己去生活。

就其本性而言,人同样有独立的要求。然而,有些人希望依赖自己的孩子来继续生活,这种需求心理似乎占了上风。在这些人看来,把孩子抚养成人,不是为了让他们独立,而是要让孩子们依附于自己,陪伴自己生活一辈子。

但是,我们要懂得:外界的扶助,有时或许是一种幸福,但更多的时候情况恰恰相反。供给你金钱的人,其实并不是你最好的朋友;而只有鼓励你自立自助的人,才是你真正的好友。

有两位外国留学生上了公共汽车,其中一人拿出2元钱买票,售票员习惯地递给他两张一元钱的车票,他摇摇头,伸出一个手指:"只要一张"。这时,另一位留学生拿出一元钱,为自己买票。到站了,两人说笑着下了车。

一同乘车,只为自己买票,依我们的看法,会妨碍友情。再说,区区几元钱,即使为图省事,也该为同伴代买一张吧。可是,据说西方人不随便代人买票是出于礼貌。依他们的看法,未经商量就替人付钱,等于轻视对方的自立能力,有伤他人的自尊。

小小的一张车票中,我们看到的是友情,他们看到的则是自立。也许,这些留学生离开中国时会学到我们所熟悉的种种友情,引为至宝,而他们带到我们面前的"一元钱的自立"也实在值得我们好好学习。

我们民族传统中,感情的成分既浓且重:亲情、友情、人情、世情……这里有珍藏,也不乏牵累。感情所涉太多,就像不加节制的进补一样,反倒使身体虚弱。长行不衰的亲帮亲、友帮友,本来是好意,却养就一个互依互赖的"靠"字。"在家靠父母,出门靠朋友",即使都失了依靠,还有个"老乡见老乡,两眼泪汪汪"。

依靠不仅压抑了生机,而且腐蚀着心灵——依赖变成了一种"幸运",一种"荣耀"。为什么不去摆脱,不去轻视或干脆蔑视依靠呢?作为年轻的我们,有的是时间与精力,遇见森林,可以辟成平地;遇见旷野,可以栽种树木;遇见沙漠,可以开掘井泉。该是何其畅快,何等的吐气扬眉。

生活需要我们去自立。或许你非常害怕打破依赖关系,但如果问问你在精神上依赖的那些人就会发现,他们最钦佩的,正是那些敢于独立思考、独立行事的人。你还会发现,你要是独立了,别人就会尊重你,特别是那些拼命要支配你的人会更敬佩你。

一个身体健全的人假如依赖他人，就会感到自己不是一个完整的人。一个人有了职业、自立自助的时候，他才能感到自由自在、无比幸福。只有摆脱了依赖，抛弃了拐杖，具有自信，能够自主的人，才能走向成功。

使自己成为一个认真的人

认真就是能够做到严格地要求自己，能够认真负责地为人处事。即使在别人苟且随便时自己仍然坚持操守，它是一种高度的责任感，一种敬业精神，一种一丝不苟的做人态度。认真的人往往更能赢得他人的尊敬和信任。

一位著名作家说过："无论做什么事情，都应该尽心尽力，一丝不苟。这是因为，究竟什么才事关真正的大局，究竟什么才是最重要的，这一点其实我们也不是很清楚。也许在我们眼里微不足道的小事，实际上却可能生死攸关。"

有一个发生在第二次世界大战中期，美国空军和降落伞制造商之间的真实故事。

当时，降落伞的安全性能不够好。在厂商的努力下，合格率已经提升到99.9%，仍然还差一点点。军方要求产品的合格率必须达到100%。对此，厂商不以为然。他们认为，没有必要再改进，能够达到这个程度已接近完美了。他们一再强调，任何产品不可能达到绝对100%的合格，除非出现奇迹。

不妨想想，99.9%的合格率，就意味着每一千个伞兵中，会有一个人因为跳伞而送命。后来，军方改变检查质量的方法，决定从厂商前一周交货的降落伞中随机挑出一个，让厂商负责人装备上身后，亲自从飞机上跳下。这个方法实施后，奇迹出现了：不合格率立刻变成了零。

认真地做事，认真地做人，这在今日这个时代尤其需要我们身体力行。不要放纵自己的浮躁和粗心的坏毛病。因为，可能就因为这一个小小的不认真,或许就能结束一个人的生命。一个质量不过关的轮子会毁了整个飞机,一个点错的标点会带来极大的财产损失,一个设计上的小小错误会使一座大桥塌陷……这样的教训太多了,我们应该引以为戒。

著名学者胡适在《差不多先生传》中虚构了"差不多先生"这样一个人物,他代表了一种做事差不多就行、不追求更高境界的作风,胡适写道:"你知道中国最有名的人是谁?提起此人可谓无人不知。他姓差,名不多,是各省各县各村人氏。你一定见过他,也一定听别人说起过他。

差不多先生的名字天天挂在大家的口头上,因为他是全国人的代表。

差不多先生的相貌和你我都差不多,他有一双眼睛,但看得不很清楚;有两只耳朵,但听得不很分明;有鼻子和嘴,但他对于气味和口味都不很讲究;他的脑子也不小,但他的记忆却不很精明,他的思想也不很缜密。他常常说:'凡事只要差不多就好了,何必太精明呢?'"

也许在生活中,"差不多先生"对样样事情都看得破,想得开,不计较。不过在职场上,"差不多"的心态却是必须严格杜绝的,因为每个员工都是团队的一分子,如果每个人都是"差不多",不仅会导致组织难以获得利润,甚至还会因不慎造成重大事故。

因此,我们做任何工作,都要认真负责,对自己要求严格,尽我所能,做到尽善尽美。每一项工作,都一定要多问自己几次,真的"差不多"交差可以了吗?自己认为所差的那一小点,会带给自己、公司或顾客什么损失呢?

只有对自己要求严格,与"差不多先生"绝交,才能真正明白什么是责任,才能下决心把工作做到最好。

喜欢敷衍的人们应该明白,"天上不会掉馅饼",即使侥幸占过那么一两次小便宜,长此以往必然害了自己。

"粗心、懒散、草率"等这样一些字眼,正是工作不负责任的表现。在工作中,没有人会欣赏敷衍了事的人,不论是上司、同事,还是下属。敷衍甚至比不忠诚、不勇敢更有杀伤力,因为它直接影响一个人的灵魂,损害人的责任感,损害人的敬业意识和诚实精神,而这些正是一个人立足职场并做出成绩的基础和保障。敷衍工作就是敷衍自己。

　　著名的文学翻译家、艺术评论家傅雷是一个一生都认认真真的人。他一生致力于外国文学，特别是法国文学的翻译，先后翻译了伏尔泰、巴尔扎克、罗曼·罗兰等人的作品33部。他还写了不少文艺和社会评论作品。他写给儿子的家书结集出版后受到广大读者的喜爱。傅雷为人的一个突出特点，就是"认真"。《高老头》这部巴尔扎克的著名作品，他在抗战时期就已译出，1952年他又重译一遍，1963年又第三次修改。他翻译罗曼·罗兰的《约翰·克利斯朵夫》，从1936年到1939年，花了整整3年时间。上世纪50年代初，他又把这上百万字的名著的译稿推倒重译，而当时他正肺病复发体力不支。他这样做，就是要精益求精，把最好的译作奉献给读者。

　　对生活中的其他方面傅雷也是十分严谨和认真。在他宽大的写字台上，烟灰缸总是放在右前方，而砚台则放在左前方，中间放着印有"疾风迅雨楼"的直行稿纸，左边是外文原著，右边是外文词典。这种井然有序的布局，多少年都没有变过。他家的热水瓶，把手一律朝右。水倒光了，空瓶放到"排尾"，灌开水时，从"排尾"灌起。他家的日历，每天由保姆撕去一张。一天，他的夫人顺手撕下一张，他看见后，赶紧用糨糊把撕下的那张贴上。他说："等会儿保姆再来撕一张，日期就不对了。"他自己洗印照片，自备天平，自配显影剂和定影剂；称药时严格按配方标准，尽管稍多稍少无伤大局，他还是一丝不苟。有一次，儿子傅聪从国外来信，信中"松"、"高"、"聪"等字写得不够规范，他便专门写信给儿子，逐一进行纠正。

　　成功之所以不容易获得，原因在于它是由许多小事构成的。但最基本的是要心态成熟、做事成熟，无论多小的事，都要认真地做。在生活和工作中，只有努力地让自己成为一个认真的人，成功才会离我们越来越近。

要学会热爱自己的工作

　　在生活中，总有一些人认为自己很聪明，他们在工作中敷衍了事，草草应付，到最后依然可以拿到同样的薪水，于是他们在自认为聪明无比的快乐中自恋、陶醉、窃喜。

其实,他们骗的不是薪水,而是自己的青春和生命,到最后他们就会发现,原来到头来吃亏最大的是自己,而不是老板,更不会是那些认真工作的人,因为,一个人的工作态度在很大的程度上能显示出他是否有担负更大责任的可能。

同时,一个人的工作态度,也决定了他在事业上的成就。所以,我们应该树立一种积极的工作观,以积极、认真的态度去对待自己的工作。只要你这么做了,你就会发现,你从这种观念中受益匪浅!

对于工作而言,我们首先应培养的就是自己的"热心"。

很难想象,一个对自己所从事的工作没有丝毫热情的人能在自己的岗位上干出一番轰轰烈烈的事业;我们也很难想象,一个对自己手头正在做的某件事情没有一点热情的人,能把这件事情做好。所以说,一个没有工作热心的人永远不能使别人热心;反过来说,热心工作的人很快就会有一样热心的追随者。如果我们热爱我们的工作,能够全心全意地投入到工作本身去,那么,原本令我们厌烦的艰苦的工作就会变成推动、丰富和完善我们生活的一种神奇的工具。

我们可以这样想一想,我们生活中的绝大多数人一生中的相当长的一段时间,甚至是一生中的绝大多数时间,都用在工作上。如果在这一生中的绝大多数时间里,始终心不在焉甚至感到厌恶、厌烦,那么,一生的绝大多数时间,一直都处于这样一种生存状态之中,这对于生命本身来说,岂不是过于悲伤了吗?

其实,热心不是什么高深的东西,只是所谓的"从事这项工作,是很了不起的"那股热情和干劲而已。相对地说,"热心"在成功的所有因素中是比较容易培养的,因为它所需要的就是一个"态度"。

所以,对于我们现代人来说,与其频繁地改变自己的工作,还不如改变一下自己的工作态度。因为改变工作需要一定的外界条件,而改变工作态度,用一种热心、认真的态度去对待工作,完全取决于我们自己。

一个对工作热心、积极的人,无论他眼下是在挖土方,或者是在经营着一家大公司,都会认为自己的工作是一项神圣的天职,并怀着深切的兴趣。对自己的工作热忱的人,不论工作会遇到多少困难,或者需要多少努力,他都会用不急不躁的态度去进行。只要抱定这种态度,就一定会成功,一定会达到人生的目标。

有一个故事,说三个砌砖工人的工作态度,这个故事对于我们很有意义。

有人问三个砌砖的工人:"你们在做什么?"第一个工人说:"砌砖。"第二个工人则说:"我正在做一项每小时9美元的工作。" 第三个却说:"你问我啊,我可以老实告诉你,我正在建造世界上最大的教堂。"

这个故事虽然没有告诉我们那三个砌砖的工人后来的命运,但我们不妨想象一下他们三位的结果。最可能的结果是:前两位继续在砌他们的砖,因为他们没有远见,不重视自己的工作,不会去追求更大的成就。

但那位认为自己在建造世界上最大的教堂的工人则不一样了,他一定不会永远是个砌砖的工人,也许他已经变成了工头或者承包商,甚至变成了很有名气的建筑设计师,他还会继续向上发展。因为他善于思考,他当时的说法已经明显地表现出他想更上一层楼。一个人的工作态度在很大的程度上能显示出他是否有担负更大责任的可能。

如果不为薪水而工作,工作所给予你的要比你为它付出的更多。如果你一直努力工作,一直在进步,你就会有一个良好的、没有污点的人生记录,使你在公司甚至整个行业里拥有一个好名声,良好的声誉将陪伴你一生。

有许多人上班时只是被动地工作,只是做样子给老板看,却对工作的实际结果不负责任。这些人也许并没有因此被开除或扣减工资,但他们会落得一个不好的名声,也就是很难有晋升的机会。如果他们想转换门庭,也不会有其他人对他们感兴趣。

一个人如果总是为自己到底能拿多少工资而大伤脑筋的话,他又怎么能看到薪水背后可能获得的成长机会呢?他又怎么能意识到从工作中获得的技能和经验,对自己的未来将会产生多么大的影响呢?这样的人只会无形中将自己困在装着薪水的信封里，永远也不懂自己真正需要什么。

因此具有主动的工作态度，才能从工作中学到真本事，并为未来的事业发展打下良好的基础。仅仅为了薪水而工作的人是不会有什么大出息的。因为凡是有大成就的人无不热爱自己的工作，并以最主动的态度去做好它。

第五章

化危机为机遇
——如何让自己立于不败之地

　　生活中不难发现，成功者都是那些重视找方法并主动找方法的人。而遇到问题或困难总是找借口推脱者，必定是失败者。我们要牢记，不找借口找理由。在生活和工作中，不要再让问题或困难成为我们的绊脚石，而是要变问题为机会，只有这样才会战胜困难，赢得成功。

解决困难会有多种方法

　　困难有很多种，但解决困难的方法也不止一个。正所谓，"殊途同归"，"条条大路通罗马"。其意是说："目的地虽然只有一个，但通往目标的路径却有很多。"遗憾的是，忙碌的我们经常盲目地向目的地奔跑，却忽略了对路径的选择。也许正是这种盲目，不仅让自己丧失了欣赏沿途风景的机会，更让自己错过了到达目的地的最佳路径。

　　小杜和小冯同为某医药公司的客服代表。她们的工作就是每天接听客户的投诉电话。客观地讲，大多数客户都是愉快的、平和的、易于沟通和善解人意的。但也有很多时候，某些客户也会变得愤怒、沮丧、不耐烦，哪怕很多错误其实都是这些客户自己的过失造成的，但他们依旧不可理喻地对这些无辜的客服代表们狂轰滥炸。这样的客户，是客服代表工作压力的一个重要来源。

对于这些无理取闹的客户，小杜和小冯有着完全不同的处理方式。

小杜的处理方式很直接。如果是公司产品的问题，向客户道歉、赔偿客户损失是必然的。但如果是客户自己的原因造成的麻烦，客户还在电话那头大呼小叫，那小杜一定会和客户据理力争，不管电话那头的客户已经火冒三丈。她认为她这样做是在维护公司的品牌和利益。殊不知，正是她的这份"坚持"，让很多客户在认识到自己错误的同时，也感觉颜面尽失，而逐渐疏离了该公司的产品。

但小冯在工作中却有自己的一套技巧。对于那些"不可理喻"的客户，小冯从来不会顶撞，而是静静地听取客户的"意见"。因为小冯知道，这时的客户也许只是要发泄一下自己的不满情绪，如果及时纠正客户的错误，客户不但不会理解，反而会更加"蛮横"。相反，等客户发泄完，再开始解决问题，也为时不晚。遇到那种激进的客户，小冯有时也会在客户讲述完情况之后，以"调查情况"为由，暂时挂断电话，希望能用时间来缓解客户的情绪，也为自己后续的工作提供一个和谐的平台。

在客户发泄完情绪后礼貌地挂断电话，可以给客户更多的时间冷静一下，在这段时间内，也许客户可以认真地思考一下问题，并找出自己的错误。即使客户依旧"一意孤行"，也没有关系，至少可以让他冷静一下，因为这也有利于问题的解决。

当然，客户的投诉还是要解决，但小冯的"把问题先放一放"，无形中就降低了解决困难的难度。

同样是解决客户问题，效果却大相径庭，如果是你，你会选择哪种方法呢？如果你不能控制对方的行为，或者不能控制周围的环境，但至少应该先控制住自己的情绪，因为只有让自己冷静下来，才有可能沉着地思考，以宁静平和的心态来看待全局。

　　解决困难的方法不会只有一种，但如何选择一种最好的方法来解决我们即将或者已经面对的问题，是值得我们每个人思考的问题。

　　困难与解决困难的方法是同时存在的。困难之所以成为困难，总是有原因的。我们只要正确对待，积极探究原因，乐观进取，就一定会找出解决问题的办法。

　　向高难度的工作挑战，这是对自己能力的提升，也是让人生价值最大化的一个快捷途径。在工作中也是这样，做最困难的事，才能显示你的能力和价值。

　　具体情况不同，解决的办法自然也不可能千篇一律。你可以运用自己的智慧，也可以发挥集体的力量，你可以采取各个击破的战术，也可以采用一网打尽的办法。还有很多种方法，都可以帮助你将问题解决掉。

　　但是，无论选择哪种方法，最终的目的只有一个——那就是将困难解决。身在职场的年轻人，一定不要因为自己一时的懒惰，毁了自己的前程。

　　钟丽是单位新招聘来的大学生，论相貌、学历、能力，都不比别人差。但工作成绩总是差强人意。她的工作是协助主编做杂志的专题策划。其实这项工作具体实施起来并不是很复杂，她只要按照主编提供的提纲整合一下材料就好。但工作开展起来了，就肯定会在她那里出麻烦。

　　这时，钟丽就会说"我没有经验"之类的话。同事们也会觉得她的确是刚从校门走出来，可能缺乏实践的能力，所以同事们对她还算照顾，一旦发现什么问题，都会及时地指出症结所在，或者干脆主动帮她整合稿件。

　　但时间长了，同事就会发现，每次工作做不好，钟丽都会找出很多借口来搪塞，比如说"我对这个选题不感兴趣"、"主编根本就没说清楚"等，她宁愿把时间用在发牢骚上，也不愿意静下心来领会一下选题的要求，更不会去思考专题没做好的根本问题出在哪里。的确，钟丽的种种理由总能换来好心同事的协助，让自己将任务完成，但这并不是解决问题的根本办法。修炼自己的内功，才是身在职场的年轻人最应该做的。

有一些人,总是习惯性地回避困难,这种逃避心理让很多人失去了锻炼的机会。从长远来看,对个人的发展也非常的不利。困难是激励我们成长的要素。一个困难,也许就是一个机会,而能不能将机会把握住,则取决于你面对困难的态度。

人生总有艰难之处、困苦之时,一味地躲闪不是智者的表现。而直视困难,开动脑筋,找到解决问题的最佳方法,才是我们真正需要做的。

弥补个人能力上的不足

大学毕业后,白岩松来到《中国广播报》当记者。1993年,中央电视台推出《东方时空》栏目,白岩松便跑去兼职做策划。制片人见他思维敏捷、语言犀利,便让他试试做主持人。

白岩松不是学播音出身,经常发音不准,读错字。为了过普通话的难关,白岩松从字典里将一些生僻的字和多音字挑出来,注上拼音,嘴里含一颗石头,练习绕口令……白岩松终于靠自己的勤奋努力,在栏目组站稳了脚跟。两年后,他获得了"金话筒"奖。也就是这一年,白岩松正式调入中央电视台。

机敏和语言犀利是白岩松的优势,可普通话不达标则严重影响表达效果,这关系到他能否在央视立稳脚跟。于是,白岩松刻苦练习普通话,最终脱颖而出,成为央视的一张名嘴。

对于自己的缺点和不足,有些人从没察觉到,有些人虽然有所察觉,却听之任之,于是,他们永远只能在原地踏步或每况愈下。一个人想要保持竞争的优势就要看他是否能突破薄弱环节,能否拉长自己能力上的短板。

大学二年级上学期即将结束时,李阳已是13门功课不及格,他觉得很丢人,告诉自己必须从灰色的生活中突围出来!他选择了英语作为突破口,发誓要通过4个月后的国家英语四级考试。

　　这时的李阳,也像别人一样,开始大量做题。很偶然的一次,李阳发现,在大声朗读英语时,注意力会变得很集中。但因为很腼腆,加上口语差,李阳不敢在同学面前开口讲英语。为了克服这个毛病,李阳作出了一个惊人的决定,他召集了很多同学听他演讲,虽然连他自己也不知道说了什么,但他还是坚持演讲完。

　　从此他就天天跑到校园的空旷处去大喊英语,直到历届四级考试题可以脱口而出。李阳来到英语角,别人很惊奇地说:"李阳,你的英语听上去好多了。"

　　为了防止自己半途而废,李阳约了他们班学习最刻苦的一个同学每天中午一起去喊英语。在兰州大学的烈士亭,李阳和他的同学顶着凛冽的寒风,从1987年冬一直喊到1988年春。4个月的时间里,李阳看了10多本英文原版书,背了大量四级考题。每天,李阳的口袋里装满了抄着各种英语句子的纸条,一有空就掏出来念叨一番,从宿舍到教室,从教室到食堂,李阳的嘴总是在不断地运动着。4个月下来,李阳的舌头不再僵硬,耳朵不再失灵,反应不再迟钝。在当年的英语四级考试中,李阳只用了50分钟就答完试卷,成绩高居全校第二名。

　　一个考试总不及格的李阳突然成为一个英语高手,这一消息轰动了兰州大学。

　　李阳常说:"我不是天才。没有天才,天才只是我们肉眼看到的1/9的冰山之尖,而那8/9是泡在海水中的默默奋斗,是挑战,是征服,是疯狂投入!我现在比你们强,只是我比你们更疯狂!"李阳是聪明的,他大胆地突破自己的弱点,他也是成功的,最终脱颖而出,李阳疯狂英语风靡全国。

　　一个人的职业生涯是需要多种综合能力的,只有能力均衡地发展,职业生涯才能尽可能地延长,才能避免被竞争日益激烈的社会淘汰。

　　年轻的彼得·詹宁斯是美国ABC晚间新闻主播,他大学都没有毕业,事业成为他的教育课堂。因此当他做了三年主播后,觉得因采访能力的不足而不能做一名出色的记者时,毅然决定辞去让人艳羡的主播职位,决定到新闻第一线去磨炼,干起记者的工作。他在美国报道了许多不同方面的新闻,并且成为美国电视网第一个常驻中东的特派员,后来他搬到伦敦,成为欧洲地区的特派员。

经过这些历练后,他重新回到ABC主播的位置。此时,他已由一个初出茅庐的年轻小伙子成长为一名成熟稳健、广受欢迎的记者。

从一个初出茅庐的年轻小伙子成长为一名成熟稳健、广受欢迎的记者,彼得通过在岗位锻炼,把一块块短板拉长。

要弥补自己能力的短板,首先要突破自己的心理禁锢,彻底放下架子,然后把差距缩小,缺哪块补哪块。当劣势变成优势以后,你自然有更强的工作能力。

敢于大胆地突破职业瓶颈

在职场上,员工就好比山上那些伐木的工人,手中的斧子就是原有的知识和技能。每天吃老本,工作只会越来越吃力。随着岁月的流逝,每个人赖以生存的知识、技能也一样会折旧。在风云变幻的职场中,脚步迟缓的人很快就会被甩到后面。所以,要想成为一名出色的员工,就应该敢于大胆地突破职业的瓶颈。

有一位勤劳的伐木工人,被指派砍伐100棵树。接受任务以后,他毫不拖延地投入到了工作当中,每天工作10个小时。可是渐渐的,他发觉自己砍伐的数量在一天天减少。他开始想,一定是自己工作的时间还不够长,于是除了睡觉和吃饭以外,其余的时间他都用来伐树,一天要工作12个小时。但他每天砍伐的数量反而有减无增,他陷入了深深的困惑之中。

一天,他把这个困惑告诉了主管,主管看了看他,再看了看他手中的斧头,若有所悟地说:"你是否每天都用这把斧头伐树呢?"工人认真地说:"当然了,没有它我可什么也干不了。"主管接着问道:"那你有没有磨利这把斧头呢?"工人的回答:"我每天勤奋工作,伐树的时间都不够用,哪有时间去干别的？"

很多员工都像伐木工人那样对自己知识、技能的陈旧视而不见，时间长了就成了职业瓶颈，严重制约发展。

钟涛大学毕业已经十几年了，在此期间，曾先后在几家大型企业工作过，由于他的工作能力较为突出，大学毕业之后职位不断得到提升，从人力资源部小职员升到主管，然后再升到部门经理，29岁时升到高级经理。目前钟涛已经35岁，在近6年时间内，他一直在人力资源部高级经理的位子上没有挪过窝，当然薪水也在原地踏步。

钟涛本来想考研究生，但一直没有行动。

在30~40岁期间，职场上普遍存在令人尴尬的瓶颈期。美国职业专家指出，现代职业半衰期越来越短，所以高薪者若不吸收新的知识，无须几年就会变成低薪，不断吐故纳新才是最佳的工作保障。

正视职业瓶颈，采取自学、培训等各种措施进行弥补，才能在职场上游刃有余。

甲和乙住在同一村子，他们都很聪明，可由于出身贫穷，初中还没毕业就都辍学打工去了。由于他们能吃苦，不久，他俩就在一个制陶厂找到了工作，但待遇不算好，做的也是最粗最累的活儿。

没过多久，甲对乙说：他想继续学习，报了夜校想学一点工商管理的知识。

乙并没有表示什么，只是点头笑了笑，这其中多少有不屑的成分。从那天开始，甲开始一边学习工厂的技术，一边读夜校学习工商管理知识。没过多久，工厂一名技术工人因为偷窃行为被开除了，当车间主任苦于找不到替补人员时，甲及时向班长毛遂自荐，得到了这份工作。

成为技术工人之后，甲感觉自己已经找到改变前途的机会，工作更加卖力，学习也更加刻苦了。他通过所学的知识经常向自己的车间主任提出有用的意见，这一切老板都看在眼里，记在心上。

在这家工厂工作的第三年，甲的上司——车间主任从自己的位置上退休了，甲很顺利地升到了车间主任的职位，而这时的乙却还在干着最苦最累的工作。

乙虽然看着甲每天都在进步,对自己的短处却视而不见,不进步就是倒退。如果能够找到症结所在并突破,那么遇到的困难只是暂时的"玻璃顶";若是无法找到提升的通道,"玻璃顶"就会变成"水泥顶"从而封死了自己的出路。

职场人士的学习必须以积极主动为主,因为它有别于学校学生的学习:缺少充裕的时间和心无杂念的专注以及专职的传授人员。要想在当今竞争激烈的商业环境中胜出,就必须从工作中吸取经验,探寻智慧的启发以及有助于提升效率的资讯。

当瓶颈出现之后,首要任务是了解瓶颈产生的原因。首先得从自身寻找原因,由于自身的不足而产生瓶颈的情形并不少见。不管自己在大学学的是什么专业,岗位越往上提升,对自身综合能力的要求就越高,如决策力、洞察力等方面需要再提升一个档次。第二是结合企业情况充电。不管是什么企业,分工比较清晰,人员比较稳定,职位上做到某个阶段之后,便自然而然无法再有突破了。如果因为自身原因造成自己面临职场瓶颈期,最重要的是根据自身的具体情况,有意识地进行充电。很多职场人士被企业的岗位设置牵着走,靠经验吃饭,最后吃到"江郎才尽"。

瓶颈期的职场人士可以通过几种途径来进行突破。一是通过在工作中不断吸收与消化。很多有规模的企业都有自己的员工培训计划,企业培训的内容与工作紧密相关,所以争取成为企业的培训对象是十分必要的。二是当企业不能满足自己的培训要求时,也不要闲下来,可以到大学或者培训中心接受"再教育"。首选应是与工作密切相关的科目,还可以考虑一些热门的项目或自己感兴趣的科目,这类培训更多意义上被当作一种"补品",在以后的职场中会增加你的"分量"。

只要努力,方法比困难多

美国前总统罗斯福说:"克服困难的办法就是找办法,而且,只要去找,就一定有办法。"

在职场上,要想成为一名出色的职员,你就一定要尽力使自己具有创新思维并避免被灰尘蒙蔽。所以,在对待工作中的问题和困难时,就要尽一切可能寻找各式各样的解决方法。

美国有一位叫鲁托的制瓶工人,有一天他与女友约会时,发现她穿的裙子十分优美。于是,鲁托从她的裙子发现了一个机遇,裙子膝盖上部分较窄,腰部显得有吸引力。鲁托想,把玻璃瓶设计成女友的裙子那样,一定会大受欢迎的。因为现有的瓶子设计不太美观,也容易滑落。

于是鲁托每天观察玻璃瓶的外观,并思考改进的办法。经过他的反复试验和改进,最后制造出这样一种瓶子:握上瓶颈时,没有滑落的感觉;瓶内所装的液体,看起来比实际的分量多,而且外观优美别致。

鲁托所设计的玻璃瓶被可口可乐公司看中了,最后买下鲁托这项专利。鲁托这位穷工人因善于发现机遇,很快成为百万富翁。而可口可乐公司自从1923年买下这项专利后,至今仍在使用这种玻璃瓶。

天无绝人之路,无路可走的人总是那些不下工夫找办法的人。在每个人的工作中,都会碰到一些被人视为畏途的困难和障碍,成功者都会善于发现问题,分析问题并妥善解决问题。所以,我们应该坚强地面对问题和困难,积极地寻找办法,努力地克服这些困难和障碍。

洛克菲勒曾经一再地告诫他的职员:"请你们不要忘了思索,就像不要忘了吃饭一样。"

在工作中,如果我们遇到了难题,就应该坚持这样的原则:找方法,而不是找借口。成功者找方法。失败者找借口。方法总比困难多,只要努力去找,解决困难的方法总是有的,而这些方法一定会让你有所收益。

美国福特汽车公司是美国最早、最大的汽车公司之一。1956年，该公司推出了一款新车。这款汽车式样功能都很好，价钱也不贵，但是很奇怪，竟然销量平平，和当初设想的完全相反。公司的经理们急得就像热锅上的蚂蚁，但绞尽脑汁也找不到让产品畅销的办法。这时，在福特汽车销售量居全国末位的费城地区，一位毕业不久的大学生，对这款新车产生了浓厚的兴趣，他就是艾柯卡。

艾柯卡当时是福特汽车公司的一位见习工程师，本来与汽车的销售毫无关系。但是，公司老总因为这款新车滞销而着急的神情，却深深地印在他的脑海里。他开始琢磨：我能不能想办法让这款汽车畅销起来？终于有一天，他灵光一闪，于是径直来到经理办公室，向经理提出了一个创意，在报上登广告，内容为："花56美元买一辆56型福特。"

这个创意的具体做法是：谁想买一辆1956年生产的福特汽车，只需先付20%的货款，余下部分可按每月付56美元的办法逐步付清。

他的建议得到了采纳。结果，这一办法十分灵验，"花56美元买一辆56型福特"的广告人人皆知。"花56美元买一辆56型福特"的做法，不但打消了很多人对车价的顾虑，还给人创造了"每个月才花56美元，实在是太合算了"的印象。

奇迹就在这样一句简单的广告词中产生了：短短3个月，该款汽车在费城地区的销售量，从原来的末位一跃而为全国的冠军。

这位年轻工程师的才能很快受到赏识，总部将他调到华盛顿，并委任他为地区经理。

后来，艾柯卡不断地根据公司的发展趋势，推出了一系列富有创意的举措，最终坐上了福特公司总裁的宝座。

如同禾苗的茁壮成长必须有种子的发芽一样，艾柯卡之所以成功，很大程度上取决于他勇于挑战难题。

生命是自己的，想活得积极而有意义，就要勇敢面对问题，向高难度的工作挑战，这是对自己生命的提升，也是让人生价值最大化的一个快捷途径。在工作中主动找方法解决问题并能找到办法解决问题的员工，总能在关键时刻抓住机会脱颖而出。

杨先生是浙江温州人，十多年前，他的一位远方亲戚在欧洲开饭店，邀请他过去帮忙。没料到，他到欧洲不久，亲戚就突然患病去世了，饭店很快也垮了。

杨先生不想回国，就在当地找了份工作。几年后，他到了一家中等规模的保健品厂工作。公司的产品不错，但知名度却很有限。

他从推销员干起，一直做到主管。一次他坐飞机出差，不料却遇到了劫机。度过了惊心动魄的十个小时之后，在各界的努力下，问题终于解决了，他可以回家了。就在要走出机舱的一瞬间，他突然想到在电影中经常看到的情景：当被劫机的人从机舱走出来时，总会有不少记者前来采访。何不利用这个机会，宣传一下自己的公司形象呢？

于是，他立即做了一个在那种情况下谁都没想到的举动：从箱子里找出一张大纸，在上面浓描重抹了一行大字："我是××公司的，我和公司的保健品安然无恙，非常感谢抢救我们的人！"

他打着这样的牌子一出机舱，立即就被电视台的镜头捕捉住了。他立刻成了这次劫机事件的明星，很多家新闻媒体都对他进行了采访报道。

等他回到公司的时候，公司的董事长和总经理带着所有的中层主管，都站在门口夹道欢迎他。原来，他在机场别出心裁的举动，使得公司和公司产品的名字几乎在一瞬间家喻户晓了。

公司的电话都快打爆了，客户的订单更是一个接一个。董事长动情地说："没想到你在那样的情况下，首先想到的竟然是公司和公司产品。毫无疑问，你是最优秀的推销主管！"

董事长当场宣读了对他的任命书：主管营销和公关的副总经理。之后，公司还奖励了他一笔丰厚的奖金。

能够适应复杂的工作并在这种变化中生存，是企业考核一名员工的关键因素之一。工作中，习惯逃避问题的人面对越来越多元和复杂的工作内容，常常表现得束手无策，而那些勇于面对问题的人，不仅能够很好地适应复杂的工作，还能够在压力下做出积极反应，甚至还能在压力中得到激励。有一个著名的企业家说："职员必须停止把问题推给别人，应该学会运用自己的意志力和责任感，着手行动，处理这些问题，让自己真正承担起自己的责任来。"如果一名员工能够很好地适应工作的复杂性，并勇于面对工作中的种种问题，成功的机会就会大大增加。

没有想不到，只有做不到

人生是可以规划的，而且可以按照规划的轨迹发展，只要你敢想，你就一定能行。在成功的路上，想到才能做到，只要我们有坚定的信心和勇气，那么只有想不到的事情，没有做不到的事情，成功之路就在脚下。

国外有名叫博迪的记者，他年轻的时候，因一场事故导致四肢瘫痪。在全身的器官中，唯一能动的只有左眼。可是，他还是决心要把自己在病倒前就构思好的作品完成，所以就只有通过眨左眼与助手沟通，一个字母一个字母地向助手写出他的腹稿，然后由助手整理出来。助手每一次都要按顺序把法语的常用字母读出来，让博迪来选择，当他读到的字母正是文中的字母时，博迪就眨一下眼表示正确。由于博迪是靠记忆来判断词语的，有时不一定准确，他们需要翻词典，所以每天只能记录一两页，可以想象他们两个人的工作是多么的艰难！

几个月后，他们历经艰辛终于完成了这部著作。为了写这本书，博迪共眨了20多万次眼。这本不平凡的书有150页，它的名字叫《潜水钟与蝴蝶》。

眨了20多万次眼写出了一部书，有比这更困难的工作吗？由此可见，这世上没有绝对的"不可能"，卓越的人敢于挑战一切"不可能"。

真正的勇士敢于登上绝峰峭壁，观"一览众山小"的风景。"没有办法"只是说我们已知范围内的方法已经用尽，只要我们能够不断去尝试新的事物、新的方法，不断地突破自我、改变自我，永远都没有"没有办法，不可能"一说！

一个人要想成就一番大的事业,必须树立远大的理想和抱负,有广阔的视野,不追求一朝一夕的成功,耐得住寂寞和清贫。按照既定的目标始终坚持下去,到最后,你一定会获得成功。

一位企业家曾这样描述自己心中的理想员工:我所需要的员工是具有奋斗进取精神、敢于向高难度工作挑战的人。而那些勇于向高难度工作挑战的员工,始终是人才市场上的"短缺货",始终供不应求。

吴士宏,曾是北京椿树医院的一名护士。她通过自学考试读了英语专科,在她毕业的前一年,她看到报纸上IBM公司招聘,于是她通过外企服务公司准备应聘该公司。在此之前,外企服务公司向IBM公司推荐过好多人,都没有被聘用,吴士宏没有高学历,也没有外企工作的经历,但她有一个信念,那就是:"绝不允许别人把我拦在门外!"最后,她终于成功了。

凭着一台收音机,她花了一年半时间学完了"许国璋英语"三年的课程。正好赶上IBM公司招聘员工,吴士宏顺利地通过了两轮笔试和一次口试。最后主考官问她会不会打字,她充满自信地脱口而出:"会!"

主考官:"你每分钟能打多少字?"

吴士宏:"您的要求是多少?"

主考官说出标准,吴士宏马上承诺说可以。实际上吴士宏从未摸过打字机。面试结束,吴士宏向亲友借了170元买了一台打字机,没日没夜地敲打了一星期,双手疲乏得连吃饭都拿不住筷子,竟奇迹般地敲出了专业打字员的水平。

吴士宏就这样成了这家世界著名企业的一个最普通的员工。

刚开始进入IBM公司时,吴士宏只是一个极其普通的角色,沏茶倒水,打扫卫生。吴士宏希望改变现状,开始计划并付诸实施,她每天比别人多花6个小时用于工作和学习。终于,在同一批被聘用者中,她第一个成为业务代表、第一个成为本土的经理、第一个成为IBM华南区的总经理。

在中国的IT行业,吴士宏是第一个成为跨国信息产业公司中国区总经理的内地人、第一个只有初中文凭和自考大专文凭的总经理。吴士宏被人们赞誉为"打工皇后"。

吴士宏从一个护士先后当上IBM华南区的总经理、微软(中国)公司总经理,得益于她敢于挑战"不可能完成的任务"。面对进入IBM的重重困难,她敢于挑战:挑战英语,挑战打字,最终脱颖而出。

美国著名钢铁大王安德鲁·卡内基在描述他心目中的优秀员工时说:"我们所急需的人才,不是那些有着多么高贵的血统或者多么高学历的人,而是那些有着钢铁般的坚定意志,勇于向工作中的一切不可能挑战的人。"敢于对"不能"说"不"的人,成功的门将向他时时开放。

在职场中,如果你是一个"安全专家",不敢向"高难度"的工作挑战,那么,在与"勇于挑战的职场勇士"的竞争中,永远不要奢望得到领导的垂青。

当你万分羡慕那些有着杰出表现的同事深得领导器重并被委以重任时,那么,你一定要明白,他们的成功绝不是偶然的。

"思想决定命运",不敢向有难度的工作挑战,就是对自己潜能的画地为牢、自我设限。对于卓越的人来说,职场中根本不存在"不可能",这不仅是勇气,更是对"不可能"心理的一种突破。

此路不通,改变方向

一位生物学家曾做过这样的实验。他把老鼠放在一个平台上,让它往下面的两个门跳。跳向左门,它会碰得鼻青脸肿;跳向右门,门却会打开,门后是甜美的乳酪。小老鼠当然不笨,训练几次之后,它就懂得往右门跳去。

可是,就在小老鼠的选择方式固定了的时候,生物学家把乳酪从右门移到左门。本来以为可以饱食一顿的老鼠现在又碰得鼻青脸肿,它不知道客观情势已经改变了。幸好,摔了几次之后,它又渐渐熟悉了新的情况:原来乳酪在左边!

这时候，生物学家又有了新花样。他把门的颜色重新漆过，把乳酪一会儿放左，一会儿放右，老鼠在新的习惯形成之后，发觉原来的抉择方式又行不通了，它必须不断地适应新情况，不断地修正自己的习惯行为……

终于，老鼠变不过来了，它的下一个反应就是"以不变应万变"。

生物学家发觉，在应变不过来的时候，老鼠就开始固执起来，拒绝改变方式。

譬如说，如果它已经习惯于跳向左门，你就是把乳酪明明白白地放在右门口，让它看见，它仍旧狠狠地往左门去碰肿鼻子，越碰就越紧张。如果实验者在这个时候继续强迫它去作跳左或跳右的抉择，老鼠就往往会抽筋、狂奔、东撞西跌或咬伤自己，然后全身颤抖直到昏迷为止——它已经"精神崩溃"了。

可见，执著于旧习惯、老头脑、不肯变通，会付出巨大的代价。

古罗马有这样一则寓言：在遥远的过去，两条河流从源头出发，相约流向大海。它们穿过山涧，最后到了沙漠的边缘。面对浩瀚的沙漠，它们一筹莫展，讨论着怎么办。

一条河流说："我一定要流过去，找到大海。"

另一条河流则说："不如改变路径吧，如果照此前进，我们可能走不出沙漠就干涸了。"

结果，一条河流执著地前进，干涸在了沙漠里；另一条河流则改换了方向，绕过沙漠，流向了向往的大海。

一条道走到黑，往往就会像干涸在沙漠中的小河。在职场中，这样的"牛角尖"会让你的职业生涯干涸。如果我们深陷"牛角尖"，抱着一个想法便会走进死胡同，将个人的能量扼杀在瓶颈中。

由于习惯和思维定式，有些人热衷于从一条路径去寻求答案。他们不撞南墙不回头，在"此路不通"已明显可见时，还非要往"牛角尖"里钻。

在职场中，部分员工面对难题或失败时不去认真分析原因、总结教训，而是盲目地重复某种无效动作，坚持自以为明智的路线，其结果必定无功而返。

　　山本谷美在船王丹尼尔洛维格的日本分公司里担任油轮总设计师时，就因为自己的固执而惨遭淘汰。

　　当时，批量化生产已经开始在工业领域中崭露头角。然而，山本谷美就像当初他第一次制作油轮时那样，按照传统方法没日没夜地苦干。公司其他管理人员也发现了这一点，给了他善意的劝告，但是山本谷美根本听不进去，而是固执地一条道走到黑。

　　经过近一年的苦战，丹尼尔洛维格油轮制作公司的第一艘油轮终于诞生了。

　　这艘油轮有着气派的外观，豪华的装饰，装运的吨位也很大。但由于价格昂贵，加上长达一年的漫长制作和等待，公司没有顾客上门。其他管理人员再次强烈要求山本谷美采用新的生产流程，改变经营思路，但山本谷美坚持认为油轮就应当是纯手工制作。最后，丹尼尔·洛维洛只好将山本谷美解雇。

　　其实，只要山本稍作改变，转换思路，于人于己都有利。

　　我们形容顽固不化的人常说他是"一条道走到黑"，"不撞南墙不回头"。职场中，不少人有可能一开始方向就是错误的，这样便注定不会成大事。南辕北辙，背道而驰固然不行，方向稍有偏差，也会"差之毫厘，谬以千里"。还有一种可能是当初他们的方向是正确的，但后来环境发生了变化，他们不适应新环境，结果依旧是失败。

　　工作中总会碰到许多走不通的路，在这个时候，你应当换个角度考虑问题，重新操作。优秀企业、个人的习惯是：如果这条路的确不适合自己，就立即改换方式，重新选择另外一条路。

消极等待，不如积极寻路

　　从小到大，由于我们经常因为犯错误而遭到责骂甚至挨打，所以内心之中对犯错或失败已经产生了强烈的恐惧心理。然而，人生就是要不断面对失败,面对挫折,可是我们因为从小就生活在害怕失败的阴影里,所以致使我们很难放开胆量去做事,这便错过了许多成功的机会。

要想改变这种心理,我们必须明白,只有敢于尝试才可能取得成功,尝试的结果虽然包括失败,但大部分的成功机会都是在失败中诞生的。业务员拜访一百个客户,可能只有一个会成功,而前面99个都失败了。如果你害怕失败,只想找那惟一一个可能成功的,那机会实在太渺茫,渺茫得就像买一回彩票便中了500万一样。

毋庸置疑,失败总会在精神上给人以沉重的打击,不过我们不要从此一蹶不振,要尽快从失败的阴影中走出来。既然已经失败了,就没办法再改变这种事实,你无法让时光倒流,所以我们必须坦诚地面对它。与其为失败而大发牢骚,不如在发牢骚的时候总结经验、吸取教训。从失败中解脱出来,有时需要一种阿Q精神,或者寻找一种自我安慰的方法,毕竟不良情绪对自己身心不利,对别人也不会有什么好处。

另外,在别人谈及失败的时候,你也要耐心倾听,引以为鉴。

这就好比在前进途中遇到一条水沟,前面的人不小心掉了下去,你就该马上提高警惕,以免也跟着掉下去。

所以,我们要经常总结自己的失败,当然成功也需要总结,成功之后需要更大的成功才可以获得满足感。千万不要陷入失败的深渊之中,要尽快改变自己的状态。

曾甲骨文公司总裁拉里·艾利森在讲述他们公司的发展历程时说:"我们也曾犯过大错,相信IBM的OS/2会取代微软的DOS成为新的操作系统,并且投入大批人力和金钱开发相关的产品,后来都白费了。我们犯过很多错误,但难能可贵的是,当我们发现一个决定是错误的之后,我们马上就去改正,从不在错误中做无谓的挣扎。"

失败的对立面是成功,那么相信自己成功最重要的来源就是你的信念,成功的信念使你相信自己能够改变现实。尽管你遇到的挫折和坎坷会抑制你的这种信念,但你仍可以决定是否仍然相信它。

相信自己总能走向成功,你就能一步步朝着成功的方向走去。

有一天，一个农夫的毛驴不小心掉进枯井，农夫想尽所有办法救它出来，但几个小时过去了，毛驴仍在井里惨痛地哀号着。然而农夫一筹莫展，后来想："反正这头驴子已经老掉牙了，不值得大费周折把它救出来，死就死了吧。不过，无论如何，这口井还是得填起来。"于是农夫请来左邻右舍帮忙，打算把井中的驴子埋了，以免除它的痛苦。大家人手一把铁锹，开始往枯井中填土。井下的毛驴了解到自己的处境后，刚开始叫得很凄惨。但出人意料的是，一会儿之后这头驴子就安静下来了。农夫好奇地探头往井底一看，出现在眼前的景象令他大吃一惊：当铲进井里的泥土落在驴子的背上时，驴子随后将泥土抖落在地，然后站到泥土上面。就这样，驴子把落在身上的所有泥土一点点抖落在井底，然后再站上去。很快地，这头驴子便上升到井口，然后伴着欢快的嘶鸣在众人惊讶的表情中飞快地跑开了。

就像驴子的遭遇一样，在生命的旅途中，我们有时也难免会跌入"枯井"当中，被各种各样的"泥沙"埋在身上，但要想从枯井中逃生，我们也要像驴子一样积极与命运抗争，将"泥沙"抖落掉，然后站到上面去。其实，在现实生活中，我们所遭遇的各种困难和挫折就是加在我们身上的"泥沙"，但换一个角度来看，它们也是一块块可以帮助我们逐渐上升的垫脚石，只要我们锲而不舍地将它们抖落掉，然后站到上面去，那么即便跌落到万丈深渊当中，最终也能安然地解脱出来。

不过最关键的是，当灾难袭来时千万不要惊慌失措、乱了阵脚，要想尽快找到解脱的办法，转败为胜，必须勇敢地面对失败，保持冷静、理智的思想状态。

放弃并不意味着失败

"鱼，我所欲也；熊掌，亦我所欲也；二者不可得兼，舍鱼而取熊掌也。"当我们不得不做出选择时，我们也不得不做出放弃。放弃，并不意味着失败。

　　美国第九届总统威廉·哈里逊小时候家境贫寒,他沉默寡言,人们甚至以为他是个傻孩子。他家乡的人常常拿他来开玩笑。比如拿一枚五分的硬币和一枚一角的银币放在他面前,然后对他说只能拿其中的一枚。每次,哈里逊都会拿那枚五分的,而不去拿一角的。一次,一位妇女见他这么可怜,就问他:"孩子,你真的不知道哪个更值钱吗?"哈里逊回答说:"当然知道。可如果我拿一角的银币,他们以后就不会再把硬币摆在我面前了,那么,我就连五分也拿不到了。"

　　当你放弃了一角钱,只拿五分钱时,你得到的可能是以后许多个"五分钱"。"傻"孩子的智谋绝对不是小聪明的表现,里面蕴含着大智慧。

　　下面这段文字,也讲述了一个关于放弃并非失败的小故事。

　　商人狄利斯跟他的儿子一起出海旅行。他们带了满满一箱珠宝,准备在旅途中卖掉,并且没有对任何人透露过这一秘密。一天,水手们知道了这个秘密,就合伙商量夺取珠宝,不巧正好被狄利斯听到,他把听到的全部告诉了儿子。"跟他们拼了!"儿子断然道。"不"狄利斯回答说,"我们打不过他们!""那把珠宝交给他们?""也不行,他们会杀人灭口的。"过了一会儿,狄利斯怒火冲天地冲上了甲板,"你这个笨蛋儿子!"他叫喊着,"你从来都不听我的话!""老头子!"儿子也嘶哑着回答,"你从来不说一句值得我听的话!"当父子俩相互谩骂的时候,水手们都好奇地围到四周。狄利斯突然冲向他的小屋,拖出了珠宝箱。"忘恩负义的儿子!"狄利斯尖叫道,"我宁肯死于贫穷也不会让你得到我的财富!"说完,他打开了珠宝箱,在别人阻止之前将宝物全都投进了大海。

　　过了一会儿,狄利斯父子俩目不转睛地盯着那只箱子,然后两个人躺倒在一起为他们所做的事痛苦不已。当他们单独一起待在小屋里时,狄利斯说:"我们只能这样做,孩子,没有其他的办法能救我们的命!""是的,"儿子答道,"这个法子是最好的。"

　　轮船驶进码头后,狄利斯和儿子匆忙赶到了地方法官那里。他们指控水手们的海盗行为和企图谋杀罪,法官逮捕了那些水手。法官问水手们是否看到狄利斯把他的珠宝全部投进了大海,水手们都一致说看到了。法官

115

于是判决他们都有罪。法官说道："什么人会弃掉他一生的积蓄而不顾呢？只有当他面临生命危险的时候才会这样去做！"最后，水手们只好赔偿了狄利斯的珠宝，才避免了惩罚。

狄利斯是一个聪明的商人，他懂得"好汉不吃眼前亏"，懂得暂时的放弃并不是最终的失败。最后，他们不是同样获得了成功吗？

人生就是这样有得又有失，有时放弃是为了大踏步地前进，是为了更多的拥有。放弃是真正的勇气，也是真正的智慧。

俗话说："有得总有失。"生活中你不可能样样东西都能够得到，要学会权衡轻重。为了办好一件事情，总得放弃另一些事情，当然这里要掌握"孰轻孰重"。

在动物界，就有许多动物在它们生命受到威胁时，会自觉或不自觉的"避轻就重"，选择舍弃身体的一部分从而保全生命。

海参是一种软体动物，没有强有力的自卫武器，更没有快速游泳的本领，只能依靠身体腹面的管足与肌肉的收缩缓慢行动，很难抵御敌害的进攻。不过海参有护身妙法，当遇到敌害进攻难以脱身时，它便会施展"分身术"，通过身体的急剧收缩，将内脏器官迅速从肛门抛向敌害，转移对方注意，自己则趁机逃走。有许多海参还能从肛门排出毒素攻击挑衅者，敌害往往因此而受到伤害，无奈离去。失去内脏的海参经过几个星期的休养生息，体内就能重新长出内脏。如果把海参切成两段放回海中，经过几个月，头尾两部分就分别长成一只新的海参。

海星也具有这种高超的"分身术"，它不但会断腕逃生，甚至将其切碎都能继续存活。海星和海参有了这种"丢车保帅"的高超本领，就能逃避敌害，护卫自己的生命。

继续生存下去是动物们的最大目标，为了这一目标所做的一切放弃，都是值得的。

对于放弃，人们有不同的看法。有人说，放弃意味着失败；有人说，放弃了我们不妨从头再来；有人说，不可以轻言放弃；有人说，今天的放弃是为了明天的拥有；有人说，放弃了，我从此一无所有。放弃自然有几分不舍,自然要带出些许疼痛,但那又怎样呢? 在成功者的眼里,一切永远都是开始,放弃甚至比拥有更重要。

有这样一个故事:一位旅行者要过一条大河,但是既没桥可走,又无船可渡。于是,他造了一排木筏安然渡到对面。旅行者心想:这排木筏对我帮助很大,何不将它带走呢? 结果他背着重重的木筏,累得腰酸背痛,只好问计于空空大师。大师说:"过河时,筏虽有用;但走路时,就该放下。否则,它就成了累赘。"于是,他便丢下木筏,轻松上路,开始了新的旅行。

人的一生就是这个样子,我们曾以为重要的不能放手的,随着时间的推移都会变得不再重要了。鱼与熊掌不可兼得时,我们要坚决放弃,正如放弃了笨重的木筏,才能轻松上路,开始新的旅行一样。

每个人活在世上,都会面临无数的诱惑,在这些诱惑面前人的欲望被充分地激发。所以,人们总是企图更多地占有,以为自己拥有的越多,就会离幸福越近。即便占有的东西对自己来说没什么大用,也不愿舍弃。其实,一切的一切终归两字"虚荣",但是好多人却宁肯背着虚荣后的无奈、失望与无助,也不愿从心底放弃。

放弃本身就是做出的一种选择,就如面对一道数学题,我们必须放弃不对的思路;想清晨出去呼吸一下新鲜的空气,我们必须放弃屋里的温暖与舒适;面对失败,我们必须学会放弃脆弱;面对成功,我们必须学会放弃骄傲。放弃了童真,我们才会长大,放弃了单纯我们才会成熟,人生就是在不断追求和不断放弃中前行的,只有放弃我们必须放弃的,我们才能拥有更多我们想拥有的。

放弃并不意味着失败。人在一生当中会失去很多东西,不要认为那是老天在惩罚我们,那是老天在给我们机会,给我们重新寻找更多幸福的机会。塞翁失马,焉知非福。老天是公平的,它在让我们失去的同时也会让我们得到。

可见,放弃是一种新的开始。放弃了心中难言的隐痛,我们才可以摆脱折磨;放弃了安逸舒服的工作,我们才能更好地挑战新的生活;放弃了暂时的利益,迎接我们的才会是接近梦想的天梯。放弃是由失败通向成功的转折点。有许多的事情，因为客观条件不具备，一时难以实现，这就需要我们果断地放弃，用新的事物来填补。这种放弃，绝不表示没有恒心，没有毅力，而是一种正确积极的人生态度。理想与信念是值得每个人为之付出一生的，放弃了，必须继续奋斗，以另外一种方式来实现自己的人生价值。生活中有苦也有乐、有喜也有悲、有得也有失，只有学会放弃，才会懂得何谓人生真谛。

有了更好选择的时候，我们往往需要适时地做出放弃，放弃不等同于失败，放弃是主动的，失败是被动的。该放弃的时候不放弃，就只能在固执中等待失败了。

解决困难要先抓住实质

任何事情只要抓住了实质，再难再复杂的问题也会迎刃而解。如果将眉毛和胡子一把抓，必然不得要领，我们在解决困难时必须看问题的本质，而把现象作为向导，进了门，就要抓住它的本质。这才是可靠、有效的分析方法。

在工作、生活中，我们常被一些困难所羁绊，为其所累。归根结底，就是我们对困难还不够了解，不能抓住问题的实质，进而做出最有效的处理方法。

杜芳刚进入一家网络公司时，公司规模很小，只有十几人，她负责市场策划。由于公司在创业初期，市场几乎为零。但喜欢挑战的杜芳凭借过硬的专业知识，迅速为公司打开了市场，对企业的生存和发展起了至关重要的作用，为此，她一直受到领导的青睐，成为市场部门的主要负责人。

刚工作时，她认为自己的水平不高，更希望做得再好一些，才能名副其实地担负起本职工作。但随着业务的熟练，她逐渐满足于现有的成绩。

后来，公司不断发展，员工越来越多，公司经营方向也有所变动，人员也要相应的调整。杜芳和原来从事市场工作的4个人被划到市场部,另外还增加了4个人。新成立的市场部自然需要一名经理来领导,杜芳认为升职的机会来了。

因为,这几个人中,有两个是她的助手,两个是新员工,其余的三个人,虽然有竞争力,但都赶不上自己的资历,并且还都曾是自己的下级。再说,自己为公司作出的贡献是有目共睹的,自己出任市场部经理是理所当然的。

然而事与愿违。正当杜芳陶醉在晋升的遐想中时,公司的决定给她泼了一盆冷水。杜芳没有"理所当然"地升职,而是继续担任策划职务,而她不看好、且一度为自己部下的一个同事,被提升为经理。

这让她非常吃惊。回到家中,杜芳反复地想,为什么会这样?难道自己就没有上升空间了吗?我该怎么办?整整折腾了一个晚上,还是一点办法都没有。

在工作中,我们也常遇到类似的问题,晋级呼声最高的人,靠边站了;最有资格去深造的人,迟迟拿不到入场券;同事在一级级地涨工资,为什么永远没有我的份儿……

有人会为此失落、无助、愤懑,甚至愤怒,感觉自己像是被上帝抛弃的孩子,束手无策,整日在抵触中度过。实际上,这种态度,就是在回避困难,是于事无补的。

如果我们每个人都有特长,都有拿手的绝活,能够在一个领域做到极致。这样,即使你遇到困难,也能从整体上去把握、分析,然后像庖丁解牛一样处理掉它。可大多数人达不到这种境界,于是,当工作出现困难时,只是一头雾水,束手无策,这关键在于我们还没有站在一定的高度,从整体去了解它。

像杜芳,如果她积极去探寻未能升职的根源,就会发现,升职并不是简单的论资排辈,而是一个能者居之的制度。由于自满、不思进取,她失去了创新意识,由此脱离了市场,自然会败在孜孜进取的同事手下。了解了这些,杜芳就可以制定出升职计划,努力学习,不让自己掉队,积极提高业务水平,升职的空间还是很大的。

在解决困难的过程中,认识到困难还不够,更重要的是,抓住困难的实质。

一天,在一条大河的中央,一个船夫正用力划着一条小船。只见船夫累得满头大汗,双臂不停地摇着橹,船身却纹丝不动。船夫看起来既沮丧又困惑。

这个情形被岸上的一名老者看见了,他发现,船身已经漏水,情况还很严重,船正在渐渐地下沉。他急忙提醒船夫,可喊了半天,船夫却不理他,原来他正忙着向外舀水呢。

心急如焚的老者提高声音,船夫依旧没有回音。无奈之下,老者高声直言:"船漏了,再不修船,它马上就要沉了。"

这次,船夫终于说话了:"我知道,你没看见我正忙着舀水和划船吗?哪有功夫修船啊!"

船夫的行为是可笑的,在他眼中,舀水和划船是第一位的,但是,即使在这两项工作中使尽全身的力气,也只能勉强使船浮于水面,而且只是暂时的。然而,类似船夫的可笑行为,也时常出现在我们的生活和工作当中。

面对困难,我们应该找出造成困难的主要原因,也就是找出"造成船下沉的漏洞"。即使在这上面要花费更多的时间,更大的精力,也是值得的。只有找出了造成困难的主要根源,才算真正了解了困难,才可能想出解决困难的方法。

要学会以已变应万变

现代社会瞬息万变,要顺势而变、顺时而变,不学会变通,或没有能力去变,生存的空间就很难扩展。要学会找方法,就要学会变通,以自己的变化来应对外界环境的改变。

有这样一个故事,人们结伴去寻找一座宝石矿山。当他们沿着一条大路前进时,走着走着,发现原本是平坦路面的前方突然出现了一条大河,挡住了前进的道路。河水奔腾不息,大有吞没一切的势头。矿山就在河的对岸,但面前的这条河却使他们陷入了困境。怎么办?人们一直是靠双脚在行走,双脚把他们带到了河边,但土路已走到了尽头,用双脚是走不过这条大河的。这时,人们能够做的只有改变自己。但是,许多人却不知道改变,他们仍按照陆地行走的方式纷纷走进大河,结果被淹死了,未能到达成功的彼岸;而另一些人,他们虽知道河水的凶猛,却不知道应该如何改变自己,只能在远处眺望那耀眼的宝石,望河兴叹。

那么,究竟谁能渡过这条河,胜利地到达对岸呢?回答是:只有善于改变自己的人才能到达成功的彼岸。一些人改变了陆地行走的姿势和习惯,他们学会了游泳,游过了这条河,到达了宝石矿山;另一些人临河沉思,偶然看见一块圆木在河里飘浮,于是意识到圆木能将他们带到对岸,结果他们发明了船,同样到达了矿山。

渡过大河的人善于改变,而这种改变就是人们常说的变通。穷则变,变则通,通则久。遇到困难就要改变自己的思路和行为,只有改变,才能克服困难,走向成功。

改变了自己,相当于为自己提供了更多的生存机会,为职场发展扫除了诸多障碍,为事业的成功增添了砝码。

IT业界流传着韩国三星集团总裁李健熙的一句名言:"除了妻儿,一切都要变。"这句话,也正是当年李健熙下定决心带领三星集团励精图治、发奋改革的真实写照。

1987年,李健熙从父亲李秉喆手中接过三星集团这个大摊子,1993年开始重塑三星,并且提出了这个"除了妻儿,一切都要变"的口号,当时,李健熙决定给"沉睡中的三星一剂猛药,一个改革的信号弹"。于是,变革就从改变上下班工作时间开始,将原来的"朝九晚五"变成"朝七晚四",20万员工都将提前两小时上班。进行这种大规模的变革会遇到很多方面的阻力,但是李健熙相信,如果下不了这个决心,振兴三星的日子就会遥遥无期。

三星人从此意识到"改革开始了",很多人从以前的闲散状态中恢复过来,开始利用早下班的时间学习外语、培训进修,这些努力为日后三星集团扩展海外市场打下了坚实的基础。

1997年,韩国受到东南亚金融危机的强烈影响,很多韩国大企业纷纷破产倒闭,举国上下损失惨重,三星集团也难免受到影响。危机重重之下,李健熙决心再次重整三星,他对员工说:"为了公司,生命、财产,甚至名誉都可以抛弃。"

李健熙拥有如此强烈的危机感与决心,在他的带领下,三星集团制定了明确的战略方向,坚定不移地执行战略,变革在不断推进,影响深远。

直到2002年年底,三星集团已经跻身全球IT行业前20名。

失去了"变化",无论你曾经多么辉煌,也无法抵挡竞争的浪潮,终将被湮没。

所以,做一切事、解决一切问题,我们都必须根据客观情况的变化而不断调整自己,不断采取与之相适应的方法,做到以己变应万变,才能在工作中随时找到适当的方法,才能在职场上立足,使自己的职业之树常青。

质疑并改进自己的工作

诺基亚公司手机研发部的詹森这几天一直闷闷不乐,同事见他一副眉头紧锁的样子就开玩笑道:"詹森先生哪儿都好,就是太不知足了。你也不想想,咱们研发部,只要完成了公司下达的研发任务,薪水就能比生产部和销售部拿的还多,该高兴才是啊!"另一个同事也接口道:"这次的任务只是改进一下机型,这么简单的任务哪能难住我们的天才詹森先生啊!"

詹森说:"我不是为了薪水想不开,也不是为了公司派给的任务,我是在想,我们整天坐在研究室里,除了完成上面派给的任务,改进一下机型,就什么事也不做了。现在手机市场竞争这么激烈,我们能不能主动做一些工作,给公司拿出些新颖的创意?"

同事无奈地说："唉！詹森,别痴人说梦了！现在诺基亚手机已经是世界著名品牌了,不管是技术性能,还是外观形象,都早已深入人心了,还上哪里去找创意？"

尽管同事们说得有些道理,但詹森还是暗下决心:我一定要在完成公司任务的基础上,主动而努力地工作,让诺基亚在自己的辛勤工作中有一个质的飞跃！有了这个非同一般的目标和想法以后,詹森每天除了完成公司下达的任务,满脑子都是考虑如何让诺基亚更符合消费者的需求。

一天,他在地铁里获得了一个惊人的发现:所有的时尚男女,都带着手机、一次性相机和袖珍耳机。这给了他很大的灵感:能不能把这三种最时髦的东西组合在一起呢？果真如此的话,不是变得既轻便又快捷了吗？

第二天,詹森马上找到主管,对他说:"如果我们在手机上装一个摄像头,让人们在听音乐的同时,把能见到的所有美好事物都拍摄下来,再发送给亲友,该是多么激动人心的事啊！"

主管听完他的创意后,惊喜得高声叫道:"詹森,我们马上就按你的想法着手研制！"

这种具有拍摄和接听音乐功能的手机在詹森的带领下,很快研制成功,它刚一推向市场,就大受青睐。

詹森是诺基亚数万名优秀员工中普通的一员,正是因为他们的不断质疑和改进,才有了今天诺基亚的辉煌。

对于鹰曾有一种说法:鹰的寿命长达70岁,但它必须在40岁时作出一生中最重要、最困难的一个决定。这时它的爪开始老化,无法有效地抓到猎物。它的喙又长又弯,几乎碰到了胸膛。它的翅膀变得十分沉重,因为它的羽毛长得又浓又厚,使飞翔变得十分困难。老鹰只有两个选择,一是等死,二是经过一个十分痛苦的更新过程。这时,老鹰会很努力地飞到山顶上,在悬崖上筑巢,停留在那里。这个过程需要几个月。

在这几个月里,老鹰不停地用自己的喙击打岩石,直到喙全部脱落,然后静静等待新的喙长出来。再用新的喙把爪一根一根拔掉。当新的爪长出来之后,它会用新的爪把羽毛一根一根拔掉。几个月以后,新的羽毛长出来了,老鹰又开始了飞翔。

老鹰能够忍受巨大的痛苦,用生命强烈质疑和改进自己,重新长出羽毛和喙去搏击长空、去猎取食物。强者和鹰一样,他们有崇高的信仰和一生为之奋斗的目标,对自己有着明确的定位,并能够以自己的努力去实现,成为本族群里的佼佼者。他们总是能用令对手身心俱疲、望而生畏的钢铁意志去改进自己。

当杰克·韦尔奇在20世纪80年代初期走马上任时,通用电气公司是美国最强大的公司之一。它既没有处于危机的剧痛之中,也没有被诸多弊病所困扰。

然而,韦尔奇一上任便指出:应该把通用电气公司放在"全球性经济环境"中来思考其未来,要为进入下一个世纪做准备。这里,所谓"全球性经济环境"的一个重要部分指的就是以日本企业为主要对手的竞争。以他当时的话来说,就是"2000年后能否与国外公司竞争,是我们从现在起,每一天都必须考虑的问题"。

韦尔奇进一步指出:"在这个越来越小的世界上,胜者和败者的界线日趋分明,在这里没有'还过得去'的企业的位置。"他觉察到他面临的是一个不确定的未来,考虑到这些,韦尔奇担心通用电气的竞争者将因此而变得强大起来。

他希望通用公司变得更有竞争力。为了达到这个目标,韦尔奇感到他需要一个流畅的和进取的通用,这意味着当时的通用将被简化为一个较小的却反应灵活的通用。因此,韦尔奇采取了一系列艰苦的行动,并取得了辉煌成就,他本人也成为当今全球经理人的偶像。

通用在杰克·韦尔奇上任的时候已经是一个很好的公司了,但韦尔奇没有满足,而是在前进中不断寻找通用存在的问题,将危机消灭在萌芽状态。正是韦尔奇的质疑和对其改进,通用才能良性发展下去。

企业要想长久地发展下去,必须树立一种危机意识,在危机中质疑和改进自己。对于员工来讲,只有像雄鹰一样时刻具有危机感,质疑和改进自己的人,才是企业最需要的人。在激烈竞争的市场中,保持高度的危机意识，永不满足是一个优秀员工应具有的思想品质。

曾任惠普公司董事长兼CEO的卢普拉特说："过去的辉煌只属于过去而非将来。"未来学家托夫勒也曾经指出："生存的第一定律是：没有什么比昨天的成功更加危险。"葛洛夫也有一句名言，即"唯有忧患意识，才能永远长存"，并说英特尔公司一直战战兢兢，不敢有丝毫懈怠，"让对手永远跟着我们"。张瑞敏的"战战兢兢，如履薄冰"的危机意识，早已深入到海尔的每一个员工内心深处。这种强烈的忧患意识和危机理念赋予这些企业一种创新的紧迫感和敏锐性，使企业始终保持着旺盛的创新能力。

面对不断变化的环境，一个人或企业如果不能及时改变自己，就不能够在商场和职场中立足。在硅谷，每年都有近90%的公司破产。所以，我们应信奉"世界属于不满足的人们"这句格言，不是陶醉在已有的成就之中，而是善于忘掉过去，面向未来，勇于变革。

要把复杂的问题简单化

在日常生活中人们在事情完成之后，常常发现自己走了很多冤枉路，究其原因就是将事情考虑得过于复杂、繁琐了；而有的时候，人们不自觉地将本来能够简单化的事情，硬要分门别类复杂化，浪费了许多时间，效率也变得低得可怜。

一位游客到某国观光，返航时发现机场内排起了两条长龙。游客按照牌子上的指示先排上了一条队，等了好半天终于排到了缴费柜台，原来是缴"机场税"；缴完"机场税"之后，又按照指示赶往另一条长龙，又排了近20分钟才到了缴费柜台，原来是缴"都市特别捐"。这样一来，耽误了顾客将近半个小时的时间，顾客们都怨声载道。倘若这个国家的机场将这两个缴费柜台合并到一处，两项款一起缴的话不知可以省下旅客多少时间、省下机场人员多少劳力。

　　其实，很多时候将事情做复杂的原因，大部分是我们一开始将事情想得过于复杂了，所以办起来才显得事倍功半、毫无效率可言。事实上，只要我们按照单纯精简的行事原则对事情进行分析处理，就会从简单中获得不简单的效果。

　　有几个孩子很想成为一位智者的学生，智者给他们一个人一个烛台，叫他们要保持光亮，结果一天两天过去了，智者都没来，大部分小孩子已不再擦拭那个烛台。有一天智者突然到来，只有一个被大家叫做"笨小孩"的小孩，虽然智者没来，他也每天都擦拭，结果这个笨小孩成了智者的学生——原来实现理想很简单，只要实实在在地去做就可以了。

　　有个年轻人在脚踏车店当学徒。有人送来一部有毛病的脚踏车，年轻人不仅将车修好，还把车子整理得漂亮如新，其他学徒笑他多此一举。后来，车主将脚踏车领回去的第二天，年轻人就被挖到那位车主的公司上班——原来要获得机会很简单，勤劳一点就可以了。

　　是的，生活就是如此简单，成功也是如此简单。不要将事情想得过于复杂，否则我们的思维我们的行动都将被束缚。在这个瞬息万变的时代，精简是非常重要的。写文章要精简、说话要精简，做事更得精简。只有简单自然，才能突出内在的价值。不要以为成功多么复杂，也不要以为生活多么困难，只要遵循简单原则，我们的生活就会不简单。

　　其实解决一件事情很简单，正如许多简单的道理伴随着繁杂的过程和情节一样，只有在无序中寻找那种有序，问题就会变得简单明了，这就是所谓的"迎刃而解"。所以不要自设障碍，更不要钻牛角尖，那是白白地浪费时间和生命。

　　亚里士多德曾说："自然界选择最短的道路。"当你有两个处于竞争地位的理论能得出同样的结论，那么简单的那个更好。

　　相传，有位科学家带着自己的一个研究成果请教爱因斯坦。爱因斯坦随意地看了一眼最后的结论方程式，就说："这个结果不对，你的计算有问题。"科学家很不高兴："你过程都不看，怎么就说结果不对？"爱因斯坦笑了："如果是对的，那一定是简单的，是美的，因为自然界的本来面目就是这样的。而这个结果太复杂了，肯定是哪里出了问题。"这个科学家将信将疑地检查自己的推导，果然如爱因斯坦所言。

曾任苹果电脑公司总裁的约翰·斯卡利曾说："未来属于简单思考的人。"不错，简简单单才是真。在生活与工作中，我们要学会将复杂的事情简单化；简单的事情成条理；条理的事情自动化，只有这样，我们才会在轻轻松松中畅享成功带给我们的惊喜与欢乐。

第六章

失败也是正能量
——如何抵御消极心态

> 失败是常有的事,千万不要哭泣。事实告诉我们,失败并不可怕,怕的就是你爬不起来,失败后无谓的气馁、自卑、哭泣只会消磨你的时间,削弱你的自信。因此,要想改变失败的现状,就要懂得从失败中学习经验,吸取教训,只有这样成功才会离你更近一步。

失败了就别空手站起来

如果让失败成为今后成功的根基,正确地看待失败,以积极的行为方式和顽强的毅力去适应失败,以饱满的热情和不懈的努力去改变因失败引发的不良境遇,那么我们不仅不会被失败打倒,而且能学会驾驭失败、征服失败的本领,从而使我们逐渐成长为生活的强者。

人生路漫漫,难免磕磕绊绊,但我们不能因跌倒而倒地不起,要勇敢站起来,只有这样,我们才能走得更稳、更高、更远!

纵观历史,伟人之所以伟大,是因为他们经历过更多的挫折和失败,而后从中总结经验、吸取教训的结果。他们在面对困难时,不是坐以待毙

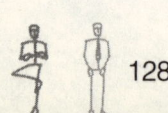

或退避三舍,而是集中力量主动出击。也许他们在遭受挫折后也会出现一时的彷徨失措,但他们很快就会用理智来控制情绪,接下来便以更有力的方法和手段去战胜失败,直至成功!

在奔向目标的途中,失败是家常便饭,跌倒在所难免,但不管你跌了多少次,不管你跌得多痛,也要挣扎着站起来,继续朝自己的目标前进。我们要培养这种心态:跌倒是通往目标途中必须迈出的一步,是一种必然,而不是一种不幸。所以,跌到了,不要趴在地上不起来,不要只想着前途暗淡,道路崎岖;也别就此对自己失去信念,彷徨失措。别因为一点皮肉之伤而叫苦不迭,也别因为跌倒一次就畏缩不前。

阿加莎·克里斯蒂是世界著名的英国侦探小说家,一生著有《尼罗河上的惨案》、《东方快车谋杀案》等多部经典小说,在世界各地拥有数以亿计的忠实读者。可以想象,她在全世界文学界的地位是何等显赫,然而正是这位名满全球的女作家,在事业登峰造极的时候,婚姻却由幸福走向消亡。

克里斯蒂和她的丈夫情投意合,结婚几年来一直恩爱幸福。丈夫大力支持克莉斯蒂的写作事业,为了激发她的创作灵感,经常陪她出去进行一些探险活动,可谓尽心尽责。

随着克里斯蒂的作品越写越多,越写越精,越来越多的作家和读者注意她的作品,她的名声越来越大。可能是克里斯蒂把越来越多的精力放在事业上,这使得丈夫过够了那种被冷漠的生活,最终无法忍受,以至于抛弃了她,投入了另一个女人的温暖怀抱,情深意笃的丈夫离她而去,克里斯蒂一时承受不了这种强烈的刺激,以致失去了记忆。

尽管克里斯蒂在医生的帮助下恢复了记忆,但心底的创伤却难以恢复。可她并没有就此消沉,而是把全部精力投入了创作当中,她要用事业上的成功来抚慰生活上的痛苦。从那以后,她的小说几乎以每年两本的速度问世。

克里斯蒂本人对这次重创也深有感悟:"我想每个人都有过不幸和挫败,不过那是我经历的生活中的一部分,但这一部分已经结束了,它最多只是没有意义的回忆，无须多想。面对挫折和失败，既要有挽回败局的勇气，也要有战胜痛苦的魄力。失败、落泪、痛苦、羞辱都是人生的一部分，过去的就让它过去，重要的是能在未来的日子里寻找新的快乐。"

是的，面对失败我们无需太过自责，太多的包袱会阻碍前进的脚步。不管多大的失败，多么严重的创伤，一旦过去就不要再回想了，要想的事是如何面对明天，面对新生活，所以我们要从失败中感悟生活，总结过去，面向未来。

在不利中找到自己的优势

卡耐基刚进入瓦伦斯堡州立师范学院时对自己几乎不抱任何希望，他对自己笨拙的外表和破烂的衣服感到自卑。由于遭受洪水，卡耐基家的农场损失惨重，玉米和小麦几乎颗粒未收。当时的卡耐基已经深深地体会到，如果不改变自己的生活，就会像父亲那样狼狈和辛酸。不能重蹈父亲的覆辙，但怎样改变呢？

卡耐基陷入了深深的思索中。他想起了一年前母亲对他说的话："你怎么不想想在其他方面超过别人呢？"的确，每个人都有优势和劣势，避开劣势发挥优势是最佳的人生选择。

最后，卡耐基决定以演说的方式来取得成功，因为他在学校里觉得学院辩论会及演说家非常吸引人，胜利者的名字不但广为人知，而且还往往被视为学院的英雄人物，他发现这是一个成名和成功的最好的机会，为此他也付出了自己不懈的努力。当然，要想在学院的演说赛中夺冠并非是一件容易的事。首先，参赛者必须加入一个社区，只有当他赢得了社区内的所有比赛后，才有资格参加社区之间的比赛。

卡耐基并非有演说的天赋，尽管当时曾有一位满怀信心的文化讲习会主讲人断定他将具有非凡的演说能力。卡耐基参加了12次比赛，却屡战屡败。经过一番艰苦的努力，卡耐基最终还是取得了伟大的成功。

　　卡耐基认为,聪明人拿到一个柠檬的时候,会说:"我可以从这件不幸的事情中学到什么呢?我怎么样才能改善我的状况,怎样才能把这个柠檬做成一杯柠檬汁呢?"而傻子却正好相反,要是他发现命运只给他一个柠檬,他就会自暴自弃地说:"我完了,这就是命,我没有任何机会。"

　　有位犹太作家认为:积极的自我形象是走出贫民窟、危机和不幸童年的门票。她认为只有在不利因素中寻找有利因素,从苦难中找到成功的动力,才是人类成功的原因,它最能给人们以动力。

　　美国著名总统亚伯拉罕·林肯在当选国会议员时, 有一次填履历表,在所受教育一栏中填写不全,因为在他的成长过程中,他受到的正规教育总共还不到12个月。他说他受的教育有限,在他年纪大了些时,他也仅仅会读、会写、略懂些算术而已。再后来便没有上过什么学。"我在受教育程度上是很小的, 到后来我能有如此成就, 完全是靠我后来日积月累起来的,我总是在不停地自学我所需要的东西来充实自己。"

　　由于家境贫困,林肯到了15岁才开始识字,由于识字晚,他在阅读方面很差劲,基本的写作都不会,直到有一年的秋天,林肯居住的小镇来了一位乡村教师,并在当地建立一个小有规模的私人学校,让当地居民的孩子们识字。那时, 由于家离学校较远,林肯总是和姐姐从4里以外的家里走到学校。林肯身穿短小的皮裤,在冬天,小腿总是被冻得通红,但是无论条件多么恶劣,尽管他们上课的小屋又矮又破,课桌都旧得发黑,室内照明设备几乎没有,林肯仍然坚持每天来学习。

　　由于家境贫寒,林肯根本买不起书本。每到发新书时,他都先向同学借一本书,然后拿回家,用同样大小的纸工整地将课本抄下来。最后用线缝好,作为自己的课本。5年后,他又在另一所学校断断续续地上过学,后来就再也没有受过系统的教育。

　　但是,在环境恶劣的情况下,林肯并没有停止学习,尽管他不能像同龄人一样接受良好的教育,他却更加勤奋地自学了许多课程。在他自学的过程中,培养了自己对知识热切的渴望和刻苦钻研的学习态度。他先后读了《天路历程》、《鲁滨逊漂流记》、《伊索寓言》、《圣经》等经典名著。在他的阅读过程中，他提升了阅读能力，培养了写作兴趣。由于非常喜爱《圣经》和《伊索寓言》这两本书，他把它们放在自己身边，从不离手，一有时间，就拿出来研读，从中感悟人生。

林肯没有足够的钱买书，但他并没因此而放弃他所喜爱的书籍，没钱买书，林肯就想方设法向别人借，这也提高了林肯的阅读速度。一次，他向一位农夫借阅《华盛顿传记》，每天傍晚都借微弱的日光看到不能再看为止，然后再把书放到枕边。第二天，太阳一升起，他立即爬起来借着晨光继续阅读。一天，由于他不小心将那本书淋湿了，物主看后大为不满，要他赔偿，由于贫困，林肯只好到农夫家做了三天农活来弥补那本书的损失。

由于家庭贫困，林肯没有充足的时间阅读学习，他总是抓紧一切时间学习。下地干活时，他常随身带一本书到地里，当人们休息时，他就坐在树下，掏出书来细细品味。

林肯就是在如此艰苦的环境中努力培养自己的阅读和学习习惯的。尽管他面对生活带给他的许多困难，但他丝毫没有退缩，而是以实际行动面对不公平的人生，最终成为美国最伟大的总统之一。

可见，逆境本身并不是一种灾难，只要我们不屈从于逆境，它就会成为我们向上攀登的阶梯，成为对我们人生的祝福。

拿破仑·希尔也是通过克服困难才走向成功之路的。在他还是孩子的时候，父亲就给他找了个继母。他的继母家境较好，而他家却很贫困。他的父亲向他介绍完继母的情况后，告诉他要尊重她。而希尔却在心里一点也不服气。等到第二天，他的继母亲切地走到他面前，托起他的小脑袋，和蔼地说："你不要害怕贫穷，贫穷只是一时的，只要你对生活充满信心，生活就会慢慢好起来的。"

希尔内心的反感顿时烟消云散，冲着这句充满信任的话，他与继母友好相处。也就是继母的这句话，帮希尔克服了贫穷造成的自卑的心理，成就了一位伟大励志学家。

压力可以转换成动力，但是压力变成动力，需要一个转化的条件，那就是压力的承受者有承受压力的能力。若是没有这个条件，压力就会变成真正的阻力。只要有面对困难不怕吃苦的精神，才能有明天的成功。

卡耐基说过："生活中最重要的，就是不要以你的收入为资本，任何一个傻子都会这样做。真正重要的，是从你的损失中受益。这就需要聪明才智，而这一点也正是聪明人和傻子的区别。生活中的快乐大部分并不是来自享受，而是来自胜利。这种胜利来自于一种成熟感，来自于一种得意，也来自我们能将柠檬做成柠檬汁。"

生命中最重要的事情不是利用你所拥有的，只有愚蠢的人才会那样做。伟人之所以伟大，关键在于当他与别人共处逆境时，别人失去理智，他则下决心，将自己的不利因素尽可能转化为克服困难的有利因素，进而去实现自己的远大目标。

失败后要做到认真反省

遭遇失败后，你应该静下来想一想，那将给你带来一些意外的惊喜。当我们比较顺利的时候，我们的思维方式完全不同于失意时的思维方式，对于很多事情来说，如果能换个角度想一想，结果可能就大不一样，这对认清自我有很大帮助。

广告营销策划专家威廉·弗洛姆，同时也是《商界十诫与如何破解》一书的作者，他童年时期的一次重要经历，影响了他的一生。

弗洛姆在堪萨斯城长大，13岁时参加了该州的一个童军小队。

当时，参加童军是一件大事，几乎每个人都参加。在这个小队中那些被认为是领导者的人都属于一个叫做"角制火药筒"的特殊团体。该团体中的男孩子是由童军、童军老师以及童军助教共同选出来的。已经是13岁童军的弗洛姆，做梦都想成为这个特殊群体中的精英分子。

这年，童军小队在年底召开最后一次会议，会上宣布了入选担任翌年"角制火药筒"的团员名单。其结果令弗洛姆大失所望，因为弗洛姆未被选中，而除他之外的小朋友们都当选了。弗洛姆气鼓鼓地回到家，把这件事告诉了父亲,然后列了一张单子,写下了他自认为没有被挑中的理由以及小队队员拒绝他是大错特错的理由。

第二年,弗洛姆如愿以偿地进入了这个团体。不过这是他父亲的忠告以及他自己对忠告认真对待的结果。父亲在他落选后告诉他说:"既然大多数队员已决定了谁进入'角制火药筒',那就证明其结果是对的。我能告诉你的就是,如果你参加乐队,在街上行进演奏的时候,每个人都是'左右左',而你却是'右左右',你就不能认为他们都踩错了,尽管你很优秀。"弗洛姆细细品味了父亲的话,才深刻地意识到,原来需要调整的是自己,怨不得别人。

这个经历影响了弗洛姆一生,他说:"每当人们反应与我的期望不同或者某些事不如所愿时,我都会想到父亲给我的这则忠告,然后我就会意识到,需要调整的是我自己,因而也就不再为事与愿违而找借口了。"

无论是在生活还是工作中,我们都要明白一个道理:其实,失败并不可怕,可怕的是我们在失败后,永远地放弃了自我,丢失了信心,进而走向萎靡,从此一蹶不振。相反,在失败后,我们只要认真反思,摒弃借口,从失败中吸取教训,找到正确的方法,就能够战胜失败、再次赢得成功。

治愈失败给你造成的创伤

走过了所有通往失败的路,只剩下一条路,那就是成功的路。客观地说失败只是没有得到或丢失了一些东西,主观地说它只是一种心灵状态而已。只要我们善于调整,其实失败并没有想象中那么可怕!

有一位教授正在考虑明天给学生们上的一节哲学课,却为总想不到一个好的讲题而着急。他6岁的儿子总是隔一会儿就跑到他的书房里来,要这要那弄得他心烦意乱。

教授为了安抚他的儿子不让他来捣乱,情急之下从书桌上的一本杂志里找出一张世界地图的夹页,然后撕碎了,递给儿子说:"来,我们做一个有趣的拼图游戏。你回自己房里去把这张世界地图拼好,我就给你一美元。"

儿子出去后,教授把门关上,得意地自言自语:"哈,这下可以清静了。"

谁知没过几分钟儿子又跑来了,并说图已拼好了。教授大吃一惊,急忙到儿子房间去看结果,果然那张撕碎的世界地图完完整整地摆在地板上。

"儿子你真棒,不过怎么会这样快?"教授吃惊地望着儿子,不解地问。

"是这样的,"儿子说,"世界地图的背面印有一个名人的头像,只要人拼对了,世界地图自然就对了。"

教授爱抚着小儿子的头若有所悟地说:"说得好啊,人对了,世界就对了——我已经找到明天的讲题了。"

人对了,世界就对了——正是我们应该对待失败的态度。客观上的失去或没得到表面上看我们是失败了,但失败不代表一无所获,至少我们由此知道那条路不通向成功。一本杂志对人生中什么是成功下了一个很确切又很客观的定义,几乎适用所有的人:

4岁,成功是……不尿裤子;

12岁,成功是……有很多朋友;

20岁,成功是……有女朋友;

35岁,成功是……有钱;

50岁,成功是……有钱;

70岁,成功是……有驾驶执照;

75岁,成功是……有很多朋友;

90岁,成功是……不尿裤子。

照此说来,失败也会是一件很明朗的事情,对成功稍加修改便会知道了:

4岁,失败是……尿裤子;

12岁,失败是……没有很多朋友;

20岁，失败是……没有女朋友；

35岁，失败是……没有钱；

50岁，失败是……没有钱；

70岁，失败是……没有驾驶执照；

75岁，失败是……没有很多朋友；

90岁，失败是……尿裤子。

看看成功，再对照失败，失败根本算不上什么大不了的事儿，它只是你心中对不成功表现出来的一种灰暗的心理状态而已，并且只能是一种状态，并不代表什么别的。如果你能把握住这点面对失败付之一笑，失败也能转变为成功。

许多时候，我们都希望事情会向我们想像的方向发展，但是事实却未必如此，失败的阴影总会第一个袭向我们。一旦被它缠住是件很苦恼的事情，它会令我们焦虑。当遇到这种情况时，一定要让我们的心灵变换一种状态，从容乐观地对待这种情况。

人生如船，在猝不及防的情况下可能遭遇到狂风暴雨、惊涛骇浪、冰山暗礁……只要你的心灵之舟不沉没，你就不会丢掉希望和意志力，更会在失败的道路上踏出一条成功的足迹。

成功的人大部分都曾被失败冲击过，所不同的是他们的心灵却一刻也没有被击倒，能够积极地向着成功之路迈进，所以他们成功了。这些成功的人总是在失败的时候能够将负面的影响转变成积极的能量，告诉自己："天无绝人之路。"

思想如同磁铁一般，它能迅速吸引与它志同道合的元素。只要你告诉自己："我失败了，没有任何方法可以挽回了。"负面的影响就立刻被吸引过来，帮助你肯定这个想法，让你在苦闷和失败的氛围中生活直到崩溃。相反的，如果你相信："失败仅仅是成功的一个必经阶段，以积极的状态处之，正如'天无绝人之路'一样，成功的信念也会在失败的基础上建立起来且更加坚毅。"

问题和困难只有在你自己认为无法解决的时候，才到了真正无法解决的地步,相信有解决办法便能找到解决的办法克服它。给失败一个灿烂的微笑,退后一步重新开始。只有这样,你才能重回现实,迎接新的挑战!

善于从错误和失败中学习

埃尔伯特·哈伯德说过:"人一生中最大的错误就是一直害怕自己会犯错误。"

有时候失败就是失败,至少在短期看是这样。如果我们把失败当成生命的组成部分,珍惜它所带来的学习机会,就一定能够超越失败,走向成功。

比尔·盖茨在《未来时速》中强调了从失败中学习的重要性。他说:"如果你没有被坏消息击倒,而是积极检讨自己,那么挫折会让你受益匪浅。"微软在开发产品方面也经历过很多失败,但也正是这些失败为成功提供了经验。比如说:

(1)微软花了很多年研究Omega数据库,虽然一直没有成功,却由此诞生了大受欢迎的Access。

(2)微软投入了很多时间和财力与IBM合作开发的操作系统最终因没有成果而宣告终止,但却在此基础上研发了WindowsNT。

(3)微软在开发Lotusl-2-3的竞赛中失利后,Excel却大获成功。

由此看出,正是因为比尔·盖茨善于从挫折中学习,扭转败局,才使他和微软一次次立于不败之地。毫无疑问,要想获得成功和财富,并且得到个人发展,失败是难免的,只要勇于学习、坚持不懈,就能达到目标。

在生活和工作中,我们要学会把每一次错误和失败当作学习的机会,然后把因为错误和失败带来的痛苦和烦恼统统忘掉,全身心投入到你所从事的事情当中。

但在现实生活中,那些讨厌自己所从事的工作的人,往往做不到这一点。他们只因为经历了一次失败,就把自己全盘否定了,以致最终摧毁了一切自信心。他们不但记住失败的情景,还情绪化地将它深植在心中。而那些遭遇挫败后仍喜爱自己工作的人却能懂得过去犯了多少错并不重要,重要的是能不能从每一次失败中吸取教训,以便在下一次做出较好的表现。

我们知道,人们都喜欢别人的夸奖,却不愿接受别人的批评。那是因为我们都怕出错,自幼老师和家长就教导我们犯错不是好事,因为会让我们失去亲友的疼爱。但是,我们可以学着不被情绪所左右。

在受到批评时,不要感到失望、不平或愤怒,而应把精力用来制定一项明确的计划,以平息不良情绪,继而重新起步。与有关的人共同研究你的计划,不要浪费时间和精力在抱怨上,应该共同努力,解决问题。

有时候我们又太过于自责了,比如我们会说"这都是我的错!""我什么事都做不好!"如果是我们的错,自责倒也无妨,但明明不是我们的错却要把错误强加给自己,那就是愚蠢的了。喜欢自责的人内心常有"我是笨蛋,我是失败者"的想法。这么一来,下次你又会犯同样的错误。或是你误以为自己的确是笨蛋,而根本不敢再尝试了。奇怪的是,我们的确能安于失败。不动脑筋的自怜要比绞尽脑汁分析自己.思索下次如何成功来得容易得多。

如果你不能谦虚地从错误和挫败中学习,你就会千方百计地掩饰错误。隐藏的错误会成为你工作上的毒瘤,甚至危害到你的人际关系和工作本身。掩饰错误就像掩饰癌症的症状一样,将导致整个机体的瓦解。你如果有责任心和上进心,就应该勇于承认错误。你应该对自己这么说:"我的能力还没有完全发挥出来,我相信我下次会做得更好。"或者"我忽略一些微小的细节,以后我就知道该怎样去重视它们了。"如此以来,你终究会在竞争中脱颖而出,得到自己应得的回报。

成功要不断学习学以致用

李嘉诚给年轻人的忠告:不断地学习是年轻人成功必备的重要条件。因为,只有不断地学习,才能不断地进步,只有不断地进步,才能一步步接近成功。

要想取得成功,就必须有不断学习新知识的渴望,必须有向成功人士和杰出同行学习的肚量,还要正确地评估自己的目标和能力,然后模仿、运用、调适。如果肯努力的话,就会不断地进步,有时候还能青出于蓝而胜于蓝,超越所学习的对象。

先来看一下李嘉诚是怎样通过"偷艺"学习的。

1957年春天,李嘉诚怀揣着强烈的求知欲,登上了飞往意大利的班机去进行实地考察。他在一间小旅社安下身,就急不可待地去寻访那家在世界上开风气之先的塑胶公司,经过两天的奔波,好不容易,李嘉诚来到了该公司门口,却止步于此。

他知道该厂家对新产品技术一定比较保守与充满戒备。也许应该名正言顺地购买技术专利,然而,一来,自己的厂小本经营,绝对付不起昂贵的专利费;二来,厂家绝不会轻易出卖专利,它往往要在充分占领市场、赚得盆满钵满,直到准备淘汰这项技术时方肯出手。情急之中,李嘉诚想到一个绝妙的办法:进入这家公司工作。

恰巧的是,当时这家公司的塑胶厂正在招聘工人,他去报了名,被派往车间做打杂的工人。李嘉诚只有旅游签证,按规定,持有这种签证的人是不能够打工的,老板给李嘉诚的工薪不及同类工人的一半,他知道这位"亚裔劳工"非法打工,不敢控告他。李嘉诚负责清除废品废料,他能够推着小车在厂区各个工段来回走动,双眼却恨不得把生产流程吞下去。李嘉诚收工后,急忙赶回旅店,把观察到的一切都一丝不苟地记录在笔记本上。

这样一来二去，整个生产流程都熟悉了。可是，属于保密的技术环节还是不得而知。假日，李嘉诚邀请数位新结识的朋友到城里的中国餐馆吃饭，这些朋友都是某一工序的技术工人。李嘉诚用英语向他们请教有关技术，佯称他打算到其他的工厂应聘技术工人。李嘉诚通过眼观耳听，大致悟出塑胶花制作配色的技术要领。最后，李嘉诚满载而归，一步一步地创就了大业。

你有尊敬的人或刺激你成长、让你佩服的人吗？有的话，下次遇到困难或犹豫不决时，你不妨想象，这些让你尊敬、佩服的人大概会怎么做。当然，你不一定就得照着那样做，但总可以当作参考。

当你更清晰、仔细分析这些令你尊敬的人时，你就会发现他们做事的优点，由此找到解决困难的方法。

如果你目前心目中还没有佩服的人，建议你务必赶快寻找，肯定是有的。

要想改变自己的命运就要虚心学习。各行各业都有值得模仿的对象。可是在今天普遍缺乏学习的精神，有勇有谋，唯独少了谦卑的学习态度。只有少数的人才体会到学习的重要性，其他的人都要吃过竞争者的一番苦头才明白学习之道。

无论怎样，都要找到值得你学习的对象，以开放的心态和受教的态度向这些人学习。永远不要断言你已经找到最好的老师，或是自以为出类拔萃，换句话说，要不断地寻求更好的成功方式。

除了不断学习，更重要的是要学以致用。曾有一个商人问李嘉诚："李先生，您成功是靠什么呢？"李嘉诚非常肯定地回答说："靠学习、不断地学习，并把所学的东西充分地应用到实践中。"

李嘉诚小的时候非常喜欢读书，他什么书都喜欢读。后来他来到香港，做推销工作，他没有忘掉学习，他一面赚钱养家，还不忘一面博览群书。除了小说，文、史、哲、经济、科技方面的书他都爱读，因为他要了解前沿思想理论和科学技术。

后来，李嘉诚回忆起这段经历时深有体会地说："年轻时在兴趣的驱使下,如饥似渴地汲取知识,可那时表面谦虚,心里很骄傲。为什么骄傲?因为当别人去玩的时候,我在努力地学习,他们每天都在原地踏步,而我的学问日渐增长,可以说我事业后来的成功,是因为我把所学的知识都很好地应用到工作中了。事实证明当时学习的冲劲,对以后的事业发展有极大的帮助。"

正是由于李嘉诚刻苦勤奋地学习,永不停步地学习,并学以致用,才使他获得了成功。可见,不断获取知识是走向成功的前提,学以致用是一种走向成功的能力,是一种使自己更轻松地前进的智慧。而不善于学习、不善于把知识变成能力的人,就会像无头的苍蝇四处乱撞,就会华而不实,很难获得真正的提高。这样的人,终其一生难成大事。

学会在困难时抓住转机

一个人面对逆境或困难时所持的信念远比任何事都重要。有些人在经历了一些挫折失败后便开始消沉,认为不管做什么事都不会成功。这种消极的信念蔓延开来让他觉得无力、无望,甚至于无用。如果你要想成功,想要在处于困境时抓住转机,就必须要有识别转机的能力、开放性的思维和当机立断的决心,绝不可有任何消极的信念。

据说,上帝是最公平的,他在每次给你设置困难的时候,同时还留给你一线转机。人一生的命运就是由一连串的困难、一连串与困难相伴的转机连接而成的。

这意味着什么呢?每个人都有机会主宰自己的命运,都是自己命运的设计师和建筑师。在困难面前,你是否能够突破困难前进,关键在于你是否能够抓住与困难相伴的转机。

如果你能不失时机地抓住这个转机,你将轻而易举地搬开阻挡你前进的拦路石,重新面临一个新起点,开创一个新辉煌。尤其在竞争激烈的现代社会,若想成为生活中的强者、职场中的胜者,就必须学会在困难时刻抓住转机。

在香港及亚洲经济界占有举足轻重地位的李嘉诚之所以获得成功，其当机立断的做事风格起了决定性作用。20世纪50年代中期，塑料花热在欧美市场兴起，家家户户及办公大厦都以摆上几盆塑料制作的花朵、水果、草木为时髦。于是李嘉诚当机立断，将其它生意放在一边，全力以赴投资生产塑料花。

他建立的"长江塑料厂"一举成为世界上最大的塑料花生产工厂，他也被誉为"塑料花大王"。20世纪60年代初期，在塑料花生产仍然被看好的情况下，他预感到塑料花市场必将由盛转衰，于是立即退出塑料花业，从而也避过了一场危机。

20世纪70年代后期，香港股市一片火红，他迅速投资资金炒股，毫不手软。他首先将英资怡和集团的"九龙仓"列为首选，悄悄地买入，果断地抛出，净赚5900万港元。就这样，李嘉诚经过几次果断买入抛出，其资产迅速膨胀，成为香港首富。

一个人如果总是犹豫不决，总是今天作出一个抉择，又担心明天事情会发生变化，不敢决断，他们会因此失去很多好机会。因此，要想成功就要远离犹豫不决，要在困难中学会抓住转机。

对一个人来说，如果要在处于困境时抓住转机，必须要有识别转机的能力、开放性的思维和当机立断的决心。

在一个小镇子里，几乎家家都以砍树烧炭为生。但后来随着木炭需求量减少，烧炭户之间的竞争也越来越激烈。王生是这些烧炭户中的一个，激烈的竞争使他意识到，必须寻找一种新木材来烧炭以摆脱目前的困境。于是他和父亲商议后，便独自乘船出海寻找"宝树"。他历经了险恶的风浪，踏上无数的岛屿，最终在热带雨林中，找到一棵十几米高的树木。

他将这棵树砍倒，剥开树皮，发现这棵树的木心竟然是黑色的，而且还飘出阵阵香气，更令人称奇的是，将这棵树放入水中，它居然不像其它的树木那样浮在水面，而是沉入水底。年轻人虽然不知道这棵树到底是什么，也不知道它真正的用途，但他相信这一定是"宝树"，将它烧成炭一定会卖到好价钱。于是就地将木材烧成木炭，运到市场去卖，果然如他所料，卖出了一个非常好的价钱。

王生为此也十分高兴。回家后，他便得意地把这段经历告诉了父亲。没想到，老父亲听完儿子的诉说后，显得十分惋惜。父亲说，烧成木炭的原木是百年难得一见的沉香木。哪怕只切下木心的一小块，磨成粉末，它的价值就超过了烧成炭后整棵树的价钱。

你是否也曾经像王生一样，获得了珍贵的转机，却又因为不知道它的价值，不懂珍惜而轻易丧失？事实上，许多次的转机都是在我们失去之后才发现的。为此，我们只有不断增强自己的识别能力，才能在转机出现时抓住它。

有位年轻人中专毕业后放弃了进工厂工作的机会，而是子承父业，成为了一位种南瓜的专业户，他种出来的南瓜都比较大，几十斤一个的都是中号的。每到收获季节，南瓜就会堆积如山，黄灿灿如同金山一般。

可是南瓜价钱很便宜，若是拉到县城去卖，卖的钱还抵不上路费。这个年轻人虽然技术好，又勤劳，南瓜产量又多，到头来却只落得挣扎在温饱线上，为此他十分苦恼。

有年夏天，他正扇着扇子乘凉，偶然发现纸扇上的山水画非常漂亮，突然一个"想法"出现在脑海中。与其把南瓜当蔬菜卖，不如将其培育成艺术品。于是次年，他拿出原来一半的土地专门来培育袖珍型南瓜。在南瓜七成熟的时候，他在瓜皮上刻上"恭喜发财"、"双喜临门"、"福如东海"等文字，有的还刻上人们喜闻乐见的漫画、美丽的风景画、漂亮的人物画等。等南瓜成熟后，不再将其运往菜市场，而是当成工艺品来卖。结果第一天下来，其收入就超过了往年一年卖南瓜的钱。

同一块土地上种的南瓜，却给主人带来了不同的收益。由贫穷到富有，只因为他发现了转机，而这个转机又是因为他改变思路取得的。人需要有创新的思维与不因循守旧的做法，这样，我们在遇到困难时，就能够发现转机。一成不变的经验主义只会使人一次又一次错失良机。

如果我们总是用过去的思维来看待当前社会，那么就不会有阿里巴巴、百度等新赢利模式企业的出现。所以，只有开放性的思维，才能在困难出现转机时审时度势，清醒地进行判断，从而改变自己的生活和命运。

另外，如果要在困难时抓住转机，还必须要有当机立断的决心与勇气。在激烈的竞争中，有成千上万的人溃败而归，仅仅是因为耽搁和延误了时机。而那些面带微笑的成功者，都是在发现转机时能够迅速作出决定，而不管当时的风险多么大，面临多大的困难。当机立断不仅使他们渡过了危机和难关，更使他们登上光辉的顶峰。

对处于困境中的人来说，犹豫不决只能错失克服困难的转机，使自己陷入更大的困境。因此，在困境中我们要时刻做好准备，只要机遇一到我们就立即行动，绝不让转机从眼前溜走！

从别人的失败中吸取教训

古人云："他山之石，可以攻玉。"无数事实证明，善于学习借鉴别人的成功经验或者失败的教训并非投机取巧，而是明智之举，是走向成功的捷径。

失败可能伴随我们一生，但研究和借鉴他人的错误会降低我们犯错的机率。我们不仅要学会从自己走过的失败之路中总结经验和教训，还要学会从别人的身上看到失败的原因，引以为鉴。许多人能够不费吹灰之力避开陷阱，比他人更早到达理想中的境界，原因就在于：他们不仅关注自己的错误，同时还关注着别人的错误，不放弃任何可以吸取教训的机会。

早在4000年前的远古蛮荒时代，洪水泛滥，民不聊生。尧命大臣鲧治水，鲧以掩堵拦截之法治之，结果失败被斩。鲧死后，其子禹继承父志。他总结父辈经验教训，一反旧法，顺其水性，以疏通河道、引水入海之法，取得成功，神州得以昌盛。

研究别人的错误可以少犯错误，你一定要不断地研究你的竞争对手。要成功，除了必须要做成功者所做的事情，同时你也必须了解失败者是如何做的,让自己不去犯那些错误。

有一个10岁的小男孩,在一次车祸中失去了左臂,他非常喜欢柔道,并且还想在这方面有所成就。最终,小男孩拜一位日本柔道大师做师傅,开始学习柔道。虽然他只有右臂,但他学得非常刻苦。可是练了3个月,师傅只教了他一招,小男孩有点弄不懂了。

他终于忍不住问师傅:"我是不是应该再学其它招法?我为什么总学这一招呀?"师傅回答说:"不错,你的确会一招,但你只需要会一招就够了。"

小男孩并不是很明白,但他很相信师傅,于是继续练了下去。

几个月后,师傅第一次带小男孩参加比赛。小男孩自己都没有想到居然轻轻松松地赢了前两轮。第三轮稍稍有点艰难,对手连连进攻,小男孩敏捷地施展自己的那一招,又赢了。就这样,小男孩自己都不知道什么原因就进入了决赛。

决赛的对手比小男孩高大、强壮许多,也似乎更有经验。一度小男孩显得有点招架不住,裁判担心小男孩会受伤,就叫了暂停,并打算让小男孩退出比赛。师傅不答应,坚持说:"继续下去!"比赛重新开始后,对手放松了戒备,小男孩立刻使出他的那招,制服了对手,由此赢了比赛,获得了冠军。

在回家的路上,小男孩不解地问师傅:"我怎么凭一招就赢得了冠军?"

师傅答道:"有两个原因:第一,你基本掌握了柔道中最难的一招;第二,就我所知,对付这一招唯一的办法是对手抓住你的左臂。"

知己知彼百战不殆,失败的过程就是知彼的过程,也就是总结他人经验教训的过程。

很多人都喜欢阅读别人的成功故事。其实,从别人的成功教训中学习和从其失败教训中学习的最大差别是:前者很容易限于模仿层面,只知道如何做;而后者则能够知道为什么。在激烈的社会竞争中,我们往往更多地追求卓越、关注成功,然而"智者千虑,必有一失"。任何人,不论是声名显赫的伟人还是没有名气的平常人,要想一生做到一帆风顺是不可能的。成功人士的经验都是相似的,但失败的教训却各有不同。

在日本,有一个著名的国际软件株式会社,公司主要的任务就是开发新的软件,以适应市场的需求。不过在1998年之前,这个公司还是一个名不见经传的小公司,它的崛起就源于总结和研究。

以前,他们在开发新产品上总是"慢人半拍",几乎没有在市场上推出过位于新技术前列的产品,他们总是让其他公司"领跑",自己尾随其后。公司的领导甚是不解,于是有人提议从别的企业成功与失败的经验中寻找企业开发新产品的最佳"谋合点"。说做就做,他们借鉴了许多世界著名软件公司成功与失败的经验,从中找到了适合自己公司发展的经验。如今,他们生产的软件被运用于世界各地,事业取得了巨大成功。

所以,别人的经验和教训都是宝贵财富,要认认真真地学。只有这样,才能使我们"站在巨人的肩膀上",在更高的起点上登攀,在更新的领域中取得成功。

失败是最好的学校

心理学家认为,一个人经历挫折和失败的体验越多,他应付风险的能力就越强。一旦发现眼前的困难比经历过的容易或差不多,那么对失败的恐惧感就大大削弱了。因此,当孩子犯错误时,不要一味去指责,否则他们会失去尝试失败的勇气。而只有更多地去尝试失败,才能增强对失败的抵抗和承受能力。当他们所经历的挫折和失败多了,下次遇到问题时就能镇定自若地应对,问题也就越容易被解决了。

在失败这所学校里,我们可以从昨天的痛苦中学到明天应付困难的经验和方法。如果把失败抛到一边,失败过后丝毫不加反省,只是意志消沉或者从此绝口不提,那么一个人就错过了一次学习的好机会。若只是简单地以"不如人家"为借口,却不知在失败中吸取教训、总结经验,那便永远无法成长起来,也就永远都只是驻足不前。而生活就是这样,在你停下脚步的那一刻,你的人生就开始了倒退。

在失败这所学校里，有各种各样的课程。当你从这所学校毕业后，你将发现你获得了长足的进步。

钟美是一个珠宝商的女儿，她在自家的珠宝公司工作了8年，她本以为会一直在那里工作。可是父亲不幸去世，她一夜之间成了孤儿，遭到家里所有人的冷落和蔑视。为了争夺父亲的遗产，叔父们在两年间雇了好几个律师与她对抗，但最终钟美还是保住了自己的权益。

然而，她已经失去了家的温暖，像一只孤单的小鸟，整天四处游荡。然而，面对这种情况，钟美依然不放弃奋起的机会。她上了一堂有关妇女受歧视的课，课上她得知其他妇女也像自己一样惧怕经济独立。她灵机一动，顷刻间看清了奋斗的方向。

在课上，钟美不断扩展自己的见识，认识到现在缺少的是妇女自己的银行。她鼓起勇气举起手，对专管银行的副部长说："我们妇女可以开自己的银行吗？""可以。"他说。她兴奋极了，跑去对朋友说："姐妹们，我们翻身的时候到了。"于是第一家妇女银行诞生了。

我们应该认识到，通常所说的"失败"只不过是"暂时性的挫折"而已，它总有一天会过去。这种失败的到来常常伴随着一种幸运。它会激励我们振作起来，使我们向着更美好的方向前进。事实上，这其中蕴含着一种深刻的教训，我们要做的是能够从中吸取这种教训，难的是这种教训的获得必须通过自己亲身经历，别无他法。

"失败"通常以一种无声的语言形式向我们说话，当我们刚刚接触时，很难理解它的涵义，所以我们有时会感到迷茫。实际上，失败的"哑语"是世界上最容易了解及最有说服力的语言。这种语言在整个世界上都是通用的，大自然就通过它向我们说话。

换一种心态去面对同一件事时，你就会发现最终可以收到不同的效果。如果我们把挫折当作失败来对待，挫折就会成为一股破坏性的力量；如果我们把挫折当作一堂教育课，它就会成为你前进的动力。

许多人遭遇挫折和失败时，只知道痛苦和失落，却不知道那也是一笔财富。还有些人把挫折和失败当作敌人，只是一味地排斥、诅咒，却不知从中吸取教训。实际上,这些障碍物是我们应该结交的朋友和助手。要想成功,就需要障碍帮助我们成就辉煌。每一次失败,每一次奋斗,每一次跌倒,每一次崛起,都能磨练我们的意志,增加我们的勇气,增强我们的忍耐力,提高我们的自信心。所以,每一次挫折和挫败都是一次实现飞跃的机会。勇敢地面对它们,友善地对待它们,我们才能不断进步,规避风险,从而为前进之路扫平障碍。

"失败"是社会完美的计划产物,它经由这些"失败"来考验人类,迫使人们接受磨练,从而获得充分的心理和物质准备,以便更顺利地实现我们所要达到的目标。

在"失败"这所学校里,有优等生,也有劣等生。只要你能从中认真感悟和学习,把你在外面的挫折心得带到"学校"中归纳总结,你就能成为优等生。然而,如果你无视校规校纪,任性而为,整天混日子,那么注定要成为一名劣等生,永远拿不到毕业证。

失败之所以能帮助我们走向成功,是因为它可以使我们清楚地认识和发现自己的不足并加以改正,进而逐步完善自我。因此,不要害怕失败,也不要逃避失败,因为成功是由无数失败累积而成的,没有失败的成功只能算是侥幸。

假如你走向成功的过程一帆风顺,那么即便成功了,也没有多少值得庆贺的意义,而且也并不证明你有能力,因为一切来得太简单。

许多人希望过平淡无奇的生活,只要能赚取微薄的收入,满足最低的生活保障,就心满意足了。他们的要求不高,没有远大志向,因为他们害怕失败,逃避失败,不愿意冒着失败的危险去创造成功。

我们要明白这个道理:生活是由失败和成功串连而成的,我们不能只欢迎成功到来,而将失败拒之门外,成功和失败能给我们带来各自的收获和喜悦,二者缺少其一,生活便失去了滋味和乐趣。因此,在期待成功的时候,在走向成功的过程中,也让我们善待失败。

第七章

用失败磨练意念力
——拒绝借口,赢在方法

对于畏惧失败的人来说,借口就是他们慰藉的理由。而对于成功的人来说,失败却被当作走向成功的阶梯,他们不把失败当借口,而是在失败中不断进步,把失败当成坚定信念、磨练意志的基石,不畏惧、不逃避、不放弃,并把失败后的痛楚化为动力,不断前行。

要在失败中不断进步

人总要不断进步,那就要在失败中汲取经验。当我们做一件事情失败了,这意味着什么呢? 无非有三种可能,一是此路不通,你需要另外开辟一条路;二是某处故障作怪,应该想办法解决;三是还差一两步,需要你做更多的探索。这三种可能都会引导你走向成功。

古往今来,人类所创造的辉煌成就,大多是经过多次挫折和失败才得来的。第一把石斧的发明,是人类祖先敲打了无数块石头才做成的;刘邦同项羽作战,开始时是屡战屡败的,在鸿门宴上差点丢了性命,后来被逼于蜀汉一隅,成皋一仗又几乎全军覆没,经历如此的波折之后才建立不朽的伟业；没有先人经历千百次的实验发明，就没有科学的进步……

科学是一个动态的发展过程，当我们仔细去考察它的时候，不难发现，其中不仅有令人瞩目的辉煌成就，而且包含着难以计数的失败和挫折。而这些失败和挫折，是更深刻、更富于启发性的，同样有着它存在与发生的意义，一样的难得和丰富多彩。

华罗庚教授在谈到科学史时指出："不要认为科学研究是一帆风顺的，一搞就成功。一切发明创造都是经过许多失败的经历而后才成功的。"可见，正因为有了失败，才有了经验，也才孕育着成功，才有科学发展史的出现。

对于从事科学活动的人来说，经历失败同样重要。英国科学家威廉·汤姆生一生发表了600多篇学术论文，荣获70种发明品的专利，获得了250多所学校和团体授予的荣誉头衔，但他总结自己多年在科学进步上的贡献时，竟用"失败"二字来归纳自己一生的事业，这既是他自知与伟大的体现，也是我们从他个人事业史中感悟最深的总结。

在生活中，有些人不是被失败淘汰出局的，而是被失败吓跑的。

如果我们能够像华罗庚、汤姆生那样，充分理解失败对于科学事业的重要意义，理解失败与成功的关系，那么，我们就会做好最坏的准备去迎接失败，战胜失败。无论从事什么事业.特别是那些富有开拓性的事业，必须要有这种思想准备。

由此看来，不论是谁，不论做什么事，要想获得成功，就必须准备接受失败的考验。人既要做成功的英雄，也要做不怕失败的勇者，而且只有不怕失败的勇者，才有可能成为成功的英雄。

不怕失败，是一种勇往直前的信念，也是一种可敬的英雄气概。这不禁让人想起鲁迅先生说过的一段话："我每看运动会时，常常想：优胜者固然可敬，但那虽然落后而仍然跑至终点不止的竞技者，和见了这样的竞技者而肃然不笑的看客，乃正是中国将来的脊梁。"

在我们生活的这个大"运动场"上，有些人不甘落后、不怕失败，坚信自己的目标，一次次摔倒，一次次站起来，那同样是最可尊敬的，而且总有一天，他们会在自己的跑道上获得成功。

法国著名生物学家巴斯德说："字典里最重要的三个词，就是意志、工作、等待。我将在这三块基石上建立我成功的金字塔。"

不仅科学发展史上是这样，社会历史的发展也是如此，历史的长河总是后浪推前浪，一浪高过一浪，后人总是站在前人的肩膀上才创造出繁华似锦的历史新篇章。所以，我们学会善待失败，它是人类最可敬的朋友！

没有一帆风顺的人生

人生难免要遇到的挫折和失败，在人生的旅途中有顺境也有逆境，这正如我们走在路上，不会一路都是绿灯，也不可能都是红灯一样。顺境时不能沉溺；逆境时，更要挺起腰板坚持下去。成功时不能自满，失败后更不灰心。

罗伯特·麦瑞尔，这位已经演出了近5000场，曾经为9位美国总统演唱过的美国著名男中音歌手，他那震人魂魄、令人陶醉的美妙歌声，至今仍令千万人着迷。可是，又有谁知道这位在纽约布鲁克林贫民窟长大的小男孩，有着严重的口吃毛病？天知道他多少次地战胜自己。在学校读书时，他连回答老师问题都害怕，"那时，我最害怕在全班同学面前被提问，只要我知道哪天我该被提问，我那天就逃学，万一我被提问了，我就背对着全班同学站着回答问题。同学们都嘲笑我。"他回忆说。但如今，他常常站在成千上万人面前为他们演唱，那美妙的歌声让他赢得了雷鸣般的掌声。

年轻人都有远大的理想抱负，都希望有一天能够出人头地。但是，前进的道路上难免会碰到各种各样的挫折和失败。世界上没有专门为我们建造好的乐园，人生道路上也不全是用鲜花铺就的，那么，我们又有什么理由去埋怨命运的不公和生活的坎坷呢？人生就像一条奔腾的河流；只有遇到礁石才会溅起美丽的浪花。

步入社会后，只要你有所追求，失败总会伴随着你，成为你人生中最深刻的体验。不过每一次失败对我们来说,都是一次考验,失败的结果可以导致一个人丧失斗志,也可能导致一个人奋发图强。

著名科学家钱学森说:"没有大量错误做台阶,也就登不上最后正确结果的宝座。"那些失败了不气馁,又振作精神重头再来的失败者,比那些轻而易举获得成功的人更值得尊敬。

挫折和失败不以我们的意志为转移,所以我们要冷静地面对它。

人生中的成败一般都是有规律的,往往是这样:成果未就,先尝其苦;壮志未酬,先遭其败。可以说,一个人所追求的目标越高,越是好强上进,就越容易体验到挫折感。

挫折对人而言,有利也有弊。于利而言,它能激发一个人的潜能和斗志,增强他的韧性和承受能力。于弊而言,它会造成心理上的伤痕和行为上的偏差,甚至有可能造成成长环节上的缺陷。

一个坚强的人,他会常常告诫自己,人生没有一帆风顺的旅途,接受挑战是一种乐趣!

俄国伟大的作家托尔斯泰就是从一次又一次的挫折中站起来,重新审视自己,最终才成为文学泰斗的。

德国天文学家开普勒,从童年开始一直多灾多难,在母腹中只待了七个月就早早来到了人世。后来,天花又让他成为满脸麻子,猩红热又弄坏了他的眼睛。但他凭着顽强、坚毅的品质发愤读书,学习成绩遥遥领先于其他同学。后来因父亲欠债使他失去了读书的机会,他就一边自学一边研究天文学。在以后的生活中,他又经历了多病、妻子去世、良师去世等一连串的打击,但他仍然坚强地挺立着,从未停下对天文学的研究,终于发现了天体运行的三大定律。他把一切不幸都化作了推动自己前进的动力,以惊人的毅力摘取了科学的桂冠。

巴尔扎克也说:"挫折和不幸,是天才的进身之阶,信徒的洗礼之水,能人的无价之宝,弱者的无底深渊。"

是的,小树苗不经历狂风暴雨,长不成参天大树;生铁不经过千锤百炼,成不了坚硬的钢材。命运是一个伟大的雕塑家,它有时会举起铁锤在你身上敲打,这虽然会使你痛苦,但同时也会让你坚强。痛苦像一把犁刀,它有时会割破你的身体,让你流下热血和眼泪,但同时也会开掘出你生命中新的水源。

莫因暂时的失败和挫折而长吁短叹,莫因路途坎坷而灰心丧气,莫因厄运降临而意志消沉。诅咒和泪水于事无补,只有拼搏的火种才能燃起希望之光。

不要让失败挡住双眼

我们要拥有一颗清醒的头脑,并时刻保持一个全新的自我。因为失败是一种可怕的东西,如果你处理不当就很可能致命。失败所造成的严重后果,往往不在失败本身,而在于造成失败者对待失败的态度。聪明的人能在失败中学到教训,处失败于泰然,知道自己失败之后应该怎么做。愚蠢的人只会一再失败,而不能从中学得任何经验。一旦遇到失败就惶惶恐恐,不知所措,任其自然或极力掩饰,这样是不会有什么作为的。

"我在这儿已做了三十年," 一位员工抱怨自己没有被提升,"我比你提拔的很多人多二十年的经验。"

"不对,"老板说,"你只有一年经验,你没从自己的错误中学到任何教训,你仍在犯你第一年刚做事时的错误。"

好悲哀的故事! 即使是一些小小的错误,你都应从其中学到些什么。很多时候,我们不要局限在事实表面,不要以为错了,失败了,就是结果了,就别无选择了,你要能透过事实看到本质,知道为什么会犯这样的错误并加以改正才能有所进步。如果从一个失误中你能省悟到一个或N个经验,那么这个错误就是值得的。

美国著名的钻石天地公司成立之初的目的是从事钻石开采, 但公司地质勘探人员犯了一个错误使他们没找到钻石, 却发现了世界上最大的镍矿之一。公司决策人员立即调整了经营方向。结果,公司的股票价格迅速飙升。现在,尽管公司仍在使用以前的名称,但其真正的业务却是制造镍币。

有智慧头脑的人不会让失败遮住双眼,因为他们懂得放弃,懂得为了成功重新做选择。

俗话说:"退一步海阔天空。"我们正当年轻,当一时遇到困难,受到挫折的时候,不要以为一切都不可挽回了,告诉自己还有希望,此路不通,另辟蹊径。做你想做的,你还是可以成功的。

维斯卡亚公司是20世纪80年代美国著名的机械制造公司,其产品销往全世界,代表着当时重型机械制造业的最高水平。许多人毕业后到该公司求职都会遭到拒绝,原因很简单,该公司的高技术人员已经爆满。但是令人垂涎的待遇和令人羡慕的地位仍然向那些有志的求职者闪耀着诱人的光环。

詹姆斯是某知名大学机械制造业的高材生,和其他人一样,在该公司每年一次的用人测试会上,他的申请被拒绝了。其实,这时的用人测试会已经是徒有虚名了。但詹姆斯没有心灰意冷,他发誓一定要进入维斯卡亚重型机械制造公司。于是他采取了一个特别的策略。他到公司人事部,提出为该公司提供无偿劳动力。不管公司分派给他什么工作,他都不计任何报酬来完成。公司起初觉得这不可思议,但考虑到不用任何费用,也用不着操心,于是分派他去打扫车间里的废铁屑。一年来,詹姆斯勤勤恳恳地重复着这种简单劳累的工作。为了糊口,下了班他还要去酒吧打工。这样虽然得到了老板及工人们的好感,但是仍然没有一个人提到录用他。

1990年初,公司的许多订单被退回,理由都是产品质量有问题,为此公司将蒙受巨大损失。公司董事会紧急召开会议商议解决办法,当会议进行一大半却毫无进展时,詹姆斯闯入会议室,提出要直接见总经理。在会上,詹姆斯把问题出现的原因作了令人信服的解释,并且对工程技术上的问题提出了自己的看法,随后拿出了自己对产品的改造设计图。

这个设计非常先进,恰到好处地保留了原来机械的优点,同时也克服了已出现的弊病。总经理及董事会的董事见这个清洁工如此精明在行,就询问他的背景和现状。詹姆斯面对公司的最高决策者们,将自己的意图和盘托出。经董事会举手表决,詹姆斯当即被聘为公司负责生产技术问题的副总经理。

原来,詹姆斯在做清扫工时,利用清扫工可以到处走动的好处,细心察看了整个公司各部门的生产情况,并一一作了详细记录,发现了所存在的技术性问题并想出解决的办法。为此他花了将近一年的时间搞设计,做了大量的统计数据,为最后的成功奠定了基础。

詹姆斯的聪明之处在于,他在遇到难以克服的困难时放弃了从正面进攻的方法,转而采用了一个小小的策略,重新选择了求职之路,最后照样取得了成功。

有的失败转眼就会被我们忘记,有些却能给我们留下深深的伤痛。但是,不管怎样,我们都不应该面对挫折惊慌失措、犹豫不决。失败了,要勇于放弃引你走进失败的那条路,果敢地为自己重新选择一条通向成功的路。

失败中坚定你的信念

唐代诗人杜牧曾写过一首绝句:"胜败兵家事不期,包羞忍辱是男儿。江东子弟多才俊,卷土重来未可知。"

其实任何一个走向成功的人,都不可避免地经历过挫折和失败。就像一个人要生存就必须经历白天和夜晚一样,挫折和失败就相当于晚上。要想走向成功,就必须学会正确对待挫折和失败。日本著名指挥家小泽征尔的故事也许能带给你一些深刻的启迪。

1935年9月1日,小泽征尔出生在中国沈阳,6岁时随家人返回日本。小泽征尔从少年时代就显露出了独有的音乐天赋,他喜欢听音乐,尤其是交响乐。一次,他跟随父母去看日本广播协会交响乐团的演奏会,俄国著名指挥家列昂尼德·克鲁采尔担任乐队指挥。

听着优美动听的音乐旋律,看着乐队指挥那挥洒自如、热情洋溢的风姿,小泽征尔深深地被吸引住了。他心中暗想:我一定要成为列昂尼德·克鲁采尔那样的指挥家。

1951年4月,小泽征尔正式考入了桐朋学园的高中指挥专业。

在那里,他系统地学习了音乐理论和技能,并且开始担任学校管弦乐队的指挥。这为他以后当乐队指挥打下了坚实的基础。高中毕业后,他去欧洲深造。从马赛到巴黎,他感受到了艺术之乡的巨大魅力。

他在贝桑松国际指挥比赛中获奖,并且连续两次赢得了伯克郡音乐节和卡拉扬主持的指挥比赛奖。卡拉扬很欣赏小泽征尔,并亲自指点他。卡拉扬是世界著名指挥家,被人们称为"音乐魔术大师",因此能够得到卡拉扬的欣赏和点化,无疑太荣幸了。

在巴黎的两年里,小泽征尔进步很快,他已经成为一个相当引人注目的年轻音乐指挥家,并受聘于纽约爱乐乐团和美国最大的演出公司——哥伦比亚艺术公司,成了一名乐队指挥。

然而,像许多成功者一样,小泽征尔的成功之路也不是一帆风顺的,他也同样经受过失败的考验。

1962年发生的"小泽事件"对一直走在坦途上的小泽征尔来说,实在是一次沉重的打击。当时,小泽征尔刚刚从巴黎返回日本,被聘担任日本广播公司交响乐团的常任指挥。然而,乐团中的一些成员对年轻的他很不服气,相对来说,他们更崇拜德国著名指挥家富尔特文格勒的指挥风格,因此他们拒绝参加演出。在空荡荡的剧场里,只有小泽征尔一个人站在指挥台上,公开被"晾"在台上,这给年轻气盛的小泽征尔带来了多么沉重的打击啊!他无论如何也没想到,在国外历尽千辛万苦学来的本事,回到自己的祖国竟遭到如此的冷遇,这简直是奇耻大辱。

愤怒之余,小泽征尔毅然离开了日本,开始了他的流亡生活,并且发誓永远不再回来。他不相信自己会是个失败者,他决定做出卓越的成绩来,给那些瞧不起他的人看看。

他在美国落脚。除了潜心学习之外,还担任了芝加哥乐团维尼亚青年节的指挥,同时又兼任加拿大多伦多乐团的指挥。丰富的阅历使他积累了丰富的经验,他的指挥技艺更加精湛了。5年之后,他离开美国,开始在世界各地旅行,并经常担任客座指挥。他的足迹遍布世界各地,各种不同的音乐流派、艺术风格他都接触过,并经过他的博采众长、整理加工逐渐形成了他自己的风格。从此以后,小泽征尔真正地出名了,他指挥的演奏会场场爆满,掌声不绝,西方舆论界称他为"当今世界著名指挥家"。

尽管如此,小泽征尔仍没有忘记1962年给他带来的耻辱,他仍然对自己严格要求:每天凌晨一点左右睡觉,早晨五点起床。除了指挥演奏会以外,他把大部分时间都用在了研习乐谱上。

转眼10年过去了。1972年,小泽征尔被聘担任波士顿交响乐团的常任指挥。波士顿交响乐团是世界一流的交响乐团,能够在这样的乐团担任指挥,对于一个音乐家来说是无上的光荣,小泽征尔通过自己的艰苦努力,终于登上了世界音乐高峰。如果没有当初的"小泽事件",会有今日的小泽征尔吗?如果小泽征尔没有对待失败的勇气,他今天还能够敲开波士顿交响乐团的大门吗?所以,失败并不可怕,可怕的是没有承受挫折的能力。小泽征尔有着足够的心理准备和心理承受能力,面对失败他没有退缩,而是把失败踩在脚下,创造了一个奋斗者的神话。

要知道,充满酸甜苦辣的人生才是完整的人生,才是丰富多彩、有滋有味的人生,只有成功而没有失败的生活是黯淡无光的。因此,要想拥抱成功,就必须坚强。因为只有坚强的人,才不会被失败吓倒,才能笑傲一切厄运、失落和挫折。要战胜失败,先要战胜自己,然后从头开始。

把失败当作一次成长

生活中有些人总为自己曾经有过失败的经历而耿耿于怀,不愿面对。他们认为曾经失败过,以后仍然会失败。然而恰恰相反,一次失败并不代表着永远失败,它像一把尺子,能让我们发现自己的弱点和不足,如此以来,失败便恰恰是我们人生的一次成长。只要把失败当作一次成长,当作经验的积累,我们将会日趋成熟睿智。

我们知道,在追求理想的道路上,失败总是不可避免的,它是人生乐章中一个不和谐的音符,有的人因失败而沉沦,因为他们回避失败;有的人因失败而奋进,因为他们正视失败。在他们眼中,失败就是一次小小的成长。

失败犹如一剂苦口的良药,它能让我们由幼稚变成熟,由轻浮变稳健,由急躁变冷静,由狂热变清醒。因此,从失败中得到的体会将使我们终身受益。多一次失败,便缩短一点通向成功的距离。只要我们锲而不舍地踏着失败搭成的阶梯不停地攀登,成功就会在意料之中拥抱我们。

其实,成功者和失败者有一个非常重要的区别:失败者总是把挫折当成失败,从而使每次挫折都会动摇他胜利的信念;成功者则是从不言败,在一次又一次挫折面前,总是对自己说:"我不是失败了,而是还没有成功。"一个暂时失利的人,如果继续努力,打算赢回来,那么他今天的失利,就不是真正的失败。相反,如果他失去了再战斗的勇气,那就是真输了!

失败是不可避免的,应聘失败,股票狂跌,公司倒闭……都是所谓的失败。所以,请你正视失败。失败并不意味着你是失败者,只是表明你该变换一下方向;失败并不意味着你必须放弃,它表明你还要继续努力;失败并不意味着命运对你不公,它表明命运还有更好的给予。失败生出沉甸甸的麦穗,等待着成功来收获。

失败本身并不可怕,可怕的是失败得没有价值。一个人虽然犯了点小错误,但如果他能总结失败的教训,知道自己为什么失败,并不再犯更大的甚至是致命的错误,则错误对他来说是无价之宝,比成功的经验还重要。

一个人虽然曾经取得了一点成绩,但如果不善于总结成功的规律,不知道自己为什么成功,就不可能保证永续成功,则这种成功比失败更可怕。

可口可乐的发明就是源于一次配方失败,X光的发现也是源于一次试验失败,但这些失败的人最终从失败中受益无穷,其最根本的原因就是他们对失败进行寻根溯底的追问。知道为什么失败,就是成功。因此,要正视失败,人只要经过失败,并利用失败,就会走向成功。

要知道,失败只是暂时的,失败并不能说明我们已与成功无缘,只是说明我们暂时还与成功无缘,只是说明我们暂时还没有成功,失去的只是一次成功的机会。在失败时不失去奋斗的信心和勇气,只要敢于拼搏,就能拥有成功的希望。

失败中磨练你的意志

失败是一个学习的过程,也是一个长见识的过程,更是一个磨练人的意志的过程。不论是诺贝尔发明炸药还是居里夫人发现镭,都经历过无数次的失败。人最可贵的地方是不畏惧失败,敢冒风险,勇于质疑,这才是失败的意义所在。

美国19世纪社会活动家谢·肯尼迪曾经说过这样一句话:"我认为失败、挫折、磨难是锻炼意志增强能力的好机会,我们要好好珍惜,我还要对千方百计诬陷我的人表示无限的谢意。"

企业发展咨询公司主席加夫尼认为,一个人敢不敢冒险取决于他如何看待失败。因为,每个人对失败的看法各不相同。对于那些希望从自身经历中获益的人来说,即使这意味着失败,其教训也会非常有益。

"人们或许应从另一个角度来理解失败,"加夫尼说,"它不是我们想象中的那样了不起,大家也没必要对它太敏感。事实上,每一次挫折与失误都是学习与成长的机会。"

刘强是一个土生土长的农村娃,父亲是位农民,没什么手艺,一辈子都在田里,靠那么一点点收成难以维持家里开支。

母亲躺在床上大半辈子了,不但对这个家没有任何贡献,而且每天都要专人服侍起居生活。刘强是长子，家里还有弟弟妹妹五个孩子，因此他家成了乡里的特困户，一家八口主要的经济来源就是政府的救济，家中主要负担都落在他和父亲的肩上。从刚上中学时起刘强的父亲就说，如果刘强不能以乡里的第一名考进重点高中，就让他辍学回家帮着干活挣钱，以减轻家里负担。于是刘强尽量帮家里干农活且不耽误功课，一大早别人还都在睡梦中，刘强就把早饭做好，收拾屋子，照料母亲，然后自己匆匆吃点早饭就一路小跑到学校，开始一天的学习。上午最后一节课下课铃声一响，刘强就跑回家里，照顾母亲和弟妹吃完饭再匆匆返回学校。晚上放学，刘强从来不像别的孩子一样边走边玩，而是跑回家帮父亲做点农活，然后做饭。等全家人都睡觉了，他才开始一天的复习。他深知自己家的情况不同于别人，他无法选择别的生活，他也从未抱怨过什么。

就这样，他坚持到初三毕业，并以全乡第一名的成绩考入县高中，开始了三年的高中生活。这都是他劳动和辛苦换来的。然而，不幸再次降临到这个苦命的孩子头上，刘强的父亲突然中风瘫倒在床。家中的顶梁柱倒了，所有的生活重担顿时都压在了刘强身上。

面对躺在床上的父母和刚进学堂的弟弟、妹妹，刘强深感责任重大。虽然父亲再三让刘强放弃学业，回家干活，可刘强坚持不离开学校，他知道只有读书才能为这个家做更大的贡献。于是他找两个舅舅帮忙去劝父亲，并且保证学费全由自己负担，父亲才勉强点点头。于是，刘强更加刻苦，他白天在学校学习，晚上就在书店打工，常常是深夜十一点才回学校。那时同学们早已上床睡觉了，刘强拖着疲惫的身子在厕所的灯光下继续复习当天的功课和预习第二天的功课。过重的劳累和营养不良一步步压迫刘强，他老是感觉浑身无力，头晕，精神不集中，晚上失眠，学习成绩开始下降。经校医诊断，他得了严重神经衰弱，建议休学一年，好好疗养。这消息犹如晴天霹雳，但倔强的他坚持参加高考，拒绝医生的建议，并且保守着这个秘密。眼看离高考越来越近，刘强身体状况也越来越糟，他坚持着，直到考完，他终于倒下了。结果可想而知，他落榜了。

一连串的打击，令刘强感觉就像世界末日到来一般。于是他被迫扛起父亲扛过的锄头，在父亲耕过的田里干起农活来，但还一心想着上学，他总发呆地看路过的三三两两的学生去上学。在地里干了几个月农活后，刘强经过一番思想斗争，毅然决定抛下锄头，继续读书。他不甘心就这样下去，不愿意和父亲一样过一辈子脸朝黄土背朝天的生活。他跑回家对父亲说："我要上学，我要上大学，我要用另一种方式来养这个家！"父亲流着眼泪对他说："孩子，爸也想让你上学，可家里哪有钱让你继续读书啊，看看这个家是多么需要你照顾呀！""学费和生活费我自己可以赚，至于家里我已经告诉了李奶奶，她会来照顾你们，我把赚的钱每月付给她一点就行了，我只要爸让我回学校读书。"父亲看着儿子那强烈的求学欲望，含泪点了点头。

刘强回到了学校，又开始了半工半读的生活。他每天清早和傍晚就穿梭在县城大街小巷，单薄的身体拉着一辆破旧小推车，嘴里吆喝"收破烂——"日子一天天过去，县城许多人都知道了这个边读书边挣钱的孩子，有些好心人要么给他点吃的东西填填肚子，要么给他件穿过的衣服防寒，要么把一些不算旧的东西贱价卖给他。

功夫不负有心人，那年高考揭榜，刘强以全县第一名的成绩考取了大学。当这个衣着破旧、面黄肌瘦的文科状元出现在电视台前时，许多人都在惊叹："这不是那个收破烂的孩子吗！"

从我们呱呱坠地的那一刻起，就意味着我们要接受各种失败的考验：从第一次跌倒到站起；从咿呀学语到口齿伶俐；从幼稚到成熟，对任何一个人来说，失败是无处不在的，而成功就在不远处等着你。虽然，我们总是送给亲朋好友几句真诚的祝福"万事如意"、"一切顺利"、"天天开心"等等，但我们不能逃避生活的现实，天天幻想那些完美的生活境界。人之所以追求完美，是因为生活中没有完美。"不如意事常八九"才是正常的人生，所以当我们面对失败应该用一种平常心去对待，做好失败的打算。

美国著名演讲家希·道格拉斯说："伟人区别于凡人的地方就在于面对挫折时，伟人能够掌握和控制失败使之向成功的方向转变。"

失败并不是最终的结局

德国心理学家奥肯在《人生的意义与价值》中提醒我们："人生与其说是外在的克服，不如说是内在的前进；与其说是目的完全达成，倒不如说是奋战到底的潜力的觉醒与持续。"

在奋斗的过程中，不要给自己任何停下来的借口，因为成功之门永远会出现在你放弃前的最后一步。

1905年，费洛伦丝·查德威克成功地横渡了英吉利海峡，因此而闻名于世。两年后，她从卡德那岛出发游向加利福尼亚海滩，想再创一项前无古人的记录。那天，海上浓雾弥漫，海水冰冷刺骨。在游了漫长的16小时之后，她的嘴唇已冻得发紫，全身筋疲力尽，而且一阵阵战栗。她抬头眺望远方，只见眼前雾霭茫茫，仿佛陆地离她十分遥远。现在还看不到海岸，看来这次无法游完全程了。她这样想着，身体立刻就瘫软下来，甚至连再划一下水的力气也没有了。

"把我拖上去吧！"她对陪伴她的小艇上的人挣扎着说。

"咬咬牙，再坚持一下，只剩下一英里远了。"艇上的人鼓励她。

"你骗我。如果只剩一英里，我早就应该看到海岸了。把我拖上去，快把我拖上去。"

于是，浑身瑟瑟发抖的查德威克被拖了上去。小艇开足马力向前驰去，就在她裹紧毛毯喝一杯热汤的工夫，褐色的海岸线就从浓雾中显现出来，她甚至都能隐约看到海滩上欢呼等待她的人群。到此时她才知道，艇上的人并没有骗她，她距成功确确实实只有一英里。

"行百步者半九十。"最后的那段路往往是一道逾难跨越的门槛。其实每一个人的一生中无论工作或生活，都会或多或少地出现这样那样的极限环境，或者说极限困境。有的时候就需要那么一点点毅力，一点点努力的坚持，成功就能触手可及，而不是充满遗憾地擦肩而过。

　　有个拳击手曾说:"当对手受到猛烈重击并倒下时,对我而言是一种解脱,也是一种诱惑,因为每当这个时刻,我会在心里呐喊,我一定要挺住,绝不能倒下,只要再坚持一下,我就成功了!"

　　世界上的事往往是"屋漏偏逢连夜雨,船迟又遇打头风"。当你遇到一个挫折之后,常常是一个又一个挫折接踵而来。这正是很多人从此颓废不思进取的原因。要想做生活的强者,需要具备一项重要素质:勇于坚持自己的行为。

　　林肯无疑是美国历史上最伟大的总统之一。他的伟大之处不是他的功业,更不是他的权力,而是他坚持不懈的精神。

　　1832年,林肯失业了。伤心之余,他下决心要当政治家,当州议员。糟糕的是,他竞选也失败了。接着,林肯又办企业,不到半年企业就倒闭了。在以后的时间,他不得不为偿还企业倒闭时所欠的债务而到处奔波,历经磨难。期间,他的未婚妻去世,使他的精神蒙受了更重大的打击。

　　1838年,林肯决定竞选州议会议长,结果又是失败。1843年,他竞选美国国会议员,仍然没有成功。林肯一次次地尝试,一次次地遭受失败,但他仍然没有放弃自己的努力。终于在1846年,他又一次参加国会议员竞选并取得了胜利,当上了国会议员。

　　两年任期很快过去了,他决定争取连任。很遗憾,他落选了。在此后的几年中,他两度尝试又两次失败。然而,林肯没有服输。

　　1854年,他竞选参议员,失败了;两年后他竞选副总统提名,又失败了;两年后他再一次竞选参议员,结果还是失败。屡战屡败,屡败屡战,林肯没有放弃自己的追求,他一直向着自己的目标前进。

　　1860年,打不垮的林肯终于当选为美国总统。

　　林肯一生中遭遇的失败,可能连他自己都数不清了,但他没有退却、没有逃跑,他坚持着、奋斗着,终于迎来了成功的喜悦。

　　成就非凡的人从挫折中看到的不是命运,而是自己的不足。他们从每一次挫折中得到的是一个努力方向,然后通过努力,一点一点地积累成功的资本。这正是他们卓尔不凡的原因。

当然，并不是所有的努力都会取得胜利。比如，我们做一件事，虽然你尽了最大努力，没有一丝松懈，但迎接你的却仍是失败。这时，请你不要懊丧。因为你尽管是失败者，只要你努力去做好你应做的事，只要你尽了自己的力量，那么即使失败，你也是强者。

让失败成为成功的垫脚石

对于有的人来说，失败是一种考验，是达到成功的必经之路。对于有的人来说，失败是一片巨大的乌云，遮住了太阳，从此再无光明。其实恰恰相反，太阳在高空永远对你微笑，它一律平等相待，不照你过去，只耀你现在。可能你正沉浸在无助的回忆之中，后悔自己的过失，认为自己已无药可救，面对失败自暴自弃，自甘堕落，甚至想结束自己的生命。

失去了星星，我们不能再失去月亮，与其灰心丧气，哀声叹息，为何不重整旗鼓？以往的失败和成功已成为往事，我们虽然对未来无法预料，但我们可以以乐观的态度来面对。年轻是你的资本，失败是你的财富。经历过失败，才能知道成功的伟大，经历过风雨，才能见彩虹。对生活充满憧憬，对自己充满信心，让失败成为我们走向成功的垫脚石。

纵观名人创业史，几乎没有一个不经历挫败就顺利地走向成功的。正因为一次次经历挫败，然后一次次从挫败中汲取有益的东西，他们才最终创造出了惊人的成就。我们这里要讲述的是企业家李宇松的故事。

李宇松生于1971年；1989年，就读于北京化工大学自动化专业；1994年，到北京恒升行销集团工作，曾任全国市场经理；1995年开办大连豪仕电子有限公司，任总经理；1996年，在台湾神脑有限公司任产品经理；1997年，在四川鼎天科技北京分公司任事业部总经理；1998年，就职于TCL电脑有限公司，历任山西首席代表、总部销售管理中心经理、华东区总监、家用电脑事业部总经理等职；2002年8月，就任江苏宏图三胞科技发展有限公司执行总裁。

李宇松虽然刚刚三十出头,却有着丰富的人生经历。从一马平川的顺境到自办企业破产后的痛苦,从行销、生产到卖场型企业主管角色的转换,每一次经历都是他的人生财富。一次次经验的累积,赋予了他担负大企业管理重任的知识和能力。

大学毕业后,李宇松在一家医疗器械企业工作,本打算当一辈子工程师,谁料命运偏偏要改写他的历史。一次出差路上,老总即兴谈起销售,说把产品卖出去是公司最重要的事,年轻气盛的他于是决定改做销售。凭着善于交际的天赋,初出茅庐的他很快获得价值十多万元的订单,拿到一大笔提成,因业绩突出被提升为销售经理,实现了人生中的第一次飞跃。

命运似乎特别眷顾李宇松。后来他转到北京恒升公司,依旧一帆风顺,被分配到门市部做销售。为解决销量不景气的问题,着急上火的老总承诺,谁让销量翻一番,谁就当门市经理。李宇松盘算了一下,另两个老业务员总是悄悄把客户拉到别的门市去做,如果能保住业务不流失,翻一番是很有可能的。于是,他自告奋勇挑起了这副担子,销量如预期那样升了上来。之后,他用了一年时间建立起公司的全国销售体系。

随着业务量的增长,他在公司的地位也日益提升,这使他渐渐萌生出自己当老板的想法。1995年,他毅然决定辞职,带着几年的积蓄来到大连办起一家小公司,做起兼容机和DEC机器代销业务。

经过半年的苦心经营,李宇松小赚了一笔。为了扩大规模,改善工作环境,李宇松把办公室搬进了豪华写字楼,人力也增加了一倍,想把事业做得更大。谁料结果竟赔了个精光,还欠了一笔债,身无分文的他只得打道回府。

创业失败让这位阅历尚浅的年轻人遭受了沉重的打击,不过最后他还是想清楚了:失败只是暂时的,并不代表他永远都将失败。

挫败是过分强调个人力量所致,一个好的销售平台是员工们共同打造的,个人的成功离不开平台提供的许多看不见的知识和资源。于是,他很快走出失败的阴影,以饱满的精神状态开始了新的工作。1998年,李宇松到TCL就职,被委任为山西首席代表。他单枪匹马开车到山西,找到办事处，才发现办公室只是三间租用的民宅。

当时，从家电转向电脑行业的TCL正处于转型期，李宇松分析市场后认为：新品牌竞争尚不激烈，有很大的市场空间，如果能把TCL的品牌优势充分发挥出来，是完全可以打开市场的。于是，他邀请当地四五十家经销商召开了一个代理商大会。TCL电脑在山西很快打开了市场，李宇松也因此得到了公司老总的赏识，把他调到TCL电脑总部销售管理中心任经理。

后来李宇松回忆在TCL总部的工作经历时说："TCL给了我学习机会，通过系统培训，我了解到了企业的整体运营状况，明白了每个环节所扮演的角色，懂得了厂商、代理商和客户之间的关系，这些都为我后来的工作打下了基础。"

而宏图三胞新的销售模式使李宇松看到了未来渠道的发展方向。2002年8月，受总裁袁亚非之邀，他就任江苏宏图三胞科技发展有限公司执行总裁。

走马上任后，李宁松首先对内部管理结构进行了调整，在前平台设立了11个产品事业部，让每个产品经理管理1~5个品牌；让企划部配合产品事业部做好产品规划、市场推广、促销活动和广告宣传工作；技术管理部门负责技术和销售支持、产品检验、大用户方案制定；向上游企业采购、采购计划审核、货物运输、需求信息分析及财务、售后服务等工作，交由后平台负责。至于这么做的好处，李宇松解释说："宏图三胞经营的产品有上千种，几乎要什么有什么，又不产生大量的库存，这就需要一个井然有序的物流、信息流、资金流管理平台作支撑。其实，内部资源的合理分配、有效利用也能节省开支。比如，打一次广告可以让14个卖场共同分享，分摊到每个卖场、每个产品上的费用就很低。"

宏图三胞在开拓卖场的同时，也尝试着做过一些批发，但批发业务开展得不理想，公司准备取消这块业务。可是李宇松认为，卖场型公司如果只专注于零售，等于自动放弃巨大的商用市场。政府采购是重头，必须加强，但批发业务也不能忽视。县、市级市场有大量公司自己无法服务到终端的客户，当地经销商由于远离中心市场，批货能力有限，很难得到最好的服务和价格。采用传统的广开渠道的批发模式,很难处理好卖场与渠道的关系。如果宏图三胞扮演坐商的角色,把卖场仓库作为小经销商的库房,通过媒体传播价格信息,让代理商主动上门批货,这个矛盾就能得到很好的解决。

进军批发领域的工作部署完毕,忙碌了很长时间的李宇松依然丝毫不敢懈怠。他知道,在批发业务全面展开后,接踵而来的事情还很多,他正为新一轮的竞争做着准备。

常言道"商场如战场",在商场中摸爬滚打,必须做好迎接挫折和失败的心理准备,并且要善于从挫折与失败中学习,让失败成为走向成功的垫脚石。只有以这种心态在商海中拼搏,才能赢得更多的成功机会。

第八章

摆脱借口
——心慢下来，行动快起来

> 一流的人找方法，末流的人找借口。一个在工作中千方百计为自己找借口的人，永远也不会得到他人的认可和器重。借口是成功路上的高山险阻，要想在工作中克服困难、走出失败获得成功，就必须从现在开始杜绝借口，做一个能够突破自我、敢于勇往直前的人。

杜绝借口，从不怕失败开始

很多人开始寻找借口，都是在遭遇了失败之后。失败让人沮丧，在心情极度低落的时候，为了安慰自己，我们开始利用借口来抚平失败所带来的创伤。面对失败，我们发现借口是最好的自我逃避的方法，因为借口能让我们获得心理上的宽慰，我们可以说，其实我的失败只是因为某些方面的失误，并不是我的实力不济。如果想彻底摆脱借口，就要从勇敢地面对失败开始，在失败中找到成功的起点，而不是自我安慰的借口。

遭受失败后，不同的人会有不同的反应。第一种人会彻底丧失自信心，从此一蹶不振，没有勇气面对自己的失败，他们会对自己说"反正我就

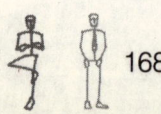

是这样的人了"，这个借口将伴随他们一生；第二种人缺乏自我反省的能力，他们认为失败只是小小的失误或者运气不好造成的，他们虽然不会因为失败而放弃，却会永远带着自己的缺点，虽然能凭借自己的热情勇往直前，可最终也很难获得成功；第三种人就是把失败变为成功的起点的人，他们不会放弃，也不会找诸如"运气不好"的借口，而是冷静地反思自己失败的原因，认真总结缺点和不足，把失败当成自己的财富，在失败中不断提升自我，越战越勇，最后到达成功的顶峰。

如果我们用第三种人的姿态来面对失败，就能从根源上杜绝借口。第一，面对失败，要有不卑不亢的态度，既不向失败低头，也不能完全无视它的存在，只有如此，才能不让自己因为失败而背负借口的包袱；第二，当我们真的做到不卑不亢后，我们就能从失败中汲取力量，获得成功。

在为失败找借口的人中，不乏优秀的人，但正因为他们没能正视失败，才导致被借口牵绊，虽然优秀却难以获得最后的成功。借口是人们成功的障碍。如果一个人上学时是一个好学生，工作后也是一个口碑很好的员工，却始终没有变成最卓越的人，那么就应该反思一下，自己是否从根本上和借口绝交了。当面临失败的时候，他用哪句话来劝慰自己？如何制订失败后的人生规划？是否会向他人寻求帮助？

(1)不给自己找借口的第一条准则是：面对失败，不要只说失败永远是暂时的。

这句看似很有道理的话，却在不经意间变成了阻碍自我反思的借口。因为这个借口让人放弃了反思，只是简单地认为，只要熬过失败最初最为艰难的时刻，一切就可以顺其自然地好起来。事实当然不是这样，如果我们不从失败中认真地自我反省，就会重蹈覆辙。这句话所带来的积极态度是值得肯定的，它让我们战胜了失败的恐惧。但要成为卓越的成功者，我们还需要在后面加上一句："但是，还要好好地研究一下失败的原因。"

(2)不给自己找借口的第二条准则是：不用借口为自己的失败辩护，把失败当成一个新的起点。

　　每一次失败都是重新规划人生的开始，很多人在失败后会告诉自己"只要坚持不懈，就能战胜失败，获得成功。"这当然是值得称赞的执著精神，但如果只是仅此而已，忘记了改过，就错过了重新规划人生的机会。失败为我们提供了一面镜子，我们可以静下心来，拿出纸和笔，逐一把自己最喜欢做的事情和最擅长做的事情写出来，只有如此，才能有的放矢、最大限度地发挥自己的能力。一味地鼓励坚持到底，可能在走到了死胡同的尽头时，才发现最初设定的路线本身就存在问题。

　　如果我们不想被失败征服，就应当主动在朋友那里寻求帮助。当我们失败后，是否主动询问过朋友的意见？如果没有，那说明我们丢失了一个环节，那就是听取他人的建议。不妨把自己的失败经历告诉朋友或亲人，因为他们会从旁观者的角度提醒我们平时所忽视的细节。

　　那些我们习非成是的不良行为，通常亲友们因为碍于面子而没有及时告诉我们，但如果我们主动询问，就能获得很多具有价值的建议。

　　那些在生活中四平八稳却难以获得成功的人，为自己的失败找了很多看似合理的借口，却在这些借口的蒙蔽下忘记了如何汲取更多的力量。如果只是告诉自己不要害怕失败，却不曾努力地去认识真实的自我，及时调整自己的人生方向，那么这些动听的言辞就成了空洞乏力的口号，不但毫无益处，还会让人从此沉浸在失败的泥潭中，不能自拔。如果只是安慰自己，只要坚持往前，就一定可以成功，而忘记了去探究失败的真正原因，那无异于匹夫之勇，是愚蠢的执迷不悟。

　　成功者从不为自己的失败找任何借口，他们知道坚持和努力的重要，但更要明白从失败中寻找经验并把这些宝贵的经验收集起来，就能构成下一个成功的起点。每一次失败都将给我们一个珍贵的教训，教训如同人生的教练，训练我们走向成功，如果能够不为失败找借口，就会在教训中收获成功的希望。

好员工找方法,不找借口

一个人面对困难时所表现出来的态度是他走向卓越还是平庸的分水岭,同样,也是企业区分一流员工和末流员工的重要标准。一流的员工面对困难会主动想办法去解决,末流员工遇到困难只会找借口推卸自己的责任。

一个做事高效的人,往往是最重视找方法的人。他们相信凡事都会有方法解决,而且总会有更好的方法。

甲、乙、丙三个人一起供职于一家加工贸易公司。虽然公司的产品不错,销路也不错,但由于公司前一任销售经理跳槽,一些货款无法及时收回。

四川一个大客户,半年前就买了公司10万元产品,但总以各种理由迟迟不肯支付货款。

公司决定派甲业务员去讨账。那位大客户没有给甲业务员好脸色,他说那些产品在他们四川销售一般,让甲过一段时间再来。甲觉得这位大客户不好惹,心想,他欠的又不是我的钱,跟我没什么关系,于是便返回了公司。

甲业务员无功而返,公司只得派乙业务员再去要账。乙找到那位大客户,那位客户的态度依然很强硬,说自己这段时间资金周转也很困难,让乙体谅他的难处,他还找借口说等他的资金到位了一定还钱。业务员乙也无功而返。

没办法,公司只得派丙业务员再去讨账。丙刚跟那位大客户见面就被大客户指桑骂槐地教训了一顿,说公司三番两次派人来逼账,摆明了就是不相信他,以后就没法合作了。丙并没有被客户的强硬态度吓退,他想尽了办法说服那位大客户,晓之以情,动之以理,说到最伤心处大客户眼睛也湿润了。客户冲动之下开了一张10万元的现金支票给丙。

丙业务员很开心地拿着支票到银行取钱，结果却被告知账上只有99920元。很明显，对方要了个花招，那位客户给的是一张无法兑现的支票。第二天就是春节了，如果不及时拿到钱，又要拖到年后了。

丙业务员突然灵机一动，自己拿出100元钱，把钱存到客户公司的账户里去。这样一来，账户里就有了10多万元，他立即将支票兑了现。

当丙业务员带着这10万元货款回到公司时，公司的领导对他刮目相看，在公司年会上公开表扬并号召公司其他员工向他学习。后来，公司发展得很快，他自己也很努力，在不到5年的时间里，他就当上了公司的副总经理，后来又当上了总经理。而当初曾讨过账的甲和乙依然是公司里最普通的业务员。

甲、乙回避问题注定了他们业绩平平，丙能想办法解决问题，既锻炼了自己解决问题的能力，也为职业升迁铺平了道路。

有什么样的目标，就有什么样的人生；有什么样的追求，就能达到什么样的人生高度。在企业里，员工勤勤恳恳地工作，主动进取，才能取得职场上的成功，才会拥有精彩卓越的人生。

20岁那年，余丹青从深圳市工业学校毕业，被分配到深圳市邮电局团委。毕业后余丹青常戏称自己上的是本科中专。

余丹青因在兑汇台与顾客发生争执被顾客投诉，因此遭受了平生第一次写检讨书的经历。余丹青一口气写了10页纸予以回复，向上级说明为什么遭到投诉，管理上出现了什么问题，邮局应该如何改善服务才能使客户来邮局寄钱既安全又快捷。

这份检讨书被递送到了福田分局局长那里，局长一看说得有道理。选拔上来在分局先当个办公室秘书，半年后提拔为办公室副主任。

因为其他原因，余丹青被下派"基层锻炼"去了，到了深圳市八卦岭邮电支局出任副局长。邮电分营后邮政创收的压力是非常大的。在整个企业里，"全员营销"被理解为人人头上有任务、个个肩上有指标的"全员推销"。来到支局，余丹青并没有遵循所谓的全员营销思路，而是不断地找方法寻求创新。

对于邮政储蓄业务,其他邮局分局局长的做法无一例外都是把任务分配到每个员工身上,比如去拉几十万元的存款。事实上,哪能找到那么多的有钱人啊。

余丹青观察到,一到发工资那天,营业所就挤满了工厂的打工仔、打工妹,他们排着长队来寄钱。余丹青敏锐地意识到,很多工厂都有代发工资的需求,代发工资业务在八卦岭支局去推广有优势。因此,余丹青着手启动向工厂推广代发工资汇款一条龙的服务,一经推出,各方反响热烈,效益大增,同时也为中国邮政首创了一个新型业务。

到了中秋节寄月饼,其他支局仍然按部就班地实施着"全员营销"的模式,号召员工把亲戚朋友的月饼都拿到支局来寄,可是摊派的任务还是完不成。当时余丹青又想,如果把月饼的销售与邮局的邮寄业务结合在一起,这样既能给用户提供便捷的服务,又能为邮局创收。

于是,余丹青积极组织引进了深圳当时著名的晶都酒家品牌月饼,顾客来到邮政营业厅购买月饼可享受优惠价格,并且选好月饼就可以直接交给邮局邮寄,月饼折扣的差价就用来交邮费了。对于顾客来说不仅免邮费,而且免去跑商场又跑邮局之累。这项一条龙的新型邮政服务推出后,受到了社会各界极大的欢迎,许多品牌月饼争相要求与邮局合作。

后来,余丹青又被借调到了邮政商函广告局,摇身一变,成了广告人。在余丹青来之前,上百名传统邮政员工奋斗了大半年,几乎颗粒无收。除了做一些本单位内部的宣传外,邮政广告没有太多的起色。余丹青到了之后,迅速理清了头绪。她很快意识到邮政掌握着直达千家万户的投递渠道,这是它独一无二的资源,可以从中找出大目标客户群体直接投递广告。

确定思路以后,她立即开始行动。他们为中国移动、沃尔玛、中信银行、万科、摩托罗拉等全城适合做邮政渠道的大品牌客户提供了有效的市场推广、媒体代理、客户关怀等服务。

在余丹青的带领下,部门员工每年都超额完成业务收入,在余丹青进入广告局的3年间,其领导的部门广告收入接近1亿元。其中余丹青个人广告业绩累计6000多万元,余丹青个人每年的创收递增比例、个人营销业绩在全国同行中名列前茅。

压力就是动力,思路决定出路。余丹青在各个岗位上面临的压力不可谓不大,但她总是能找出办法,解决问题。

许多人总是用一种不变的眼光看问题,为自己找些差强人意的借口,最终错失了锻炼自己能力,寻找办法解决问题的机会。

我们每个人都是一座有待开采的金矿,其潜力是无穷无尽的,如果我们怀着崇高的信念,寻找各种方法积极地追求自己的事业。不找借口,把工作当成生命中必须做的事,那么我们的生命就会绽放出夺目的光彩。

目标制胜,抵抗任何借口

哈佛大学曾做过一项长期的调查,研究人员收集了一群智力、学历、成长环境等客观条件差不多的年轻人,针对他们的人生目标,做了一个长达25年的跟踪调查,在开始跟踪调查之前,研究人员首先作了一项统计:在这群人中,27%的人没有任何目标;60%的人认为自己目标模糊;10%的人,有清晰但比较短期的目标,但缺乏长期目标;3%的人有清晰的长期目标。

人们都知道目标的重要性,但当自己需要制订目标的时候,诸多的借口也尾随而至。没有目标的人会说,人生得过且过;自认为目标模糊的人,更不可能有完整的人生计划, 他们正像寒号鸟一样, 明日复明日地拖延着,不知道该选取哪条道路。只有短期目标的人,虽然能够获得暂时的成就,但时间越长,就逐渐发现,自己的目标可能并非是自己想要的。

25年后,这些没有目标或者目标模糊的人又是怎样的状况呢?

跟踪调查显示,没有目标的人,几乎全部沦落至社会最底层,生活状况非常不好,甚至大部分人需要依靠社会救济度日;目标模糊的那60%的人,只能过勉强糊口的日子,他们虽然生活稳定,但没有什么财富和社会地位:有短期目标的10%的人中,将近一半的人有了较好的社会地位,因为他们在不断实现自己的短期目标的过程中,一步步走向更高的台阶,但还有一半的人和目标模糊的人一样, 只是过着稳定而没有什么突出地位或财富的生活。

那些有明确的长期目标的人,绝大部分都成为某一个领域的佼佼者,拥有非同寻常的财富和声誉。他们的成功源自25年来,将近一万个日日夜夜的不停积累。他们就像那些寻找仙境的探险者,翻山越岭、跋山涉水后,终于看到了常人无法想象的风景。但是,最重要的是,他们从一开始,就肯定这些美妙风景的存在,哪怕他们从未见过,也坚信不疑。

想心想事成,必须要给自己订立一个长期且合理的目标,唯有如此,才能在实现了目标后,体验到成功的喜悦。目标制胜就是要尊重目标的神奇力量,让自己敢于设想未来,并为之努力。而借口处处阻挠目标制胜原则,让人懒于去制订目标,甚至不去设想美好的未来;借口让人在执行自己的目标时,被懒惰、虚荣、贪婪等这些人性的弱点俘获,最终无法达到哪怕是一个小小的目标;借口给人骄傲自满的机会,麻痹正在向成功迈进的人,让他们永远停止前进的脚步。如果说走向成功的道路正如寻找仙境的旅程,那么目标就是我们的地图,只有依靠地图,旅行者才能找到正确的方向;借口就是我们背负的包袱,里面都是些和旅行完全无关的东西。但有人会说:"我喜欢吃巧克力饼干,所以必须带上。"还有人说:"我不能在睡觉的时候没有音乐,mp3播放器也必须带上。"……找借口的人正是这些背了非常重包袱的旅行者,他们总是想把艰难的跋涉变成惬意的聚会,结果刚出发两天,他们就因负重过多,不得不放弃行程。成功者所做的只有一件事情:按照目标,勇往直前,必要的时候,可以放弃惬意、无忧无虑的生活。

如何从根本上杜绝借口的干扰,放下自己的饼干和音乐,开始一段虽然艰苦但非常有意义的旅程?我们必须时刻告诉自己,目标坚不可摧。无论发生什么情况,都不要轻易更改目标。当我们遇到第一个小困难的时候,借口就有了可乘之机,它们跳出来说:"还是换一个更易达到的目标吧。"此时,我们必须告诫自己,要想把事情做好,无论做哪一个行当,其艰苦程度都是相当的,卖好东西并不比写出好文章容易,发明新的机器也不会比把机器全部推销出去更困难。如果世界上的确存在这样一种行业,能让人获得成功又只需付出相对较少的努力,那么,大家都会去争相从事这个行业了。但非常明显,在现实中这种行业并不存在。

借口总是在我们意志薄弱、意念动摇的时候出现,就像张先生的经历,他从父亲那里继承了几十万元的财产,他最先想开服装店,但服装店开张的3个月内都入不敷出,他断定,自己不会在这个行业获得成功。于是,他转让了服装店,又开了一家饭店,可是过了3个月,还是没有盈利,于是他又停止了餐饮生意,转而开始做起进出口生意。但是,这次由于没有对市场走向做出准确的判断,他赔掉的本钱更多了。最后,当他把父亲所有的遗产都赔光的时候,只能不停地抱怨自己的运气太差。

目标制胜让我们有一个足以抗拒借口的心理依靠,当借口冒出来干扰我们的计划时,我们就会告诉自己"无论如何,必须坚持到底。"

坚持到底就是战胜借口的秘诀,它让我们渴望成功的信念坚如磐石,借口也只能望而却步了。当然,制定目标和实现目标的步骤都需要很多的技巧,但方法是可以学习的,而信念只能依靠自己的坚持。有了坚定的信念,这些成功的方法,才能在没有借口干扰的情况下,得以顺利实施。制定目标就是成功的起点,只有敢于为自己的未来规划蓝图,才能拥有进一步实现的勇气,并经一定时间的努力后,遇到成功的自己。

摆脱借口,做情绪的主人

在生活中,每当我们遇到不顺心的事情时,不良的情绪总是缠绕着我们:因为密友间的分离而产生的依恋、苦思;因为生病或者失去亲人而产生的痛心,悔恨;因为一次批评而产生的种种恐惧,焦虑;因为一次失败而产生的种种遗憾、消沉等等,这些都是不良的情绪,它们常常成为破坏我们幸福生活的借口，使我们在抑郁中走向堕落。因此，为了更好地生活，我们一定要摆脱这些借口，做我们自己情绪的主人。

根除以不良情绪为借口的方法就是学会掌控情绪，做情绪的主人，而不是放任自己沉溺在不良情绪中无法自拔。当我们的生活遭遇了不顺心的事情，每个人都会产生不良情绪，这是非常正常的事情，但我们不能让情绪控制我们的行为。如果心里只有这些负面的情绪，我们就只会永远看到悲观的一面，而找不到新的希望。

沉溺在不良情绪中会让人愈发地丧失信心和勇气，推动事情朝着更坏的方向发展。只有掌控自己的情绪，才能看清事情的本质，并制定相应的计划，扭转不利的局面。在突发性的灾难面前，我们更能体会到掌控情绪的重要性。恐惧、惊慌、担心等情绪，只会让人更加手足无措，歇斯底里的喊叫于事无补，只有迅速摆脱不良情绪，寻找对策，才能化险为夷。面对突发性的地震、火灾、矿难的时候，我们会发现，生还者首先做到的就是克服不良情绪，让自己的身体听从理性的指挥：理性让人不害怕、不恐慌，而是快速地、有秩序地逃离现场。

不良情绪让生命更加脆弱，理性则给人希望，让人能够坚持到灾难过去的那一刻。当我们被不良情绪俘获的时候，我们总是说："我被吓坏了，我完全不知道该怎么办。"或者说："我太绝望了，我只有死路一条了。"但如果我们用理性去思考，认真看待眼前的困难，这些因不良情绪而产生的消极的借口，就会被积极、乐观的态度取代。

在日常事务中，负面的情绪同样是生活的杀手，它们使我们不能按时完成任务、放弃自己的计划、伤害亲人和朋友的感情等等。如何才能成为掌控不良情绪的人，不让悲观、消极的情绪变成借口，干扰我们正常的生活？几十年来，成功学导师卡耐基的建议帮助了数以万计的人摆脱不良情绪的困扰，他的方法非常简单，那就是心理学上的"假想"。当自己开始产生不良情绪的时候，反复命令自己去体验那些与不良情绪相反的情绪，比如感到沮丧的时候，就对自己说"我对这件事充满了信心"。当感到绝望的时候，就反复默念"希望就在眼前"。被情绪掌控的人，会不屑于尝试这样的方法,他们会说"事情就是这样,不要自欺欺人了"。他们的消极态度让他们不愿意去做任何新的尝试,甚至不想花费力气调整自己的心态,哪怕只是在心底重复默念一些积极的内容。但事实上,"情绪完全能够受自己支配"这一命题,早已被心理学所证实。所以,当我们暗示自己去想好的方面的时候,我们就可以看到更好的趋势。

不要再深陷不良情绪的陷阱,抽出一周的时间,尝试这种神奇的"假想"的方法。当令人不愉快的事情发生时,不断重复那些好的方面,比如希望就在眼前,事情并没有想象中的那么复杂,我很快乐,我总能感到幸福的存在,等等。

李娜担任一家中型企业的总裁秘书,她每天的工作内容都非常琐碎,除了要处理文件外,有时候还要负责倒茶水、邮寄信件这些日常的小事,她手边总是有处理不完的工作,这让她觉得异常的烦躁不安。无奈之下,她接受了专业的心理指导,并按照医师的说法,每当自己感到烦躁的时候,就同时在心底默念:"工作没有想象得那么麻烦,我每天都能按时完成,不要着急。"尝试这个方法几天后,李娜突然意识到,她的确没有必要烦躁,虽然手头经常会有几件事情需要处理,但她每天都能按时完成任务。原来之所以没有完成任务,只是因为自己总是看到这么多问题同时存在,而感到了巨大的压力,如果把每天累计的问题分摊到每个小时,她的工作量远没有自己想象中的那么大得可怕。只要把解决问题的顺序排好,她甚至可以提前完成工作。

一旦我们以积极、良好的情绪自我暗示,我们就会注意到问题好的一方面,而这些恰恰是我们以不良情绪为借口时,完全忽视的内容。

就像李娜一样,她感到烦躁不安的时候,其实并没有发生任何不可更改的致命错误,只是她看到了堆积着的工作,而在潜意识里认为自己根本不能顺利完成。但只要不断把积极的情绪传导给自己,她很快就发现,这些工作并不难,虽然数量上比较多,但解决起来也不会花费特别多的时间。

不良情绪会降低我们的工作效率,就像参加马拉松比赛,如果因为想到遥遥无期的终点,而产生了不安的情绪,总想快一点到达终点,所以从一开始就用跑100米的速度奔跑,最后只能因为体能消耗太大,而放弃比赛。另一个掌控自己的情绪的方法就是把面临的问题清晰地写在纸上,然后把自己所担心的情况也写明白,并尽可能多地在这些坏结果的后面打叉。

这个做法能让问题具体化,而不是在我们的想象中被无限放大。把问题具体化,能够让我们清晰地看到这个问题可能产生的最坏的结果。而如果只是在不良情绪的笼罩下,妄自臆想,就会在无形中扩大问题的严重性。一名会计由于疏忽,迟了一天到税务局报账,为此,他担心了一整天,他想到了非常可怕的后果:税务局把单位的账户冻结了,并进行了高额的罚款;公司领导认为这是他的疏忽导致的,当即辞退了他,并扣除了他当月的全部工资,还要求他另外承担一半的罚款金额。晚上回家,他被自己的想法折磨得难以入眠,干脆就坐到桌边,把这个问题写在纸上。然后他发现,自己以往每个月都会按时报账,同时,由于公司规模很小,就算是有惩罚,也不可能达到他想象中的那么高额的罚款。他的确听说过这样的罚款,但那是针对比自己的公司大十几倍的企业。看到这些自己担心的问题逐一被打上了叉子,他也能去安心睡觉了。第二天,他一早便来到了税务局,工作人员告诉他,迟报一天虽然的确是工作中的失误,但因为时间短,所以就不给予任何惩罚了。

如果头一天的晚上,这位财务没有把那些可怕的事情逐一打叉,他会带着恐惧和不安,而难以成眠。但是这些我们臆想的非常糟糕的场景,一旦落在纸上,当我们一个个去认真审视的时候,就会发现,发生这样的事情的概率非常的低,我们根本不用为此担心。

要做自己情绪的主人,就要不断给自己好的暗示,并把那些我们用来吓唬自己的事情写在纸上,分析事态是否真的如此糟糕。我们做了这两步后,就会发现很多被忽略的好的方面,而事情要发展到非常坏的程度,也是几乎不可能的。有了这样的认识,我们就可以彻底摆脱忧愁、绝望、烦躁、愤怒等不良的情绪:不用再以它们为借口,使事情发展到不可收拾的地步。

突破自我,才能突破困境

在生活和工作中,每个人身上都存在着束缚自己成长的弱点。人们往往喜欢给自己设下一个限度,在做任何事之前,潜意识地给自己的不是我一定能做好,而是我不一定能做好或我做不了!这不自信的心理反应足以令自己退缩或无法全力以赴去做事情。

所有人类的突破,都是观念的改变,因为你的看法左右你的结果。所以要想在困境面前,打破设限,冲出逆境,你就应该敢于大胆地突破自我,只有这样你才能够突破困境,走向成功。

不知你有没有看到过蛹化成蝶的过程。幼虫口吐丝,将自己一圈一圈地缠个严严实实,过了许多天之后,幼虫就要经历人生的第二次洗礼了。

在蛹中,幼虫并没有呼呼睡大觉,而是在积聚能量,突破茧的层层包裹。它一点一点地弄破厚厚的茧,一点点突破束缚它的茧壳,那疼痛也许曾经让它试图退缩,但是,退缩的结果只有一个——死亡。在死亡面前,再大的痛苦都已经变得微不足道。最终,当第一束阳光进入它的视线时,它已经化为一只翩翩起舞的蝴蝶。

从虫蜕变为美丽的花蝴蝶,这其中忍受了难以想象的痛苦。只要不放弃信念,就一定能实现在天空翩翩起舞、自由飞翔的梦想。

莱辛年轻的时候非常喜欢拉·封丹的寓言,喜欢他寓言中华丽的铺陈,喜欢他寓言中诗意的装饰。正因为这样,拉·封丹的作品模式无形之中就成了他创作的囚笼,他常常为自己不能写出像拉封丹那样美丽的寓言而心中充满烦恼。

有一次,他躺在一个瀑布旁边,努力给自己正在创作的一篇童话寓言加上像拉·封丹那样华美的诗意装饰。可是,他冥思苦想、斟酌推敲,最终却毫无所获。迷茫之中,他突然看到寓言女神出现在他的面前,微笑着对他说道:"干吗要这样吃力不讨好呢?真理需要寓言的优美,可寓言何须再作装饰？你这是往香料上涂香料啊。寓言只要是诗人的发现就够了。一位不矫揉造作的作家，他讲的故事应该和一位智者的思想一样才对。"说罢，女神消失了。他睁开眼才发现，是他做了一个梦。

寓言女神的话深深地触动了他的灵魂，从此他挣脱了无形的枷锁，他的寓言更注重故事的简练和智者的思想与发现。经过长期的努力，他终于成了富有个性和独创精神的伟大寓言家和作家。

莱辛追逐寓言家梦想的历程虽然艰辛，但他一直没有放弃，即使是做梦都在思考如何创作。他终于找到了叩开问题之门的方法，矢志不渝，终成一代大家。

当上帝把一扇门关上的同时，会为你把另一扇门打开。没有过不去的坎儿，除非你自己不愿过去。面对问题，只是沮丧地待在屋子里，便只有禁锢的感觉，自然找不到新的出路。不妨离开屋子，呼吸一下新鲜的空气，你的心情会豁然开朗，精神会为之振奋。用积极的想法，果敢的行动走出困境。

俗话说："山不转，水转。"我国古书《易经》也说："穷则变，变则通。"的确，天无绝人之路，遇到问题时，只要肯找方法，上天总会给有心人一个解决问题从而取得成功的机会。在工作中，随时都会遭受挫折和失败，但只要精神不滑坡，相信，一定能找到成功的办法。

美国联邦快递公司成立之初，尽管弗雷德·史密斯绞尽脑汁，想尽一切办法融资，但公司仍然频频陷入资金短缺的尴尬境地。有一段时间，联邦快递必须撑过一个季度才能获得资金，是坚守公司，与公司存亡与共，还是抽身离去，这是横亘在所有联邦快递人面前的一个重大考验。

令人吃惊的是，月底时，员工们仍收到了装有工资卡的信封。惊讶的联邦快递人打开信封，发现了一张便条，上面写着：

"请不要兑现，因为工资卡里没有钱。不过，沉住气。只要大家共同努力，公司肯定能成功。——弗雷德·史密斯"

当时，除了极少数人离开公司外，绝大多数人都选择和公司共存亡。最终，就像我们看到的，联邦快递不但渡过了困境，而且步入了快速发展阶段。

弗雷德没有轻言放弃,最终和公司员工一起走过了寒冬,现在的联邦快递已是世界物流行业第一大公司了。

人的一生总会遭遇许多意外的困难与失败。对许多人来说,挫折并不足畏,可怕的是你在心理上被彻底打败了,而又未能体会真正的"教训",反而一再重蹈覆辙,一直到最后变得无可救药。

著名成功学家菲力说:"失败,是走向更高地位的开始。"许多员工之所以获得成功,备受上司的青睐,一个很重要的因素就是他们能屡败屡战。

文王拘而演《周易》;仲尼厄而作《春秋》;屈原放逐赋《离骚》;左丘失明,厥有《国语》;孙子膑脚,兵法修列;不韦迁蜀,世传《吕览》。突破自我,终会破茧而出,成为一只美丽的蝴蝶。

成大事者,不找任何借口

大凡成功的人或在某一领域有所成就的人都有"不找任何借口"的共同特点,他会想尽一切办法努力做好手中的工作,尽全力配合同事的工作,出色地完成上级交办的任务,替上级解决问题。即使偶尔的失误,他也不会找借口来掩饰,而会勇于承担应承担的责任。

只有抛弃借口,才能诚恳地面对错误,并从中总结宝贵的经验;只有抛弃借口,才能看清最真实的自我,进一步认识到自己的缺点和不足;只有抛弃借口,才能激发自己无限的潜力,在前进的路上勇往直前;只有抛弃借口,才能给自己创造无限的机会和财富,为人生赢得最大的成功。

(1)借口是成功的绊脚石,是失败的发源地。

借口是成功路上最大的羁绊,躲在借口背后的,正是把我们推向失败深渊的元凶:"我天生如此。"这句话的内涵就是:我资质太差,一生无望了。"我办不到,我根本没有时间。"这个借口等同于宣布:我彻底放弃了。"我的失败都因为我太倒霉了。"这个借口仿佛在说：我就是那个倒霉蛋，谁也拯救不了我。"如果他不冲我发火儿，我是不会做出这样愚蠢的事情的。"这个借口把自己的错误失败归咎为他人非理性的举动。

当人们使用这些借口时，就是承认了他们的失败，这些借口说明他们已在逆境中缴械投降了。但是，只要抛弃借口，人们会发现，这些问题并不可怕，这些错误也并不是无法弥补。

世界上没有完全相同的两片叶子，每个人都有自己的长处与缺点，我们应该努力去寻找自己的优势，而不是天资略显不足的方面；合理地安排时间是杜绝借口的必要条件，没有人能在烦乱中处理好事情。当想以繁忙为借口时，最先要做的就是拿出自己的日程表，重新审视自己的时间安排，唯有高效积极的工作，才能获得成功。

把时运当作借口是最幼稚的表现，人生不是买彩票，成功的前提是反思自己的错误。说因他人的影响而导致了失败，这样的借口无异于在承认自己还是一个小孩子，没有办法控制自我并影响他人，以引导事物朝好的方向发展。作为成年人，懂得基本的人际交往艺术是对自我负责的重要体现，也是避免借口的关键环节。

从现在开始，一旦有借口在脑海里浮现，我们最该做的就是自我反思：我是否合理地安排了自己的时间？我的做事程序是否正确？我在人际交往中是否出现了问题？当我们完成了这些反思后，借口自然就不攻自破了。

巴顿将军在他的战争回忆录《我所知道的战争》一书中，曾写下了这样一件事：

"当我要选拔将领时，我会让所有的候选人站成一排，然后给他们提出一个我要他们解决的问题：'我要你们在仓库后面挖一条战壕，这条战壕要八英尺长，三英尺宽，六英寸深。'我不做更多的解释，只告诉他们这么做。当候选人检查挖掘工具时，我就走进仓库，通过窗户观察他们。候选人各自拿了铲和铁锹，然后都放到仓库后面的地上，他们通常会在休息几分钟后，开始激烈地讨论我为什么要求他们挖这一条这么浅的战壕。有人会说,六英寸深还不够挡火炮;有人会说,天气太热了,我们应该选一个凉快的日子开工;有人会说,我们都已经是军官了,不应该做普通的体力活;最后,总会有个家伙站起来,用下达命令的口吻叫到:'让我把战壕挖好后离开这里吧,那个老家伙想干什么都没关系。'"

"而我要选拔的人,正是那个站起来命令大家开工的人。"

巴顿为什么要让军官挖一条似乎没任何意义的战壕呢,他告诉读者:"我必须挑选不找任何借口,就能完成任务的人。"

不给自己任何借口是迈向成功的第一步,只有时刻告诉自己"我没有借口",才能在实现目标的过程中,勇敢地面对问题,并解决问题。"我没有借口"是最重要的责任感,只有不为自己找借口,才能为问题找到解决的途径。这也是巴顿将军要提拔那些不找借口的军官的原因。

失败者依赖借口,成功者承担责任。在成功者的眼中永远没有借口,只有自己的责任和义务。失败者不停地抱怨,成功者不断地反思。失败者整日萎靡不振,成功者每天都精神抖擞。在成功和失败之间,就是借口的鸿沟,如果我们能抛弃借口,就等于迈上了成功之路。只有在没有任何借口的环境中,我们才能肩负重任、不断进步、勇往直前。

(2)逆境中,不要给自己找借口。

人生中总会遭遇很多难以预料的逆境,这些困难并不是由我们造成的,可能只是大环境的变化,或是他人的错误连累了我们。比如金融危机的爆发使我们的资产大幅缩水;自然灾害毁坏了我们的家;一场意外的交通事故,给我们的家庭带来了不可弥补的伤害。面对逆境,我们不能以"这些灾难不是我造成的"作为一蹶不振或袖手旁观的借口,越是身处逆境,越要担负起自己的责任,和家人、朋友一起,共渡难关。

逆境中我们可以为自己找到更多借口。金融危机来袭,面对自己被降薪的事实,我们可以找到这样的借口:"反正还有人更惨,都已经被裁员了,我应该知足了。"但是我们是否反问过,在萧条的时代,是否也有同事因为业绩突出而获得提升呢?以外界环境的变化为借口,就此停止前进的脚步,虽然看上去顺理成章,但实际上只是给自己的懒惰找的借口。真正努力的人，无论外在环境的好坏，都会勇往直前，哪怕在逆境中会有更多的苦难和阻碍。

一个以逆境为借口的人，会在危机出现的时候，暴露自己不负责任的本性，就像我们经常看到的剧情：男主角投资股票失败，一夜间倾家荡产，他首先想到的当然绝对是怨恨这个时代，随后，面对无法收拾的残局，他最终选择一死了之。

他以为自杀是最好的逃避方式，他怨恨时代，把时代的不公平作为自杀的借口，可却忘记了自己的家人，这不但是对家人最不负责的做法，也是对自己生命的不负责任。成功的人都是越挫越勇的人，他们不会哀叹上天对自己的不公，而是带着希望，在逆境中寻求更好的机会，以扭转对自己不利的环境。

可口可乐公司的前总裁古滋·维塔在很多年前跟随全家逃离古巴，来到美国时，他身上只有40美元和100张可口可乐的股票。但是他并没有因为自己身处的环境发生了重大变化，就放弃了自己的事业，而是继续经营他的可口可乐公司。到他退休的时候，可口可乐公司的股票市值已经是原来的7倍，公司的总价值是原来的30倍。这位富有传奇色彩的商人，一生中经历了无数的坎坷，但他从没有以任何借口放弃自己的努力。他说："一个人即使走到了绝境，只要你有坚定的信念，抱定必胜的决心，就会有成功的可能。"

找借口的人会把所有的责任都归咎于环境的变化，而负责的人会在恶劣的环境中寻找改进的机会。逆境的产生犹如一个人在夜行的时候突然遇到了强盗，这当然不能怨他做错了什么，只是强盗刚好在这个时间，决定要打劫。他们把夜行的人带进了山洞，抢走了他身上所有的钱财，并把他打昏后离开了。夜行人醒来后，身处漆黑山洞，身上没有任何可以照明的东西，他可以躺在原地诅咒该死的劫匪，然后等待一个过路人特意钻到了洞里，把他救了出去。这当然只能是做梦，因为这个山洞错综复杂，不可能有人会到这里来。他也可以忍着疼痛，慢慢摸索出路，这需要足够的毅力，因为洞里漆黑一片，只能依靠触感判断方向。找借口的人会消极地放弃这最后的一线希望,在洞里哀叹自己的命运不济;而积极努力的人则会鼓足勇气,摸索出一条生路。

在逆境中为自己找借口比在顺境中依赖借口更危险。如果一个人觉得自己被降低了薪水只是因为经济环境不好,依旧对工作漠不关心,那么下一次裁员的名单里极可能就会有他的名字。逆境中的潜在危险更大,为了生存而展开的竞争更激烈,这就需要我们用更多的勇气和智慧来应付逆境中的问题,而不是用"环境不好,大家都一样"的借口来麻痹自己。当我们无法改变环境的时候,我们能做的只有接受它的变化,然后在新的环境,继续寻找发展的道路。

美国巨富马歇尔·菲尔德曾在芝加哥有一家零售店,但是一场大火无情地吞噬了他的商店。火灾之后,他指着这一片废墟说:"我一定要在这里开一家更完善的零售商店。"经过长时间的策划和努力,他重新建立了一家更大的零售商店。至今,它仍屹立在芝加哥市中心。

2006年,马歇尔·菲尔德的财富在美国排名第9位,是当时世界上最了不起的商人之一。如果马歇尔·菲尔德只是对人说"大火无情",并不努力重新筹建自己的商店,那么他一生可能都不会再有机会成为一位成功的商人。

扭转逆境靠的是勇气和智慧,那些用于抱怨的借口毫无意义,只能让人一蹶不振。面对突然恶化的外部环境,我们首先要让自己镇静,仔细观察环境的恶化程度,当我们对变化有了一个明确的认识后,我们就可以知道自己所受的损失的底线:是损失了一半的家产还是全部的资产?是将面临失业还是降薪?这对于拟定战胜逆境的战略至关重要。但无论情况如何糟糕,我们都不能放弃希望,只要有必胜的信念,就有东山再起的机会。

(3)抛弃借口,做勇往直前的人。

"勇往直前"就是敢于"挑战",无论是面对眼前没有退路的"绝境"还是一个几乎不可能完成的任务,敢于勇往直前的人,都能够抛弃借口,战胜困境,走向成功。不找借口,勇于挑战的人,他们只会看到脚下的路,不会考虑任何目标以外的因素。而给自己找借口的人,除了看到了路,还看到了拦阻在前面的巨石，想到了可能遇到的暴风雨。

只有专注于目标、勇往直前、一步步走下去的人，才能获得最后成功。那些好高骛远、胆怯退缩的人，都会在到达终点前就停下脚步。

给自己找借口的人与勇往直前彻底绝缘，他们既没有足够的勇气去超越眼前的困难，也没有足够的决心坚持到底。在勇往直前者眼中，从来没有过"借口"这个概念，他们抱着不到顶峰不驻足的心态，在攀登的途中，积累一点一滴的进步。勇往直前不是盲从，而是理性选择最适合自己的道路；也不是急功近利，而是从点滴做起，厚积薄发。

失败的人喜欢使用缺乏逻辑性的比较，然后再把这些比较的结果作为自己的借口：我和他都每天起早贪黑，他成了亿万富翁，而我还是身无分文。而且他们通常会这样解释自己的失败：因为我的能力有限、因为我的家庭背景不好、因为我的机遇不好。其实，这些都不是问题的关键，这些后天的因素并非决定性因素，最关键的是能否像成功者一样，没有私心杂念，一心只想到自己的目标，并坚持不懈地走下去。

一次，爱迪生在接受采访时，被问到成功的第一要素是什么，他回答说："能够将你的身体与心智的能力锲而不舍运用在同一个问题上而不会厌倦的能力。你整天都在做事，不是吗？假如你早上7点起床，晚上11点睡觉，每天要做16个小时的事情。假如将这些时间和精力运用在一个方向、一个目标上，就会成功。"

不能勇往直前的人总会发现自己被其他东西吸引了注意力，他们一会儿仰慕名誉，于是开始从政；一会儿又看到了金钱，于是开始经商；一会儿又崇拜伟大的艺术家，于是开始研究音乐、美术，等等。他们不停变换自己的目标，最后的人生线路图就变成连接在几个点之间的曲线。在这个过程中，他们还总会找到借口：从政的时候看到金钱，他们会说，还是赚钱好，金钱能换来我想要的一切；经商的时候看到艺术家，他们又会说，还是创作一些伟大的作品好，能流芳百世。不停地改变方向，只能分散自己的精力，最终让每一个目标都变成了幻想。勇往直前的人生是一条直线，认定了自己的目标，就不再去比较、权衡，而是竭尽全力直奔目标。所以，要想成功，一定为自己的人生选定唯一的一个终极目标，并且，在选定后，就全身心地投入其中。

很多人都认为努力的过程是艰苦的，它考验人们的心志和品格，也正因为如此，人们才会去找很多借口，中断自己的努力。但如果真的热爱所从事的事业，就会发现，做一个全神贯注、勇往直前的人一点都不难。作家艾萨克·阿西莫夫是美国著名的科幻作家，获得过科幻文学最高奖"雨果奖"和星云终身成就"大师奖"。他曾经告诉记者："我不想度假是因为度假会打断我的写作。"就这样，他坐在打字机前，创作了一部又一部优秀的文学作品。记者问他什么是最难做的事，他说："有人打断我写作时，我还要强颜欢笑。"成功者可以长年累月地把全部的精力都投放在一件事情上，这是因为他们为这件事着迷，这对于他们来说是最大的快乐。

勇往直前的人会把全部精力投放在脚下的每一步，这才是他们最后成功的关键，只有正在走的一步成功了，才能确保下一步的成功。

他们科学合理地安排一天需要做的事情，既不会过多也不会过少。过多会让自己觉得遥不可及，挫伤自信；过于简单会让人漫不经心，助长懒散的习性。每天都做恰到好处的工作，才能确保每一天的工作都是有效的。

勇往直前绝非盲目行事，如果一个人希望自己获得奥运会马拉松冠军，就每天拼命跑40公里，那么第一天就可能晕倒在跑道上。这样的人第二天就会告诉自己："看来我真的没有这个天赋，我还是放弃的好。"勇往直前既要循序渐进，又要执著稳健。

如果我们盲目跟从了他人的选择，或者制订了不切实际的计划，最后都会让自己找到无数放弃的借口。要想在成功的道路上做一个勇往直前的人，就需要听从自己内心的声音，制订切实可行的计划，一步步地迈向成功。

第九章

勇气与担当
——做内心强大的自己

摒弃借口，生活中我们可以与勇气为伴走向成功，亦可以抓住希望的翅膀继续飞翔；摒弃借口，遇到困难时不挖空心思编织花言巧语为自己开脱，而是迎难而上、坚持不懈地去面对。这样，生活中的我们将永远充满自信与热情。这样，成功才会渐渐地离我们越来越近。

正视失败，不要逃避

失败是这个世界的一部分，我们可以尽量减少能够引起失败的因素，尽量避免犯大的错误，永远不经历失败的人是不存在的。失败是人类与生俱来的朋友，与失败共生是人类不得不接受的命运。既然失败不可能避免，那么对待失败最好的办法就是：正视失败，不退缩，不逃避并及时采取措施予以挽回。

有时失败会对我们造成莫大的打击，但我们应该做的不是畏缩不前，任失败改变我们的生活，而要以一种昂扬的姿态去反击它。

棒球史上最伟大的投手汤米·约翰这样描述他的经历：

"1974年,我为洛杉矶道奇队打一场夜间比赛,我是全国联赛的头号投手,我即将赢得参赛以来的第20场胜利,球队也将打进世界系列赛,这是每个棒球手所期待的。我肩负男孩子所有的梦想站上投手板,'砰'的一声,瞬间什么都完了,我的梦想,大家的期望,都在那一刻消失。

我受伤的部位是所有投手最重要的部位——肘部韧带——断了。我做了手术,而这常常意味着投手生涯的结束。而且这次手术是任何主要大联盟的投手都没有做过的,但我别无选择。

1974年9月25日,手术做完了,我的主治医生是著名的乔布。我问他我还有没有机会再投球。他回答说有1%的机会,但复原是极为缓慢的。然而,他们对我太太莎莉比较直率。他们对我太太说,我的投球生涯恐怕已经结束了,让我太太要鼓励我,支持我,为我将来要做什么做好打算。

一个星期天,我带着在我手术两天后才出生的可爱的女儿坐在教堂里听牧师布道,那时我的手臂还裹着石膏。牧师讲道的内容是亚伯拉罕的妻子莎拉在七十几岁时才蒙上帝恩典怀了第一胎。

我静静地、虔诚地听着圣经的故事,牧师抬起头说:'你要知道,与上帝同在,没有不可能的事。'他说话的时候双眼注视着我,冲我微笑着,我在圣经的这句话上做了记号,这正是我需要听的,也是这句话让我有了更大的信念。

16个星期之后,我终于拆掉了石膏,但我发现,那双曾经有力的手臂如今却变得瘦弱无力,像干枯的树枝,手指萎缩得像鸡爪,只有把手指扳过去才能抓住东西,连切肉、开门这些小事都办不到。

更可怕的是,妻子帮我擦婴儿油时,手臂上的皮肤会一块块脱落下来。

在康复阶段,我为了强健肌肉,把几乎所有的时间都花在体育场里,接受教练为我实施一系列严格的训练,我一直为牧师所说的那句话而努力着。

复原是一个缓慢的过程,每一次小小的进步都会给我带来莫大的快乐和希望。有一天，我从球场回来，把手放在背后要给妻子一个惊喜。她摇头不信，以为手里可能是死蜥蜴之类的东西，但当我慢慢把左手从背后伸出来弯着小指去碰拇指时，她激动得欢呼雀跃起来，我们高兴得抱在一起，喜极而泣。这是我手术后第一次能移动手指，比得到10万元奖金还要高兴，因为这表明那些肌肉终于康复了。

教练不在的时候，我就和球队一起出去，坐在本垒板后面比划投球动作，我怕时间长了我会生疏。我还对道奇队的老板彼德·欧麦里说：'我会康复的，但现在不能投球，可我愿意帮忙做任何事情。'

很多人包括教练、领队都问我：'你真的以为你可以让那只手臂复原，让它再次投球吗？'我毫不犹豫地回答他们：'我坚信。'

除了周日，我每天都坚持练习，那是个痛苦又漫长的过程。经过一年半的不懈努力我真的恢复了，更让人不可思议的是，手术后主投的球赛比以前还要多，并且代表扬基队在世界锦标赛中出场。

我第一次上场时，许多人都摇头感叹，替我担心，而我是那么坚定果敢，尽情发挥我的实力。我要证明给他们看：你们错了，我可以！这或许是我家乡威尔斯的传统，或许是其他别的因素。"

人们总是希望创造"奇迹"，"奇迹"就是看起来不可能的事，但你却成功了，这需要你坚持不懈地努力，敢于面对失败，敢于迎接挑战。失败让我们对成功有了更遥远的渴望，做事之前总以为很容易办到，而经历失败后却难如登天，这是因为我们喜欢采用比较的方法来看待过去和将来。失败让我们顾虑更多的因素，也正因如此才让我们更加谨慎。心情上的落差，容易让我们陷入"越来越难"的陷阱之中，导致灰心丧气，以至绝望透顶。其实这是错误的做法，所以我们必须时刻提醒自己，以免掉入这种陷阱当中。

正如汤米·约翰，他知道自己仍有一线希望，于是为了这一目标坚持不懈，最终在这一信念的支撑下，他成功完成了自己的目标。身处逆境时，请记住卡耐基大师送给我们的这句话："意志坚强的人，即使身处逆境，他那希望之光也是不会熄灭的。"

抛弃畏惧，直面困难

美国作家罗伯·舒勒在他著的《论逆境——逆境中的思考》一书中这样写道:生命赋予我们的不是一颗胆怯的心,乃是刚强、仁爱、谨守的心。当你感到害怕恐惧时,你必须知道这种感觉并非来自先天。如果你同时怀着多种恐惧,那么,你首先要克服的就是恐惧失败。我赞赏人们为了实践承诺而勇于赴汤蹈火;我欣赏一个虽然失败,但曾全力以赴的人。竞选公职的人,也许他的理想,旨在服务大众。但是他必将遭受批评和恶意诋毁,他必须经历许多挣扎的过程。即使竞选失败, 他不是赢得了一场自我的胜利,而是他克服了不敢尝试的恐惧。

亨利是一家铁路公司的员工,他工作认真,做事尽职尽责。不过亨利有一个缺点,就是他对人生很悲观,常以否定的眼光去看世界。

有一天,铁路公司的员工都赶着去参加酒会,大家都提前急急忙忙地走了。不巧的是,亨利竟被关在一辆冰柜车里。亨利在冰柜里拼命地敲打着、叫喊着,公司里的人都走了,根本没有人听得到。手掌被敲得红肿,喉咙变得沙哑,也没人理睬,最后,他像一只困兽绝望地坐在车里喘息。

他越想越可怕,冰柜里的温度在零下20℃以下,如果再不出去,一定会被冻死。他绝望地咬破手指,用发抖的手,写下遗书。

第二天早上,当员工们陆续来上班时,打开冰柜,他们惊呆了,发现亨利倒在里面。亨利立即被送去急救,但毫无生还希望,医生说他已死亡多时了。大家都很惊讶,因为冰柜里的冷冻机并没有启动,冰柜里的空间也很大,有足够的氧气,而亨利竟然被"冻"死了! 无法让人理解。

其实亨利并非死于冰柜的温度,而是死于自己心中的冰点。因为他根本想不到,一向不能轻易停冻的冰柜车,这一天恰巧因要维修而未启动制冷系统。恐惧,使他连试一试的念头都没有产生。是恐惧欺骗了亨利的正常思维,进而让他失去"自救"行动,最终被"冻"死在常温下。

许多情况下,打败我们的不是外界的困难,而是我们心中对困难的畏惧。恐惧制造的冰点,足以冷冻一个人的思维,进而毁灭一个正常的人。

其实,没有人能够完全不怯懦,再勇敢的人也会有懦弱胆小、畏缩不前的时候。但如果这成为一个人的一种习惯,它就会成为心理上的一种疾病。它使人过于谨慎、小心翼翼、多虑、犹豫不决,在心中还没有确定目标之时,已含有恐惧的意味,在稍有挫折时便退缩不前,容易产生悲观失望的情绪,导致自我评价和自信心的下降,不能充分发挥自己的才能,因而影响自我设计目标的完成。

如果一个人遇到困难就先生畏惧之感,就会形成心理学上说的习得性无助效应。

有一个实验表明,经过训练,狗可以越过屏障,或做出其他的行为,以逃避实验者给予它身体的电击。但有个前提,如果狗以前受到不可预期(突然降临的)、并且不可控制的电击(如电击的中断与否不依赖于狗的行为),当狗后来有机会逃离电击时,它们也变得无力逃离。而且,狗还表现出其他方面的缺陷,如感到沮丧和压抑,主动性降低等。

心理学家认为,狗之所以出现这种行为,是因为它早期获得一种无助感,就是说,它知道不管自己做什么,都不能让电击终止。因为在每次实验中,狗不管做什么,都无法终止电击,控制权掌握在实验者手里。而狗会认识到自己没有能力改变这种外界的控制,从而形成了一种无助感。

人如果产生了习得性无助效应,就会形成一种深深的绝望和悲哀。因此,我们在学习和生活中,应让自己的眼光再开阔一点,看到事件背后的真正的决定因素,不要使自己陷入绝望。

战胜畏惧最好的方法,就是保持乐观的心态。有一个相关的统计,死于心理问题的癌症病人占到20%~25%, 就是说, 肿瘤病人有30%是活活"吓"死的。而70%~80%的肿瘤病人有心理障碍,主要表现为抑郁、焦虑、烦躁、恐惧等。

那些在大病之下能幸存下来的癌症患者,在他们的经验中,共同的感受是要经常保持乐观的心情,不要被癌症吓倒。癌症不等于死亡,恐惧癌症才是真正的绝症。

9年前就患有乳腺癌的刘红梅说："刚查出病情后，我当时哭了一夜。害怕得不得了，恐惧本身比癌症更可怕，但有什么用呢？生病的这些年来，我最大的感受就是自己的心情要舒畅，遇到挫折也不要认为天要塌了，对不开心的事情看得淡些。"正是这种乐观的心态拯救了刘红梅，经过手术和治疗，现在她已经和正常人一样，没有什么异常的感觉。

一旦你抛掉对困难的畏惧感，就会将全部精力集中到如何对付困难，实现目标上。

有一则寓言故事也讲了同样的道理。在一座山上，有两块相同的石头，3年后发生截然不同的变化。一块石头受到很多人的敬仰和膜拜，而另一块石头却受到别人的唾骂。

这块石头极不平衡地说道：老兄呀，在3年前，我们都是普通的石头，今天产生这么大的差距，我的心里特别痛苦。另一块石头答道：老兄，你还记得吗？在3年前，曾经来了一个雕刻家，你害怕割在身上一刀刀的痛，你告诉他只要把你简单雕刻一下就可以了，而我那时想像到未来的模样，不在乎割在身上一刀刀的痛，所以我们才有了今天的不同。

两者的关注点不同，直接导致它们日后的价值不同。一个是关注想要的，一个是关注惧怕的。关注想要的，它会死死锁定目标，跨过一切阻碍达到目标的东西。目标使它能跳出现有的困难看问题，当然更容易决定什么东西要忍受、必须忍受。

而关注惧怕的，它永远只看到眼前的利益、得失，为了避免再遇到惧怕的东西，它甚至希望"永不走路"，才能永不受伤害。

这样的例子，在生活中也随处可见。在过去的几年里，也许同是儿时的伙伴、同在一所学校念书、同在一个部队服役、同在一家单位工作，几年后，有的人变成了"佛像"石头，而有的人变成了砌墙石头。

这与上面的寓言故事是一个道理，虽然变化的过程会有不同，但大体不会差到哪里去。

有一位癌症病人，先后动过14次大手术，切除过6种恶性肿瘤，去掉乳

房、子宫和部分肋骨、胃、肺、脾、胰等多个器官,可20余年过去了,如今她仍然顽强、健康、潇洒地战斗在工作岗位上。她在介绍自己的抗癌经验时说:"我每次动手术,都坚信自己不会死,我一定能渡过这一关,即使死了,我也值了,没有什么可怕的。"试想,有了这种意念,何愁不会产生强大的精神力量。

"永不走路"自然可以"永不摔跤"。但"永不走路"也就扼杀了生命活力和发展潜能。由于恐惧摔跤而不走路,事实上是摔了最惨重的一跤,摔倒在"无益的生存"里,摔倒在活着的"死亡"里。

只有抛弃畏惧心理,直面困难,勇于失败,以一颗健康有力的心尝试生活,才能挖掘出生命的潜能,实现人生的价值,明天才会有更好的开始。

面对困难,要敢于蔑视

一个人在工作中,不可能总是一帆风顺、事事遂心,都难免会经历许多的荆棘与挫折,这些都是很难避免的。

有的人心理素质较差,意志力薄弱,经不起一点点失败,在工作时一遇到挫折,就失去信心,认为自己这也不行,那也不行,一天到晚愁眉不展、怨天尤人,根本无法振作精神。如此一来即使有好机会能使问题出现转机,也被这拉长的苦脸吓跑了。

相比之下,优秀的员工在困难来临时总是努力寻找方法,寻求新的突破,这样的员工在职业生涯中会变得更加卓越,达到比别人更高的高度。

在一家名叫天威的天线公司,总裁来到营销部,让大家针对天线的营销工作各抒己见,畅所欲言。

营销部胖乎乎的赵经理耷拉着脑袋叹息说:"人家的天线三天两头在电视上打广告,我们公司的产品毫无知名度,我看这库存的天线真够呛。"部里的其他人也随声附和。

总裁脸色阴沉,扫视了大伙一圈后,把目光驻留在进公司不久的一位年轻人身上。总裁走到他面前,让他说说对公司营销工作的看法。

年轻人直言不讳地对公司的营销工作存在的弊端提出了个人意见。总裁认真地听着,不时嘱咐秘书把要点记下来。

年轻人告诉总裁,在十几家各类天线生产企业中,唯有001天线在全国知名度最高,品牌最响,其余的都是几十人或上百人的小规模天线生产企业,但无一例外都有自己的品牌,有两家小公司甚至把大幅广告做到001集团的对面墙壁上,敢与知名品牌竞争。

总裁静静地听着,挥挥手示意年轻人继续讲下去。

年轻人接着说:"我们公司的老牌天线今不如昔,原因颇多,但归结起来或许就是我们的销售定位和市场策略不对。"

这时候,营销部经理对年轻人暗示他们工作无能的话充满了愠色,并不时向年轻人投来警告的一瞥,讽刺地说:"你这是书生意气,只会纸上谈兵,尽讲些空道理。现在全国都在普及有线电视,天线的滞销是大环境造成的。你以为你真能把冰推销给因纽特人?"

经理的话使营销部所有人的目光都射向年轻人,人们开始窃窃私语。

经理不等年轻人"还击",便不由分说地将了他一军:"公司在甘肃那边还有5000套库存,你有本事推销出去,我的位置让你坐。"

年轻人朗声说道:"现在全国都在搞西部开发建设,我就不信质优价廉的产品连人家小天线厂也不如,偌大的甘肃难道连区区5000套天线也推销不出去?"

几天后,年轻人风尘仆仆地赶到了甘肃省兰州市天元百货大厦。大厦老总一见面就向他大倒苦水,说他们厂的天线知名度太低,一年多来仅仅卖掉了百来套,还有4000多套在各家分店积压着,并建议年轻人去其他商场推销看看。

接下来,年轻人跑遍兰州几个规模较大的商场,几天下来毫无收获。

正当沮丧之际,某报上一则读者来信引起了年轻人的关注,信上说那里的一个农场由于地理位置的关系,买的彩电都成了聋子的耳朵——摆设。

看到这则消息,年轻人如获至宝,当即带上十来套样品天线,几经周折才打听到那个离兰州有100公里的金晖农场。信是农场场长写的。他告诉年轻人,这里夏季雷电较多,以前常有彩电被雷电击毁,不少天线生产厂家也派人来查,知道问题都出在天线上,可查来查去没有眉目,使得这里的几百户人家再也不敢安装天线了,所以几年来这儿的黑白电视只能看见哈哈镜般的人影,而彩电则是形同虚设。

年轻人拆了几套被雷击的天线,发现自己公司的天线与它们毫无二致,也就是说,自己公司的天线若安装上去,也免不了重蹈覆辙。年轻人绞尽脑汁,把在电子学院几年所学的知识在脑海里重温了数遍,加上所携仪器的配合,终于使真相大白,原因是天线放大器的集成电路板上少装了一个电感应元件。这种元件在一般天线上是不需要的,它本身对信号放大不起任何作用,厂家在设计时根本就不会考虑雷电多发地区,但没有这个元件就等于使天线成了一个引雷装置,它可直接将雷电引向电视机,导致线毁机亡。

找到了问题的症结,一切都迎刃而解了。不久,年轻人将从商厦拉回的天线放大器上全部加装了感应元件,并将此天线先送给场长试用了半个多月。期间曾经雷电交加,但场长的电视机安然无恙。此后,这个农场就订了500套天线。

同时,热心的场长还把年轻人的天线推荐给附近存在同样问题的5个农林场,销出2000套天线。

一石激起千层浪,短短半个月,一些商场主动向年轻人要货,连一些偏远县市的商场采购员也闻风而动,原先库存的4000多套天线当即售空。

一个月后,年轻人返回公司。这时公司如同迎接凯旋的英雄一样,为他披红挂彩并夹道欢迎。营销部经理也已经主动辞职,公司随即任命这个年轻人为新的营销部经理。

面对困难与挑战,这个年轻人勇敢无惧,迎难而上,善于观察与思考,寻找问题的症结,最终解决了难题,也为自己赢得了广泛的声誉与优渥的职薪。

面对挫折，要自强不息

不论你生长在什么样的环境下，只要你拥有不灭的意志，积极的心态，自强不息，做出艰苦的努力，你就会成长为一个勇敢、坚强的人！正如文天祥所说："君子之道所以进者，无法，天行而已矣。"一个自强不息的人，似乎上天都垂青于他。

前苏联火箭之父奥尔科夫斯基10岁时，染上了猩红热，持续几天的高烧，引起了严重的并发症，使他几乎完全丧失了听觉，成了半聋。然而，他默默地承受了其他孩子的讥笑和无法继续上学的痛苦，在父亲的帮助下自学了物理、化学、微积分、解析几何等课程。就这样，一个耳聋的人，一个没有受过多少正规教育的人，一个从未进过中学和高等学府的人，由于始终如一的勤奋自学、自强不息，终于使自己成了一个学识渊博的科学家，为火箭技术和星际航行奠定了理论基础。这是何等的毅力！

面对挫折与磨难，我们要敢于拼搏，自强不息。自强是比朋友、金钱以及各种外界的援助更为可靠的东西。它能排除阻碍、战胜艰难，能让平凡的人生创造惊人的奇迹！

一位原籍上海的中国留学生刚到澳大利亚的时候，为了寻找一份能够糊口的工作，他骑着一辆自行车沿着环澳公路走了数日，替人放羊、割草、收庄稼、洗碗……只要给口饭吃，他就会放下身架全心全意去做。

一天，在唐人街一中餐馆打工的他，看见报纸上刊出了澳洲电讯公司的招聘启事。留学生担心自己英语不过关，专业不对口，就选择了线路监控员的职位去应聘。过五关斩六将，眼看他就要得到那年薪3.5万元的职位了，不想招聘主管却出人意料地问他："你会开车吗？你有车吗？我们这份工作要时常外出，没有车是不行的。"澳大利亚公民普遍拥有私家车，无车者寥寥无几，可这位留学生初来乍到连糊口都难以保证，更别谈私家车了。然而为了争取到这个极具诱惑力的工作，他不假思索地回答："有！会！

……""那好！"

主管说："4天后开着你的车来上班。"

4天之内要买车、学车谈何容易，但为了生存，留学生豁出去了。他在华人朋友那里借了500澳元，从旧车市场买了一辆外形难看的"甲壳虫"。第一天，他跟华人朋友学简单的驾驶技术；第二天，在朋友屋后的那块大草坪上摸索练习；第三天，驾车歪歪斜斜地开上了公路；第四天，他居然驾车去公司报了到。时至今日，他已是"澳洲电讯"的业务主管了。

这位留学生的专业水平如何我们无从知晓，但没有人不佩服他的胆识和自强不息的精神。如果他当初畏首畏尾地不敢向自己挑战，那他绝不会拥有今天的辉煌成就。那一刻，他毅然决然地斩断了自己的退路，让自己置身于命运的悬崖绝壁之上。正是面临这种后无退路的境地，一个人才会集中精力奋勇向前，从生活中争取到属于自己的位置。

自强是一把开启"成功之门"的钥匙。自强是生发前进动力的源泉。

在风平浪静的湖面上驾驶船只，是不需要大量的技巧与丰富的航行经验的。只有在波涛澎湃、波浪排空的海面上行驶，舵手的航海能力才能被检验出来。

我们不要为经济窘迫、事业惨淡、生活艰难而悲伤叹气，其实这正是我们获得最大的长进的时候。

来自外界的援助，在当时看来似乎是一场"及时雨"，但它最终也许是一种"祸害"，因为它让你错过了自强上进的机会。当你一遇到困难就出手相助的并不一定是你真正的贵人，而那些督促你、鼓励你去自立自强的，才是你真正的贵人。

世界上有无数身体残缺的人，然而他们比正常人更坚强，他们拒绝亲友的接济，只靠自己的双手养活自己。

当一个人沦为"寄生虫"的时候，他实际上已不再是一个"完整的人"了。如果只有依靠别人才能生活，只靠别人的给予过日子，那活着也便没什么意义了。而只有当自己拥有一份工作，有一定的地位，有自己的追求，我们才能感觉到自己是一个没有缺憾的人，才能感觉生活的充实，才能感到一种光荣与满足！所以，人活一世，必须努力奋斗，自强不息！

面对挫折，不要慌乱

困难并不可怕，可怕的是放弃，等待，慌乱。在挫折来临的时候，不必慌乱，千万别束手无策，要全力以赴，从能做的做起。同时，以强烈的求新求变意识，摸索、创造对策，在最短的时间内，扭转败局，反败为胜。

美国的波音公司和欧洲的空中客车公司曾为争夺日本"全日空"的一笔大生意而打得不可开交，双方都想尽各种办法，力求争取到这笔生意。由于两家公司的飞机在技术指标上不相上下，报价也差不多，"全日空"一时拿不定主意。

可就在这关键时刻，短短两个月内，世界上就发生了三起波音客机的空难事件。一时间，来自四面八方的各种指责都向波音公司汇集而来。

这使得波音公司蒙受了奇耻大辱，产品质量的可靠性也受到了人们的普遍怀疑。这对正与空中客车争夺的那笔买卖来说，无疑是一个丧钟般的讯号。许多人都认为，这次波音公司肯定是输定了。但波音公司的董事长威尔逊却并没有为这一系列的事件所击倒。他马上向公司全体员工发出了动员令，号召公司全体上下一齐行动起来，采取紧急的应变措施，力闯难关。

他先是扩大了自己的优惠条件，答应为全日空航空公司提供财务和配件供应方面的便利，同时低价提供飞机的保养和机组人员培训；接着，又针对空中客车飞机的问题采取对策，在原先准备与日本人合作制造A3型飞机的基础上，提出了愿和他们合作制造较A3型飞机更先进的767型机的新建议。空难前，波音原定与日本三菱、川崎和富士三家著名公司合作制造767客机的机身。空难后，波音不但加大了给对方的优惠，而且还主动提供了价值5亿美元的订单。通过打外围战，波音公司博取到了日本企业界的普遍好感。在这一系列努力的基础上，波音公司终于战胜了对手，与

"全日空"签订了高达10亿美元的成交合同。这样,波音公司不光渡过了难关,还为自己开拓了日本市场。打了一场反败为胜的漂亮仗。

及时应变,就能在被完全击垮之前扭转局面,掌握主动权。在应变时,应注意以下几点:

(1)立足于自我优势,如人员优势、地形优势、技术优势等,充分利用,充分发挥,以此展开对策。

(2)充分了解对方的需要,做好有针对性的准备。

(3)多付出一点点,以小利博大利。

(4)诚信待人,博得他人的信任,赢得他人的合作。

学会应变,遇到挫折时,不要消极躲避,更不要以硬碰硬。全力以赴,靠你敏捷的思维化险为夷。

1991年9月,名声显赫的台湾海霸王食品公司发生了中毒案,致使该公司的信誉一落千丈,营业额只有原来的10%。然而,在类似的情况下,美国乔克尔恩逊药品公司却能平安地渡过挫折。事情发生之后。该公司迅速采取了周密的应变策略,全力推行挫折管理,制定了"终止死亡、找出原因、解决问题、通告公众"的重要决策。在获悉第一个死亡消息1小时内,公司人员立即对这批药品进行化验,结果表明阴性。但他们还是花费大量经费通知45万个包括医院、医生、批发商在内的用户,请他们停止出售并立即收回该公司的药品。同时撤销所有的电视广告,把事实真相以及公司所采取的对策迅速向公众告知。公司最终消除了公众的误解,仅仅3个月就恢复了生机。

英国航空公司曾遇到这样一件事:一次,一架由伦敦经纽约、华盛顿飞往迈阿密的英国航班,因机械故障被迫降落后在纽约禁飞。乘客对此极为不满,对英国航空公司怨声载道。该公司立即调度班机,将63名旅客送往目的地。当旅客下机时,英航职员向他们呈递了言辞诚恳的致歉信,并为他们办理退款手续。63名乘客免费搭乘了此班飞机。此举异常高明,尽管英航损失了一大笔钱,但起了力挽狂澜之功效,大大弱化了乘客的不满情绪。英航的这一举措被人们广为流传,英航声誉不仅未受损,反而大大提高,乘客源源不断。

面对挫折,不要麻木地不知所措,要学会应变,根据不同的情况做出相应的变通。这样才有可能克服困难,有可能通向成功。

夺取胜利,贵在坚持

滴水可以穿石,锯绳可以断木。只有仰仗恒心,积累点滴,才能看到成功。勤快的人能笑到最后,耐跑的马才会脱颖而出。

(1)坚持到底就是胜利

坚持到底就是胜利!在向成功之巅攀登途中,我们必须记住:梯子上的每一级横梁放在那儿是让我们搁脚的,是让我们向更高处前进的,而不是用来让我们休息的。

我们常常又累又乏,但举重冠军詹姆士·柯伯特却常说:"再奋斗一回,你就成了冠军。事情越来越艰难,但你仍需再努把力。"

詹姆士曾说:"在失败之后,我们不仅要重整旗鼓,而且还要做第3次、第4次、第5次、第6次甚至是第N次的努力。在每个人体内都有巨大的储备力量,但除非你明白并坚持开发使用,否则它是毫无意义的。"

许多人做事情,起初都能够付诸行动,但是,随着时间的推移、难度的增加以及气力的耗费,大多数人便从思想上开始产生松懈和畏难情绪,接着便停滞不前以至退避三舍,最后放弃了努力。

人之所以常常会浅尝辄止、半途而废,主要原因是人天生就有一种难以摆脱的惰性。当他在前进的道路上遇到障碍和挫折时,便会灰心丧气,畏缩不前。

中国古代大哲人荀子说:"骐骥一跃,不能十步,驽马十驾,功在不舍。"这正充分地说明了坚持的重要性。骏马虽然比较强壮,腿力比较强健,然而它只跳一下,最多也不能超过十步,这就是不坚持所造成的后果;

相反，一匹劣马虽然不如骏马强壮，但它若能坚持不懈地接连走十天，照样也能走得很远，它的成功在于走个不停，即坚持不懈。

著名作家杰克·伦敦的成功也是建立在坚持之上的。他在学习写作时坚持把好的字句抄在纸片上，有的插在镜子缝里，有的别在晒衣绳上，有的放在衣袋里，以便随时记诵。他终于成功了，成为了文学界的一代名人，然而他所付出的代价也比其他人多好几倍，甚至几十倍，同样，坚持也是他成功的保障。

成功的到来，总是需要时间的，因此坚持就显得极其重要了。有的人成功，就因为他比别人多坚持了一下；另一些人失败，也只是因为他没能坚持到最后。

20世纪70年代是世界重量级拳击史上英雄辈出的年代。4年多未上拳台的拳王阿里此时体重已超过正常体重20多磅，速度和耐力也已大不如前，医生给他的运动生涯判了"死刑"。然而，阿里坚信"精神才是拳击手比赛的支柱"，他凭着顽强的毅力重返拳台。

1975年9月30日，33岁的阿里与另一拳坛猛将弗雷泽进行第三次较量(前两次一胜一负)。在比赛进行到第14回合时，阿里已精疲力竭，濒临崩溃的边缘，这时候一片羽毛落在他身上也能让他轰然倒地，他几乎再无丝毫力气迎战第15回合了。然而他拼命坚持着，不肯放弃。他心里清楚，对方和自己一样，也是只有出气的力了。比到这个地步，与其说在比气力，不如说在比毅力，就看谁能比对方多坚持一会儿了。他知道此时如果在精神上压倒对方，就有胜出的可能。于是他竭力保持着坚毅的表情和誓不低头的气势，双目如电，令弗雷泽不寒而栗，以为阿里仍有着充裕的体力。这时，阿里的教练敏锐地发现弗雷泽已有放弃的意思，他将此信息传递给阿里，并鼓励阿里再坚持一下。阿里精神一振，更加顽强地坚持。果然，弗雷泽表示认输，甘拜下风。裁判当即高举起阿里的臂膀，宣布阿里获胜。这时，保住了拳王称号的阿里还未走到台中央便眼前漆黑，双腿无力地跪在了地上。弗雷泽见此情景，如遭雷击，他追悔莫及，并为此抱憾终生。

其实，当你已经下定决心为自己的目标奋斗下去时，就连艰辛的付出也会变得让人心旷神怡。但如果只是浅尝辄止,畏惧退缩,你所能得到的,只能是一连串的沮丧和失意。最后,你甚至会失去生活和工作的乐趣。

我们都知道"愚公移山"的故事,但近来很多人叫嚣着"愚公真愚",认为"愚公精神"不应提倡。他们的理由是:如果不是两位大仙帮忙,而真靠人力去搬,把几代人的生命都耗在未来不可知的事情上又有什么意义呢?乍一听,这话真的很有道理啊,生命何其短暂,干嘛把一生都耗在一件没有把握的事上呢?可是我们稍微推敲一下就可以看出此论的漏洞来了。

想当初,如果刘备没有愚公的那点傻劲,没有几次三番地跑到诸葛亮住的茅草屋请求诸葛亮帮忙,一个只想在乱世里平安度日的诸葛亮又怎么会跑去做刘备的智库呢?正是愚公的精神才感动了大仙去搬山。

卡耐基曾说过:"朝着一定目标走去是'坚',一鼓作气途中决不停止是'持'。一切事业的成败都取决于此。"所以如果你真想达到你的目标,就要遇事坚持到底,能够抓住机会的人,就是能够坚持到底的人。

许多人之所以没有收获,主要原因就是在最需要下大力气、花大工夫、毫不懈怠地坚持下去时,他却停止了努力。省力倒是省力,成功却从此与他无缘了。

平庸的人和杰出的人,其不同之处就看能不能坚持。坚持下去就是胜利,半途而废则前功尽弃。

失败者的悲剧,就在于被前进道路上的迷雾遮住了眼睛,他们不懂得忍耐一下,不懂得再跨前一步就会豁然开朗,结果在胜利到来之前的那一刻,自己打败了自己,因而也就失去了应有的荣誉。

(2)困境中更要坚持不懈

在困境中坚持不懈是一种即使面临失败、挫折仍然继续努力的能力。我们常常能够观察到,正确对待逆境的销售人员、军人、学生和运动员能从失败中恢复并继续坚持前进,而当遇到逆境时不能正确对待的人则常常会轻易放弃。

有一位推销员,为一家公司推销日常用品。一天,他走进一家小商店里,看到店主正忙着扫地,他便热情地伸出手,向店主介绍和展示公司的产品,但是对方却毫无反应,很冷漠地看着他。这位推销员一点也不气馁,他又主动打开所有的样品向店主推销。他认为,凭自己的努力和推销技巧一定会说服店主购买他的产品。但是,出乎意料的是,那个店主却暴跳如雷起来,用扫帚把他赶出店门,并扬言:"如果再见你来,就打断你的腿。"

面对这种情形,推销员并没有愤怒和感情用事,他决心查出这个人如此恨他的原因。于是,他多方打听才明白了事情的真相。原来,在他以前另一位推销员推销的产品卖不出去,造成产品积压,占用了许多资金。店主正发愁如何处置呢。

了解这些情况后,推销员开始疏通各种渠道,重新做了安排,使一位大客户以成本价格买下店主的存货。不用说,他受到了店主的热烈欢迎。

这个推销员面对被扫地出门的处境,依然充分发挥自己的坚持精神,同时不断寻找突破逆境的途径,这才有坚持的回报。

克尔曾经是一家报社的职员。他刚到报社当广告业务员时,对自己充满了信心。他甚至向经理提出不要薪水,只按广告费抽取佣金。经理答应了他的请求。

开始工作后,他列出一份名单,准备去拜访一些特别而重要的客户,公司其他业务员都认为想要争取这些客户简直是天方夜谭。在拜访这些客户前,克尔把自己关在屋里,站在镜子前,把名单上的客户念了10遍,然后对自己说:"在本月之前,你们将向我购买广告版面。"

之后,他怀着坚定的信心去拜访客户。第一天,他以自己的努力和智慧与20个"不可能的"客户中的3个谈成了交易;在第一个月的其余几天,他又成交了两笔交易;到第一个月的月底,20个客户只有一个还不买他的广告版面。

尽管取得了令人意想不到的成绩,但克尔依然锲而不舍,坚持要把最后一个客户也争取过来。第二个月,克尔没有去发掘新客户,每天早晨,那个拒绝买他广告的客户的商店一开门,他就进去劝说这个商人做广告。而每天早晨,这位商人都回答说:"不!"每一次克尔都假装没听到,然后继续前去拜访。到那个月的最后一天,对克尔已经连着说了数天"不"的商人口气缓和了些："你已经浪费了一个月的时间来请求我买你的广告了，我现在想知道的是，你为何要坚持这样做？"

克尔说："我并没浪费时间，我在上学，而你就是我的老师，我一直在训练自己在逆境中的坚持精神。"那位商人点点头，接着克尔的话说："我也要向你承认，我也等于在上学，而你就是我的老师。你已经教会了我坚持到底这一课，对我来说，这比金钱更有价值。为了向你表示我的感激，我要买你的一个广告版面，当作我付给你的学费。"

克尔完全凭着自己在挫折中的坚持精神达到了目标。在生活和事业中，我们往往因为缺少这种精神和成功失之交臂。在半梦半醒之间，常常隐约觉得自己被压迫得快要喘不过气来了。你没办法翻身，也动弹不得。但是在你的潜意识中，必须控制自己的肌肉筋骨才能摆脱困境。借助意志力的不懈努力，终于可以挪动一个手指了。之后，如果继续挪动你的手腕，就可以控制整个手臂肌肉并把手抬起来了。然后你用同样的方法控制了另一只手臂，另一条腿的肌肉，逐渐延展到全身。于是，意志力重新让你回到了对肌肉系统的控制，使你从梦中迅速恢复过来。

我们很容易从梦境中挣扎出来，但是却无法一下子从人生的困境中解脱出来。实际上，让自己从软弱无力的精神状态中慢慢起步，渐渐加速，直到完全控制自己的意志，与梦醒的过程极其相似。

意志力坚强的人懂得培养自己的恒心和毅力，并将它变成一种习惯，无论遭受多少挫折，仍坚持朝成功的顶端迈进，直至抵达为止。

经得起考验的人常常以其恒心耐力获酬甚丰。作为吃苦耐劳坚忍不拔的补偿，不论他们所追求的是什么目的，都能如愿以偿。他们还将得到比物质报酬更重要的经验："每一次失败都伴随着一颗同等利益的成功种子。"

当我们对众多成功人士进行考察时，发现那些大公司经理、政府高级官员以及每一行业的知名人士大都来自清贫的家庭、偏僻的乡村甚至贫民窟。他们之所以能成为社会知名人士和领导人物，是与他们经历过艰难困苦，具有很强的挫折承受能力分不开的。

　　将成功者和失败者进行比较,他们的年龄、能力、社会背景、国籍等种种方面都很可能相同,但是有一个例外,那就是对遭遇挫折的反应不同。轻易放弃者跌倒时,往往无法爬起来,他们甚至会跪在地上,以免再次遭受打击;而坚定不移者的反应则完全不同,他们被打倒时,会立即反弹起来,并充分吸取失败的经验,继续往前冲刺。轻易放弃者的忧虑及失败感使他们精神难以集中,绝望的心情也可能会使他们放弃及逃避奋斗,不能在奋斗中体验满足,所以缺乏克服困难的持久力。坚定不移者却能从挑战中获得满足感,所以更能自发持久地面对困难。

　　伟大的发明家爱迪生,对于人生中的挫折抱着罕见的不放弃精神,使他创造了非凡的成就。在电灯发明的过程中,其他人因为失败而感到心灰意冷时,他却将每一次失败都视为又一个不可行方法的减少,而确信自己向成功又迈进一步。

　　生命里程中永远存在着的障碍,不会因为你的忽视而消失。当你因为某件事而受到挫折时,不妨想想爱迪生在给整个世界带来光明前,那一万次的失败。爱迪生的坚韧不拔在于他知道有价值的事物是不会轻易取得的,如果真的那么简单,那么人人皆可做到。正是因为他能坚持到一般人认为早该放弃的时候,才会发明出许多当时的科学家想都不敢想的东西。

　　英国前首相丘吉尔不仅是一名杰出的政治家,而且是一个著名的演讲家,他十分推崇面对逆境坚持不懈的精神。他生命中的最后一次演讲是在一所大学的结业典礼上,演讲的全过程大概持续了20分钟,但是在那20分钟内,他只讲了两句话,而且都是相同的:坚持到底,永不放弃! 坚持到底,永不放弃!

　　这场演讲是成功学演讲史上的经典之作。丘吉尔用他一生的成功经验告诉人们:成功根本没有什么秘诀可言,如果真有的话,就是两个:第一个就是坚持到底,永不放弃;第二个就是当你想放弃的时候,回过头来看看第一个秘诀:坚持到底,永不放弃。

　　敏锐的观察力、果断的行动和坚持的毅力是成功的必备要素。你可能用敏锐的目光去发现了机遇,同时也能用果断的行动去抓住机遇,但是最后还需要用你坚持的毅力把机遇变成真正的成功。

在成功过程中坚持的毅力非常重要，面对挫折时，要告诉自己：坚持，再来一次。因为这一次失败已经过去，下一次才是成功的开始。人生的过程都是一样的，跌倒了，爬起来。只是成功者跌倒的次数比爬起来的次数要少一次，平庸者跌倒的次数比爬起来的次数多了一次而已。最后一次爬起来的人称之为成功者，最后一次爬不起来或者不愿爬起来，丧失坚持毅力的人，就叫失败者。

缺乏恒心是大多数人最后失败的根源，一切领域中的重大成就无不与坚韧的品质有关。成功更多依赖的是一个人在逆境中的恒心与忍耐力，而不是天赋与才华。只有在困境中依然能够坚持不懈的人，才能战胜困境取得最后的成功。

相信困难终会过去

西方谚语说："成功者都是咬紧牙关让死神害怕的人。"所以，我们要像成功者那样，咬紧牙关，别松口。如果连死神都害怕，那么失败和挫折就不算什么了。在困难面前，我们要始终相信：困难终会过去！

有一位只活了48岁的作家，从小严重瘫痪，只有一只左脚可以勉强活动，但是他就是凭着这只左脚写出了自传体小说《我的左脚》，他就是爱尔兰作家克里斯蒂·布朗。

克里斯蒂·布朗的一生是忍耐的一生，是挑战的一生。1933年他出生时，就患了严重的大脑瘫痪症。一直到5岁，小布朗还不会说话，头部、身躯、四肢也都不能活动，父母带着他四处求医，可情况始终没有什么好转。最后连家里人也失去了信心，认为他可能要这样过一辈子。

此时的布朗毫无意识，直到有一天，躺在床上的小布朗看到妹妹扔下的彩笔，他忽然伸出了自己的左脚把彩笔夹了起来，在墙上乱画起来。他画得正起劲的时候，母亲走进来，高兴地惊叫："他的左脚还能活动！"

母亲没放过这个微弱的暗示,她坚信只要小布朗的脚能活动,他就应该能做许多事情。于是,她便开始教布朗写字,没想到,第一天,布朗就能用脚写出3个英文字母。很快,他就能把26个英文字母按顺序写下来。这令全家人感到异常高兴。母亲不仅让他学写字,还让他看书,为他买来儿童读物和世界名著。布朗对书产生了浓厚的兴趣,如饥似渴地阅读。

也许是布朗受母亲坚强的感染,也许是上天可怜这对苦苦挣扎的母子,总之,一段时间以后,小布朗慢慢地竟然能说话了。后来,他向妈妈提出,他想要写信、做读书笔记,还想自己写点什么。母亲有些为难,只有左脚能活动,他怎么写呢?小布朗说:"我可以用脚打字呀。"他将自己的左脚高高抬起,大声地宣布:"我要用它写,我要成为全世界第一个用脚趾打字的人!"此时的小布朗已经有了忍耐的能力,已经具备了挑战挫折的气魄。

母亲也看到了布朗的希望,她相信:总有一天,布朗会以自己的方式独立生存。母亲想方设法替儿子买来了一台旧打字机。布朗把打字机放在地上,自己半躺在一把高椅上,用左脚按动键钮。刚开始,由于脚趾掌握不好打字的力度,布朗打出的字不是模糊不清,就是打烂了纸。但布朗一点也不灰心,他像着迷一样,仍然疯狂地练习,不管是炎热的夏天,还是寒冷的冬天,布朗都不曾停止练习。累了,就用左脚趾夹着笔画画。年深日久,布朗的左脚趾长出了厚厚的茧子。功夫不负有心人,终于,他打出了力度适中、清清楚楚的字,而且还能熟练地给打字机上纸、退纸,还能用左脚趾整理稿件。

打字并不是布朗的最终目标,当他学会打字之后,他决心向高峰攀登,那就是写作。他把自己想写一部小说的想法告诉了母亲,这一次,母亲犹豫了。母亲知道儿子是个有决心、有毅力的人,她也理解儿子的心情,可她知道写作比学习打字不知要难上多少倍,她担心儿子一旦失败会受不了心灵上的创伤,她不想让这个可怜的孩子再受任何伤害,平添痛苦。另外,她也觉得,儿子还是小孩子,没有多少生活阅历,有什么可写的呢?于是她劝慰儿子:"孩子,你有雄心壮志,妈妈很高兴。但是,人生的道路是很曲折的,不像你想的那么简单,万一失败了怎么办呢?我看你还是好好休养,读读书,画画图画,玩玩打字机就行了,不要想得太多了。你现在年纪还小,等以后再说吧!"

这是一个慈祥的母亲,她害怕小布朗受到伤害,然而布朗却异常坚定,他对母亲说:"这么多年,我已经忍过来了。妈妈,人活着就应该有所追求,不是吗?我虽然是一个残疾人,已经失去了生活的许多乐趣,但是我不能失去自己的梦想。我要让别人看到,我不是一个包袱,不是一个多余的人。"母亲惊异于布朗的坚韧与成熟,于是就全力支持他。

布朗躺在床上,静静地回忆着自己的不幸和坎坷经历,决定把自己的经历写下来,告诉那些在不幸中苦苦挣扎的人,告诉那些和他一样残疾的人,要坚强起来,不要屈服于命运的苦难。

这种沉重的苦难浸润了布朗的身心,却也积淀了布朗奋起的力量。布朗写出的小说非常深沉而有力量。他完成第一章初稿,就迫不及待地让母亲阅读、评点。母亲一下子被小说主人公的痛苦遭遇和坚强性格深深打动,她紧紧把布朗搂在怀里:"孩子,你是妈妈的骄傲,你一定会成功的!"

有了母亲的鼓励,布朗更加坚定,就这样,不知写了多少个日日夜夜,不知道克服了多少常人都难以想象的困难,终于,在21岁那年,布朗的第一部自传体小说问世了。他把它取名叫做《我的左脚》。布朗虽然只能用左脚来写小说,但这并不妨碍他在文学创作的道路上继续拼搏。16年后,布朗的又一部自传体小说《生不逢时》也出版了。这部小说感情真挚、道理深刻、情节动人、语言优美,一出版便震动了国内外文坛,成了畅销书,20多个国家翻译出版了这本书,有的国家还将它改编成电影。15年后,在妻子的照顾和帮助下,布朗又先后出版了3部小说和3部诗集,成为了享誉世界的文学巨匠,成为爱尔兰的骄傲。

一个只有左脚可以活动的残疾儿,却能成为举世闻名的大文学家,一个关键的能力就是"忍耐"。他能够在厄运中忍耐下来,在艰辛的奋斗中,忍耐下来,在辛苦的耕耘中,忍受下来,因此,他成功了。

逆境的改变往往产生于再坚持一下的努力之中,生活中,我们常常会遇到困难,只要咬紧牙关,相信困难终会过去,一切都会好起来。

专注一事，直至成功

只要我们能够专注于一件事，为此而努力探索，不断进取就一定能够成功。怕就怕我们中途放弃，不能够坚持到最后；怕就怕我们一心多用，导致心有余而力不足，最后因为贪多而一无所获。

世界台球冠军争夺赛在美国纽约举行，路易斯·福克斯的得分一路领先，只要他再得几分便可稳居冠军宝座。就在这个时候，他发现一只苍蝇落在了球台上，便上前挥手将苍蝇赶走，当他俯身击球的时候，那只苍蝇又飞到主球上，他在观众的笑声中再一次起身驱赶苍蝇，这只可恶的苍蝇已开始影响他的情绪。更为糟糕的是，苍蝇好像是有意跟他作对，他一回到球桌再次准备击球，苍蝇就飞回到了主球上，引得全场的观众哄堂大笑。

路易斯·福克斯的情绪恶劣到了极点，终于失去理智，愤怒地用球杆去击打苍蝇，球杆碰动了主球，裁判判他击球，他因此失去了一轮机会。接下来，路易斯·福克斯方寸大乱，连连失利，而他的对手约翰·迪瑞则愈战愈勇，赶上并超过了他，最终夺得了冠军。

第二天早上，人们在河里发现了路易斯·福克斯的尸体，他投河自尽了。

在电视上曾看到这样一组豹子追羚羊的镜头：一望无际的非洲草原，一群羚羊在那儿欢快地觅食，悠闲地散步。突然，一只非洲豹向羊群扑去，羚羊受到惊吓，开始拼命地四处逃散，非洲豹的眼睛死死盯着一只未成年的羚羊，穷追不舍。

羚羊拼命地逃，非洲豹使劲地追，非洲豹超过了一只又一只站在旁边惊恐观望的羚羊，它只是一个劲儿地向那只未成年的羚羊亡命似地追，而对身边的其他羚羊却像没有看见似的，一次次地放过了它们。终于，那只未成年的羚羊被凶悍的非洲豹扑倒了，挣扎着倒在了血泊中。

非洲豹为什么放弃身边一只又一只的羚羊，却死死盯着那只未成年的羚羊呢？在听到主持人的解说后，大家终于恍然大悟。原来豹子已经跑累了，而其他的羚羊并没有跑累，如果在追赶的过程中因其他的羚羊而改变目标，其他的羚羊一旦起跑，转瞬之间就会把疲惫不堪的豹子甩在身后，因此豹子始终不丢开那只未成年的羚羊，最终让它成了口中的食物。

什么是专注？所谓专注，就是专心致志，全神贯注，对既定的方向和目标不离不弃，执著如一，不分散精力，不心猿意马，不见异思迁，不盲目追随世俗潮流，不在乎他人审视的眼光和无聊的评头论足。

专注来自目标专一，只有目标专一，才会集中精力、体力、智力，才会逐渐向目标靠近；专注源于如痴如醉，"性痴则其志必凝，故书痴者文必工，艺痴者技必良"；专注还须具有浓厚的兴趣和坚忍的毅力，要有遭遇困难不退缩的信心，面对挫折不灰心的决心；专注更须抗得住诱惑，诱惑就像攀附枝干的藤蔓一样，纠缠于你实现目标的全过程，只有专注，才能抵御各种诱惑的干扰，才能认清掩藏在美丽面具背后的狰狞和凶险。

普通人的成功和聪明人的失败似乎是一件不可思议的事，但究其原因很简单，那些看似愚蠢的人都有一种顽强的毅力和磐石般的决心，他们有一种锲而不舍、专心专注的品质，他们能瞄准某一目标，坚持不懈，不等不待。

而许多所谓智力超群、才华横溢的人却因缺乏专心专注的品质，他们在目标面前左右徘徊，心神不定，最终平平庸庸、碌碌无为。要记住，事业因专注而成功，生命因专注而绚丽。

成功就是再坚持一分钟

胜利的获得者，往往是能比别人多坚持一分钟的人。卡耐基在被问及成功秘诀的时候说道："假使成功只有一个秘诀的话，那应该是坚持。"

过去行的，现在不一定能行；过去不行的，现在也许就行。任何人，任何事都是从不行到能行,只有难易的不同。停止努力了,行的也变不行了;继续努力,不行的就能行了。成功的秘诀其实可以归结为两个字,那就是"坚持"!

巴顿将军在二战后的聚会上说起这么一段经历:当巴顿从西点军校毕业后,入伍接受军事训练。团长在射击场告诉他:打靶的意义在于,哪怕你打偏了99颗子弹,只要有一颗子弹中靶心,你就会享受到成功的喜悦。

对于实战经验不多的新兵来说,想要枪枪命中靶心是困难的,然而,当巴顿的靶位旁的空子弹壳越来越多时,他已成了富有射击经验的老兵。

战争爆发后,巴顿将军奔波于各个战场,没有安稳感,他一度对生活产生了疑问,觉得自己像一架战争机器,不知道战争究竟要到何年何月才是尽头。但这一切持续了不到7年。这7年里,由于倔强刚烈的个性,巴顿所经历的挫折、失意,曾经那么锋利地一次次伤害过他,令他消沉,最终他才明白:它们只不过是那一大堆空子弹壳。

生活的意义,正是在于坚持不懈。经受挫折和磨练是射击,瞄准成功的机会也是射击,但是只有经历了99颗子弹的铺垫,才会有一枪击中靶心的结果。

只要坚持到底,就一定会成功,人生唯一的失败,就是当你选择放弃的时候。因此,当你处于困境的时候,你应该继续坚持下去,只要你所做的是对的,总有一天成功的大门将为你而开。

美国华盛顿山的一块岩石上,立下了一个标牌,告诉后来的登山者,那里曾经是一个女登山者躺下死去的地方。她当时正在寻觅的庇护所——"登山小屋"只距她100米而已,如果她能多撑100米,她就能活下去。

这个事例提醒人们,倒下之前再撑一会儿。胜利者,往往是能比别人多坚持一分钟的人。即使精力已耗尽,人们仍然有一点点精力,用到那一点点精力的人就是最后的成功者。

往往,再多一点努力和坚持便能收获到意想不到的成功。以前做出的种种努力,付出的艰辛便不会白费。令人感到遗憾和悲哀的是,面对一而再,再而三的失败,多数人选择了放弃,没有再给自己一次机会。

现在大家都知道电话是贝尔发明的。其实发明电话的大量工作都是爱迪生等科学家完成的，贝尔所做的仅仅只是将电话中的一个螺母转动了1/4周。为此他们打了一场著名的官司。法院最后将电话的发明权判给了贝尔。法官说：虽然爱迪生等科学家做了大量工作，但他们认为电话不能实用，而最终放弃了。可贝尔没有放弃，他将螺母转动了1/4周，改变了电流幅度，致使电话有了实际用途，所以电话的发明权应属于贝尔。爱迪生等科学家的失败距离成功的整体缺少了多大一部分呢？仅仅只是将一个螺母转1/4周。

美国前任总统林肯曾说过：我成功过，我失败过，但我从未放弃过。坚持不仅是一个人具有坚强心力的重要表现，更是一个人成就事业的必要条件。成功的人和不成功的人，首要差别不在天赋，而在于坚持力。

英国物理学家布拉格，小时候家里很穷，凭借着自己对梦想的不懈追求，通过顽强的努力，终于取得了很大的成就。而他曾经历的那段贫穷的岁月，成了日后激励他前进的动力。

他在学校读书时，因为家里经济条件太差，父母无法给他买好看的衣服、舒适的鞋子，他常常是衣衫褴褛，拖着一双与他的脚很不相称的破旧皮鞋。但年幼的布拉格从不因为贫穷而感觉自己低人一等，他更没有埋怨过家里人不能给他提供优越的生活条件。那一双过大的皮鞋穿在他的脚上看起来十分可笑，但他却并不因此自卑。相反，他无比珍视这双鞋，因为它可以带给他无限的动力。

原来这双鞋是他父亲寄给他的。家里穷，不能给他添置一双舒服、结实的鞋子，即便这一双旧皮鞋，还是父亲的。尽管父亲对此也充满愧疚之情，但他仍给儿子以殷切的希望、无与伦比的鼓励和强大的情感支持。父亲在给他的信中这样写道："……儿呀，真抱歉，但愿再过一二年，我的那双皮鞋，你穿在脚上不再大。……我抱着这样的希望，你一旦有了成就，我将引以为荣，因为我的儿子是穿着我的破皮鞋努力奋斗成功的……"这封寓意深刻、充满期望的信，一直像一股无形的力量，推着布拉格在科学的崎岖山路上，踏着荆棘前进。

　　坚持是一种强大有力的品格，是一种矢志不渝的信念。一个成功的人，无论是致力于获取财富，还是在某一领域成为顶尖高手，和那些没有成功的人比起来，最根本的差别就在于成功的人永不放弃，永不言败，具有坚持到底的意志和心力。无论有多大的障碍和挫折来阻挠，他们都不会轻言放弃。

　　1968年，时年30岁的约翰·斯蒂芬·阿赫瓦里，作为刚刚独立不久的坦桑尼亚代表团的5名运动员之一，来到了墨西哥城，参加马拉松项目的比赛。虽然在那之前他曾经取得过国际马拉松赛第二名的好成绩，但是这一次由于高原反应和气候不适，他一直没有达到最好的运动状态。在比赛进行到19公里（即入城的一半处）时，他的腿部严重拉伤。医务人员替他进行了简单的包扎后劝他放弃比赛，他却坚持向前跑去。其他的运动员一个接一个地超越了他……最终他比冠军"迟到"了一个多小时。当他一个人蹒跚着脚步，在夜幕中进入体育场时，颁奖典礼都已经结束了，在场的工作人员和观众给了他最衷心的掌声。著名奥运官方导演格林斯潘把这一时刻选入了《奥运历史上最激动人心的100个时刻》之一。

　　阿赫瓦里的行为体现的是一种奥运的精神！但它更是一种对待机会、对待生活或者说对待生命的态度，一种值得赞赏和学习的精神——坚持，不要轻易放弃！

　　胜利贵在坚持，要取得胜利就要坚持不懈的努力，饱尝了许多次的失败之后才能成功，即所谓的失败乃成功之母，成功也就是胜利的标志，也可以这样说，坚持就是胜利。

　　正如龟兔赛跑，兔子腿长跑起来比乌龟快得多，照理说，应该是兔子赢得这场比赛，然而结果恰恰相反，乌龟却赢了这场比赛，这是什么缘故呢？这正是因为兔子不坚持到底，它自认为腿长，跑得快，跑了一会儿就在路边睡大觉，似乎是稳操胜券，然而乌龟则不同了，他没有因为自己的腿短，爬得慢而气馁，反而，它却更加锲而不舍地坚持爬到底。坚持就是胜利，它胜利了，最终赢得了比赛。

　　巴雷尼小时候因病成了残疾，母亲的心就像刀绞一样，但她还是强忍住自己的悲痛。她想,孩子现在最需要的是鼓励和帮助,而不是妈妈的眼泪。母亲来到巴雷尼的病床前,拉着他的手说:"孩子,妈妈相信你是个有志气的人,希望你能用自己的双腿,在人生的道路上勇敢地走下去! 好巴雷尼,你能够答应妈妈吗?"母亲的话,像铁锤一样撞击着巴雷尼的心扉,他"哇"地一声,扑到母亲怀里大哭起来。从那以后,妈妈只要一有空,就帮巴雷尼练习走路,做体操,常常累得满头大汗。有一次妈妈得了重感冒,她想,做母亲的不仅要言传,还要身教。尽管发着高烧,她还是下床按计划帮助巴雷尼练习走路。黄豆般的汗水从妈妈脸上淌下来,她用干毛巾擦擦,咬紧牙,硬是帮巴雷尼完成了当天的锻炼计划。体育锻炼弥补了由于残疾给巴雷尼带来的不便。母亲的榜样作用,更是深深教育了巴雷尼,他终于经受住了命运给他的严酷打击。他刻苦学习,学习成绩一直在班上名列前茅。最后,以优异的成绩考进了维也纳大学医学院。大学毕业后,巴雷尼以全部精力,致力于耳科神经学的研究。最后,终于登上了诺贝尔生理学或医学奖的领奖台。

任何成功都需要坚持并付出努力才能获得。面对困难,一定不要放弃,因为坚持的下一步可能就是成功!

霍华德·卡特,第一位发掘图坦卡蒙法老墓的人。正是因为他的坚持,才有了今天开罗博物馆珍藏墓中的那些贵重文物。那是1922年的冬天,卡特几乎放弃了可以找到法老坟墓的希望,他的赞助者也即将取消资助。卡特在自传中写道:"这将是我们待在山谷中的最后一季,我们已经挖掘了整整6季了,春去秋来毫无所获。我们一鼓作气工作了好几个月却什么也没有发现,只有挖掘者才能体会这种彻底的绝望;我们几乎已经认定自己被打败了,正准备离开山谷到别的地方碰碰运气。然而,要不是我那最后的一锤,我们永远也不会发现,这些超出我们梦想所及的宝藏。"

卡特最后一锤的努力成为了全世界的头条新闻,这一锤使他发现了近代唯一一个完整出土的法老坟墓。由此我们可以看出,做大事,不可轻言放弃,要懂得坚持,坚持就是胜利,坚持就会成功!

在成功的道路上,永远没有失败,只有暂时停止成功或者将要成功。

所以无论何时,我们都应该信心百倍地去全力争取人生的幸福和成功,并永远激励自己:离成功我只有一百米,只要再多一分钟的坚持,我就能取得胜利!

勇气是战胜困难的法宝

勇气是一个人战胜困难的法宝。有时候,我们缺乏的不是解决问题的智慧和毅力,而是缺乏战胜困难的勇气。

有一位撑竿跳运动员,一直苦练都无法越过某一个高度,他失望地对教练说:"我实在是跳不过去。"

教练问:"你心里在想什么?"他说:"我一冲到起跳线时。看到那个高度,就觉得我跳不过去。"

教练告诉他:"你一定可以跳过去,把你的心从竿上摔过去,你的身子也一定会跟着过去。"他撑起竿又跳了一次,果然跳过去了。

心,可以超越困难,可以突破阻挠,可以越过障碍。只要你内心不放弃,所有的困难和障碍,都能够被你征服。

克鲁尔出生于美国一个工人家庭。由于家庭经济不富裕,他边打工边学习。

他在校期间成绩优秀,文笔很好,被选为校刊主编,把刊物办得有声有色,得到校长、老师、同学们的好评。18岁那年进入耶鲁大学,两年后,他离开耶鲁大学,进入陆军宪兵队,克鲁尔热爱学习,肯于钻研,他不甘心就此放弃学习,便辞别宪兵队,又到拉特格斯大学学习。由于在校级橄榄球比赛中表现突出,被选为橄榄球队队长,后来又被选入美国橄榄球队。他的一篇学术论文引起了《新闻周刊》的注意,他们采访了克鲁尔,并从中了解到克鲁尔今后的打算——当律师或投身广告事业,不过主意未定。

这个消息被比肯广告公司的一位高级副经理知道了,他马上打电话邀请克鲁尔到公司来,并诚恳地说:"到广告公司,我们将为你提供一个好的发展平台,而且你的专业知识也有可能用得上。"克鲁尔就这样选择了广告行业。

克鲁尔的信条之一是:"困难是暂时的,只要努力,最终就能战胜它。"20世纪70年代初,比肯公司出现了经营危机,一些高层员工纷纷辞职,另找出路,克鲁尔也曾动摇过。董事长挽留他,并让他把设计部整顿一下,克鲁尔接受了这一任务。他认为设计部是广告公司兴衰存亡的关键部门。他分析了设计部杂乱、骄纵的症结所在,设计了一套改造设计部的方案。

首先整顿设计部的领导班子,克鲁尔选拔了一批精明、强干、勤劳、能吃苦的骨干;其次是坚决改变设计部工作各行其是,不尊重客户的风气。克鲁尔抓住要害问题,经过半年多的整顿,终于使设计部焕然一新,公司很快打开了新局面,扭转了颓势。

克鲁尔在企业遭遇困难时不是找理由逃避,而是积极寻找解决问题的方法。

他把自己年轻时在运动场上的拼搏精神运用到企业经营中,永不懈怠,不断进取,从而使自己在职场中屡屡得胜。

成功者与失败者之间的分水岭,有时在于一点小小的勇气。当我们勇敢地前进时,我们会惊喜地发现,原来成功的门对我们从不上锁。很多时候,害怕困难的消极思维会使困难在想象中放大一百倍,而当你以积极的态度去面对时,就会发现那些问题与困难根本微不足道。

第十章

做卓有成效的决策者
——赢在方法,拥抱成功

成功者未必有特殊的机遇和优越的条件。相反,他们大都历经坎坷、命运多舛,他们是能在不幸的境遇中奋起前行的人。对他们来说,艰险的处境、失败的打击只会使他们更加坚强,他们不会被困境压垮,而是用努力变压力为动力,从荆棘中开辟成功的道路。

成功就要逾越一切困难

每个人总是认为自己遇到了最大的困难,无法逾越。曾经有这样一个故事:让所有烦恼的人在宽阔的操场上围成一圈,然后让每个人都把自己认为最大的不幸和苦难往广场中间扔。再让每个人从中捡一个你认为最小的不幸和困难回来。最后大家发现,每个人手上捡回来的还是当初自己扔出去的那个。其次,没有不能逾越的鸿沟,只要我们正视困难,锐意进取,相信一切困难都会在我们的努力面前低头。

当自己觉得无法跨越的时候,不要去想疯狂的极端的行为,因为其实活着比死去更勇敢。当你觉得困难无助的时候,想想那些在地震中失去父母、孩子的人,如何坚强地继续活下去;想想身边多少残疾人在和正常人一样生活在蓝天白云下,只是他们付出的更多。

困难像一道道不高也不矮的篱笆,拦在每个人的面前,能逾越它的人不少,但逾越不过的更多。成功逾越过困难篱笆的人,他们有一个共同的名字,叫做"成功者",他们属于精英中的精英。

明永乐帝朱棣就是其中之一。翻看朱棣的"创业史",实在不得不佩服他面对困难时的种种执著的坚毅之举。如果不是他敢于逾越困难,也许他将像他的很多兄弟一样,不是死于"削藩"之中,便是被贬为庶民,一生痛苦地活着,历史上将不再有这样一个具有雄才伟略的统治者。

朱元璋逝世后,将皇位传给孙子朱允文,也就是建文帝。建文帝实行削藩政策,先后把几个藩王贬的贬,迫死的迫死。而燕王朱棣,如果他不造反,很可能也只有死路一条。

面对这种情况,朱棣为了争取时间来做准备,做了一件令人吃惊的事——装疯。为了装得像,他吃的苦头可不少,大热天捂着棉被在火炉面前烤火,还叫着"冻死我了";建文帝的特使也不得不相信,燕王是真正的疯了!

朱棣实在是一个很特别的人,他能伸,更能曲。生死攸关的时候,他能放下王爷的身段,成功装疯骗过皇帝,然后起兵,打仗。

在这个过程中,朱棣几次陷入绝境,差点全军覆没,但是他强硬地坚持着逾越了种种困难,最后成功篡位,成为历史上为数不多的起兵"谋反"成功的皇帝之一,也是明朝唯一一位成功地由王爷的身份夺取了皇位的皇帝。

成了皇帝的朱棣,好大喜功,多疑好杀,手上沾满了鲜血,但无可否认,他也创下了很多功绩,创造了明朝初期的盛世年代。

朱元璋的儿子不少,类似朱棣这样的,还有8个,各镇守一方,都在"削藩"中被迫自尽或被贬为庶民成了整天被监视着的"百姓",还有的被关押起来,惨淡地度过了余生,而成功的,只有朱棣一个。

朱棣的成功,完全是建立在他敢于逾越困难的基础上。如果他没有逾越那些接二连三的困难,就不会有后来的永乐帝。

一个人如果活在世上,没有压力,没有困难,就会活得轻飘飘的,因此也不可能有作为。有困难,有压力,但如果面对困难,因为害怕而选择绕过或躲避困难,终究是不能走向成功的。

在生活中,也常常可以看到这类现象,一个人成功不成功,往往就在这方面的区别了。

小白和小红,当年一起去闯北京。两人都是师范学校中文系毕业的,不甘愿回到小县城,于是幻想在北京闯出一条星光灿烂的大道。

北漂一族的种种艰辛,她们都尝到了,费了百般的力气,才勉强找到一份工作,除了吃饭付房租,所剩无几,每天在路上奔波的时间就要近3个小时。

一次一次的搬家,失业,重新找工作,让两个女孩吃尽了苦头,前途却依然渺茫。有一次,小白生病了,虽然不严重,但在高烧中的她倍感凄凉,想想在北京的日子,她做过文员、助理、销售员、保险推销员……没有一样能干长久,每次失业,生活都陷入困顿之中,最困难的时候,她不得不打电话,让父母汇点钱过来,用来支撑生活。父母也曾劝过她,不如回来吧,就是在家乡当个乡村教师,离父母也不远,虽平淡,但也平安,有什么不好的?以后可以慢慢调到县城来。

小红的父母也同样劝过她,他们在县城给她找好了工作,先干一阵,然后再去考公务员,有父母的照应,生活应该是很轻松的事。

作为女孩子,漂在北京,真的太艰辛了,种种困难,把她们折磨得够呛。比如说最常见的搬家,没有一个男生帮一下,真的太辛苦。

那次病愈,让小白动摇了,加上父母不停地劝阻,她最终选择了放弃打拼,回到家乡。而小红,她说她要坚持下去,她不喜欢平淡而被安排的生活,她想追求自己向往中的理想,为了这个理想,再大的困难,她都可以承受。

两个女孩子在闯荡北京一年后,分道扬镳。

小红坚持着她的梦想,她应聘到一个文化工作室,做了主编助理,学到不少东西,后来又跳槽到一家出版社,一边组稿,一边自己创作……

5年过后,有一次小白在网上遇到小红,问她混得如何。小红轻描淡写地说,她现在已经是出版社的编辑,月薪6000多。同时还承接其他的活,比如帮一些公司做装帧设计,给一家杂志写连载,一个月实际到手的钱差不多12000左右。

"真的很累啊!"小红说的时候,埋怨了一句,可小白却能听出在小红埋怨声中的满足感和成就感。小白,回家后几乎待了一年的业,才分配到一个很偏远的小山村里任教,条件很差不说,工资也常常拿不到手。几经波折,让父母托关系,换了两所学校,好不容易才调到县城附近的一所乡镇中学,至今薪水不过1000来块,还经常被拖欠,被以种种名义克扣或是被迫募捐,实际到手的工资,每月不足800元。

听说小红已经在北京找到男友,最近正准备结婚,男友是商界人士,收入颇丰。两人已经买了一套房,正奔着康庄大道走去。小白的心空空的,她和小红现在的落差已经非常的巨大,薪水差了10倍,气质上更是相去甚远。小红已经是典型的城市女郎,举手投足透露着时代女性的美丽与精干,而自己,风吹日晒,和一个村姑差不多,看上去呆板而苍老。

小白很失落,想当初,小红的起步和她是一样的,承受的困难甚至比她还多,但是小红不但坚持了,还逾越了困难,成就了自己。而她自己,却在困难面前退缩了。如今的小白,已经无力再去改变自己的命运了。

夏洛蒂·勃朗特曾说过一句话:人活着就是为了含辛茹苦。人的一生肯定会有各种各样的压力,于是内心总是经受着煎熬,但这才是真实的人生。夏洛蒂自己也经受过这样的煎熬,但她却在种种困难和磨砺中,写出了脍炙人口的名著《简·爱》。

不论是在历史上还是在现在,每个人都无法避免要面对很多困难。在面对这些困难和压力时,坚持着往前走,往往能够成就自己。那些在生活中跌倒,面对困难害怕了,绕过困难或是在困难面前畏惧退缩的人,往往就成了社会的"弃儿",而那些能重新爬起来再战的人,坚持逾越困难的人,却因此成就了自己的人生!

把信心与实际行动相结合

有人说:"信心使不可能成为可能,使可能成为现实,信心可使人从平凡走向辉煌。"当我们满怀信心地对自己说:"我一定能成功。"这时离收获也就不太遥远了。但是,光有信心还是远远不够的,还必须把它真正付诸于行动才行。

有句话说得好:"功到自然成!"这个"功到"其实隐含的正是行动的意思。可见,一个人要想取得学业或事业上的成功,就必须把信心与实际行动相结合起来。

著名作家狄更斯平时就很注意观察生活、体验生活。不管是刮风还是下雨,他每天都坚持到街头去观察、谛听,记下行人的零言碎语,积累了丰富的生活资料。这样,他才在《大卫·科波菲尔》中写下精彩的人物对话,在《双城记》中留下逼真的社会背景描写,从而成为英国一代文豪,取得了他文学事业上的巨大成功。

爱迪生曾花了整整10年去研制蓄电池,其间不断遭受失败的他一直咬牙坚持,经过了5万次左右的试验,终于取得成功,发明了蓄电池,被人们授予"发明大王"的美称。

狄更斯和爱迪生就是在具有信心的基础上,又付出了一定的行动。信心与行动,使狄更斯为人们留下许多优秀著作,也为世界文学宝库增添了许多精品;信心与行动,使爱迪生攻克了许许多多的难关,为人类的进步做出不可磨灭的贡献。可见,信心与行动的结合能够使人取得事业和学业上的成功。

有信心有把握是好的,但不等于有信心就能成功。信心不是与生俱来就是成功的祖先,有信心的同时再有一定的行动才能成功。

人类历史上杰出的人物,并非个个都是天才,而是因为他们能挖掘自己的潜力,在正确认识自己的基础上产生了信心,正是这种坚定的信心,使他们不畏艰难险阻,在任何情况下都能使自己处于最佳状态,把全部的能量都发挥出来。

要改变自己目前的现状,要让自己更有自信,要让自己做事更有成效,我们就必须做出更好的决定,采取更好的行动。

不要与成功失之交臂。那些失败者往往是没有行动而放弃努力,与成功失之交臂。

瑞典一位化学家在海水中提取碘时,似乎发现有一种新元素,但是面对这繁琐的提炼与实验,他退却了。当另一化学家用了一年时间,经过无数次实验,终于为元素家族再添新成员——溴而名垂千古时,那位瑞典化学家只能默默地看着对方沉浸在胜利的喜悦之中。这两位化学家,一位行动了,取得了胜利;另一位却没有付诸行动,未能取得成功。可见,行动往往是取得成功的基础。

在许多成功者的身上,我们都可以看到超凡的信心与实际行动所起到的巨大作用。这些事业取得成功的人,在信心的驱动下,敢于对自己提出更高的要求,并在失败的时候看到希望,最终获得成功。在通往成功的路上,信心与行动是你必不可少的工具,它可以帮助你走过一条条不平坦的道路,它可以帮助你铲除阻碍前进道路的荆棘。

数千年来,人们一直认为要在4分钟内跑完1英里是件不可能的事。不过,在1954年5月6日,美国运动员班尼斯特打破了这个世界纪录。

他是怎么做的呢?每天早上起床后,他便大声对自己说:"我一定能在4分钟内跑完1英里!我一定能实现我的梦想!我一定能成功!"这样大喊一百遍,然后他在教练库里顿博士的指导下,进行艰苦的体能训练。终于,他用3分56秒6的成绩打破了1英里长跑的世界纪录。

有趣的是在随后的一年里,竟有37人进榜,而在后面的一年里更高达二百多人。请问班尼斯特为什么能打破世界纪录?因为班尼斯特有信心,他相信自己能打破世界纪录,并且也付出了行动。

我们知道,信心是对生活充满乐观和进取的一种信念;信心是克服生活上、工作中遇到的困难的决心和勇气,是任何情况下都不动摇,并努力为之奋斗的动力源泉。而行动正是在信心的基础上所实施的。信心使人有了无穷的力量,信心是一种永不服输的精神。凡是伟人,都充满着对人生的信心,并且有实际的行动,才能够成功的。所以,我们坚信:只要把信心与行动相结合,一切目标都能实现,一切的努力也必将能够取得成功。

把困难转变成前进的动力

有句话说得好:"困难像弹簧,你弱它就强。"困难本来无所谓强弱,它就像是一个欺善怕恶的小鬼,当你面对它时畏畏缩缩,心惊胆战,它就要跳起来,将千钧重担压在你身上。当你一旦能站到它的上面,你反而能借助"困难弹簧"的弹力,一跃冲天。

在生活与工作中,我们要善于把困难转变成前进的动力。当我们不断地克服困难,并通过它一步步地接近目标,每通过一个关口,都对下一关充满了好奇与期盼。下一站,将会有什么样的风景?这种强烈的好奇与期盼,就是让我们将困难转变为成功的推力,它会支撑着我们,突破一个又一个的困境,直至实现目标!

道理人人都能讲,可是要想将困难转化为成功的推力,具体应该怎样去操作?下面有两个小例子,仅供大家参考。

张可是一个文学青年,业余时间热爱写作,常常在网站上发表小说,还得过几次网络文学大奖。但是,她最近总觉得,自己所掌握的词汇量太少,不利于行文时的表达。听人介绍,背字典可以在短期内收到明显的成效,可她去试了一下,效果却很不理想!因为她默背的过程中,一旦记不起来,就忍不住马上翻字典查看。

为此,她想出了绝招:背一页,撕一页!理由是:她心痛字典,所以每次撕掉一页,都必须花10倍的工夫去记住那一页的内容。

背字典难不难?本来挺难的。但是背不下来,翻字典,一点都不难!现在背一页,撕了,就给"背不下来,翻字典"这样一种偷懒的想法制造了一个"困难",并且通过这样的困难,迫使自己更加认真、努力地去记忆。虽然这仅仅是一个"没有困难,制造困难也要上"的比较极端的例证,但是这种化困难为行动推力的思路却很有用。

化困难为成功的推力,方法有多种,生活中有很多成功的例子。

李科,35岁,职业律师,年收入过百万。曾被某市评为"2005年十大杰出青年",他因无偿为山区失学儿童打公益官司而声名鹊起,是个真正的青年才俊、事业有成的成功者。

在李科没有成功前,他的家庭环境不好,爸爸早逝,妈妈是农村妇女,没有收入。刚从政法大学毕业时,李科英语成绩未过四级,不能进入大律师事务所工作,只能挂靠在一家小律师事务所,当律师助理。实习1个月,不但没有收入,反而倒贴了300多元的车费与饭钱。由于入不敷出,妈妈就背着儿子,托朋友找了一份清洁工工作,来补贴家用。地点,就在李科上班的写字楼旁。

一天,李科办完事回家,意外地发现,妈妈正佝偻着身子,在楼道的垃圾桶里翻找东西。李科的眼眶立时就红了,赶紧趁着没人看见,将妈妈劝回家。在李科的坚持下,妈妈再没有去那里打工。

不过从此之后,李科比以往更加努力工作了,利用业余时间,他自修英语,半年后顺利拿到了四级证书。可有人发现:李科每天下班后,仍然坚持要到那个"妈妈掏过的"垃圾桶旁边"罚站"5分钟。

他说,要记住那一次突然看到妈妈时的尴尬与心痛,以此来激励自己,绝对不能再让类似的事情发生。

这样的日子只持续了1年,李科便成功跳槽到了一家中型律师事务所工作。由于工作努力,李科得到了业界前辈的赏识,事业也慢慢地走上了轨道,才有了后来的成就。

真的猛士,敢于直面惨淡人生!将困难化作行动的推动力,没有什么诀窍,其实就是将困难当作成功的一部分去看待,在通往成功的道路上,不断地用尴尬的困境来刺激自己。

困难,是不可逃避的客观事实。每当你需要克服一个困难,而因为懒惰、畏惧，不肯前行时，不妨再坚持一步，多想一想克服那个困难后，你能得到什么，不能克服它，你将失去什么。在失与得之间权衡利弊，想清楚每一件事情对自己的意义。这样，困难就不是困难，它就成了一座使你通向成功的桥梁。

正如一首歌所唱的那样：不经历风雨，怎么见彩虹？没有困难的成功，是不值得庆幸的。所以，请你以愉快的心情，毫无畏惧地去直面困难吧。真正悟出"与自己斗，其乐无穷"的道理，这将会使你一生受用无穷！

多一分自信多一分成功

自信就是相信自己，相信自己的能力和水平。自信是通往成功的桥梁，这一点不假。试想，连自己都不相信，对自己的能力都怀疑的人，怎么可能干好事情呢？

古往今来，有许多失败者之所以失败，究其原因，不是因为无能，就是因为不自信。自信，使不可能成为可能，使可能成为现实。不自信，使可能变成不可能，使不可能变成毫无希望。

多一分自信，多一分成功。当你总是在问自己：我能成功吗？这时，你就难以摘取成功的花朵。当你满怀信心地对自己说：我一定能够成功。这时，人生收获的季节离你已不太遥远了。

小泽征尔有一次去欧洲参加指挥家大赛，在进行前三名决赛时，他被安排在最后一个参赛，评委交给他一张乐谱，正演奏时，小泽征尔突然发现乐曲中出现不和谐的地方，开始他以为是演奏家们演奏错了，就指挥乐队停下来重奏一次，仍觉得不自然。这时在场的权威人士都郑重声明乐谱没问题，是他的错觉，面对几百名国际音乐权威，他不免对自己的判断产生动摇。但是，他考虑再三，坚信自己的判断是正确的，于是大吼一声："不，一定是乐谱错了！"

他的喊声一落，评委们立即向他报以热烈的掌声，祝贺他大赛夺魁。

原来,这是评委们精心设计的"圈套",以试探指挥家们在发现错误而权威人士又不承认的情况下,是否能够坚信自己的判断。

有许多时候成功与我们失之交臂。这并不是成功不肯垂青我们,而是我们易被环境左右,惯于附和权威,缺乏主见,最终放弃了自己的正确判断的缘故。小泽征尔的故事告诉我们:自信是成功者必备的素质。

这不仅仅要掌握相当的知识,还需要有坚持一下的毅力和勇气。

令人遗憾的是,世界上有为数不少的人对自己缺乏起码的信心,甚至觉得自己事事处处都不如人。他们之所以这样想,一方面在于他们无限地夸大了自己的缺点,另一方面又在于他们盲目地夸大了别人的优点,两者对比,当然会有一定的差距,所以就陷入了难以自拔的自卑状态。

自卑感是人类天生的一种属性,它是人类个体对自己能力和品质评价偏低的一种消极心态。不同的是成大事者能克服这种自卑感,使自己活得坦然自如;而平庸者盲目甚至过分地意识到自己的不足,他们陷入深深的自卑之中,于是只是埋头苦干,任劳任怨,从不敢提出一点自己的看法,任人驱使。

平庸者自卑的理由很多,如没有比尔·盖茨有钱,没有奥尼尔的强壮和姚明的身高,没有爱因斯坦的智慧……甚至连微不足道的缺陷也成了他们极大的心病。

自卑感的存在使平庸者看不到自己的优势,没有信心,进而悲观失望,不思进取。假如一个人陷入自卑的深渊,那么他就会受到严重的束缚,聪明才智便无法发挥。所以自卑是迈向成功的绊脚石。

可能许多人都不知道,令无数球迷倾倒的球王贝利,曾经是一个自卑、胆小的人。当他得知自己入选巴西最有名气的桑托斯足球队时,竟紧张得一夜未眠。因为他对自己缺乏自信,一种前所未有的怀疑和恐惧使贝利寝食不安。

身不由己的贝利来到了桑托斯足球队。"正式练球开始了,我已吓得几乎快要瘫痪。"他就是这样走进一支著名球队的。

第一次比赛教练就让他上场,并让他踢主力中锋。紧张的贝利双腿好像是长在别人身上似的,半天没回过神来。每次球滚到他身边,他都像看见别人的拳头向他击来。后来,他寻回了自信便不顾一切地在场上疯狂地奔跑起来,他眼中只有足球,恢复了自己的正常水平。

贝利的紧张和自卑,是因为把自己看得太重了。他从小自尊心极强,自视甚高,以至做任何事情都难以达到理想的要求。他一心只想着别人将如何看待自己,这又怎能不导致怯懦和自卑呢?

强者也有软弱的时候,强者之所以成为强者,正在于他们善于战胜自己的软弱。

法国著名的化学家维克多·格林尼亚是一个超越自卑走向成功的典型例子。

格林尼亚出生在一个非常富裕的家庭,从小就养成了游手好闲的生活态度,总是挥金如土、盛气凌人,但是在他21岁的时候,却遭受了一次严重的打击。

在一次宴会上,他遇见了一位年轻美貌的巴黎女郎,而且对她一见钟情。于是,他仗着自己长相英俊而且有钱有势,便走上前去同她交谈。

没想到,这位女郎却冷冰冰地对他说:"先生,请你站远一点,我最讨厌被花花公子挡住视线了。"

这让格林尼亚羞愧不已,对很多人来说,或许这只不过是被一个高傲的女孩拒绝而已,但是,对娇生惯养的格林尼亚来说,却是一次严重的打击。

经过这次事件之后,他决定离开家乡,一个人来到里昂,并且隐姓埋名,整天只待在图书馆和实验室里做研究。经过菲利普·巴尔教授的指导,再加上不懈努力,他终于发明了格氏试剂,而且发表了两百多篇学术论文。

1912年,瑞典皇家科学院授予他诺贝尔化学奖。维克多·格林尼亚反省说:"因为从小家境很好,每当自己有任何好成绩时,家人都会视为理所当然,而其他人则认为那是因为我的家境好,从来都没有人会认为是我自己的努力。渐渐地,我对自己越来越没有信心,不知不觉开始自卑起来,总是拿着家里的富裕来满足自己。直到女孩的那句话,我才发现自己是多么让人讨厌,甚至连自己也厌恶自己。后来我仔细反省,终于了解到,如果能正确地对待心里的自卑,我一定能靠着自己的力量,获得别人真正的肯定。"

相信每个人都曾经有这样的经验,不管是青少年时期因为学业不如别人,还是对外在环境不适应,每个人或多或少都有自卑的时候。

只是,在这些情况下,是否让你习惯了逃避,或是学会了伪装?不管是哪一种情形,都只会让你越陷越深,越来越失去自己。

与其因自卑而悲观丧气,招致他人更多的歧视和冷漠,不如将它转变为动力,从自卑走向自信,这才是积极向上的生活态度。

丢掉幻想,立即行动

行动就是把计划中的事情实施起来。而幻想是不切实际的想法,而且只想不做,不把想法付诸于行动。

想与行动一样的重要。因为,生活既需要思考,也需要行动! 但是不能只空想,不行动。正如西方谚语所说:一张地图,不论多么详尽,比例多精确,它永远不可能带着它的主人在地面上移动半步! 路,终究是要走的;日子,终究是要过的;而你,唯有去行动,才能真的改变。想,固然重要,但想是为行动来服务的,想好了,想通了,就要去做! 去行动! 不能只是想,行动才是最最重要的。

一个没被付诸行动的想法在你的脑子里停留得越久越会变弱。过些天后其细节就会随之变得模糊起来。几星期后你就会把它给全忘了。在实践中,你可以实现更多的想法,并在其过程中产生更多新的想法。记住,想法本身不能带来成功,虽然想法很重要,但是它只有在被执行后才有价值。一个被付诸行动的普通想法,要比一打被你放着"改天再说"或"等待好时机"的好想法来得更有价值。如果你有一个觉得真的很不错的想法,那就为它做点什么吧。如果你不行动起来,那么这个想法永远不会被实现。

西方精神分析学大师弗洛伊德认为,空想就是人在现实生活中由于某种欲望得不到满足,于是通过一系列的幻想在心理上实现该欲望,从而为自己在虚无中寻求到某种心理上的平衡。这正是空想带给人的极大危害性。下面的故事生动地说明了空想的危害。

西尔维亚自从上大学时就梦想当一名电视联播节目主持人。她出身高贵,一直由于具有中上层社会关系和事业上成功的父母而备受青睐。凭借自身条件和家庭背景,她完全有机会能够实现自己的梦想。她常常信誓旦旦地对周围的人说:"只要给我一次上电视的机会,我就能牢牢把握住。"

西尔维亚的个人能力是有目共睹的。然而,她为了实现这个梦想都做了些什么呢?她的所作所为十分令人失望。她想马上取得成功,一下子就成为一个电视联播节目的主持人。不过她从来没有为此而做出过任何努力,只是幻想着某一天特别走运,一下子被推到那个位置上。

朋友们听了她的想法,极力反驳道:"西尔维亚,你是在做梦吗?你要是当真想得到那份工作,你现在就必须去为它而努力,去进行必要的训练和学习相关的丰富知识。因为没有人会请一个毫无经验的人担任电视主持人那样的明星角色!再说,电视台经理对跑到外面去搜寻天才可没有多少兴趣,一般都是人们主动向他们接近。"

西尔维亚听了朋友们的劝告,觉得似乎有些道理,不过还是没有完全放在心上。

与西尔维亚一样,辛迪也想成为一名电视记者。那么,她为实现自己的梦想又是怎么做的呢?

辛迪没有西尔维亚那样优越的经济条件,她要天天去工作,晚上还要到加州大学分校的艺术夜校学习。毕业后,她到处找工作,跑遍了洛杉矶的每个广播台和电视台。但每位经理都给了她大致相同的答复:"除了在摄像机前有几年工作经验的人,我们谁都不用。"听了这样的回答,她并不放弃,仍旧一如既往地主动争取机会。几个月中,她仔细翻阅各种有关报刊,终于看到这样一则广告:北达科他州一家很小的电视台招聘一名气象预报女播音员。

辛迪是个讨厌冰雪的加里福尼亚人,她对自己说:"如果我去,我想我会死在北达科他的!"不过冷静思考过后,她知道她要得到的是一个与电视台有关的工作,所以就什么都不在乎了,于是毅然前往北达科他州。

辛迪在那儿干了两年,后来在洛杉矶电视台找到了一份工作。

又过了五年,她的工作能力得到了上级领导的高度赏识,结果被任命为她梦寐以求的联播节目主持人。

现在,让我们再来看看10年后的西尔维亚和辛迪的情况:10年来,西尔维亚始终停留在幻想之中,一直坐等机遇,梦想有一天机会突然降临,然而时间一年一年过去了,机会始终未能青睐于她,她只在一家公司找了一份非常普通的工作。而辛迪因为积极采取行动,最终实现了人生梦想,10年后成了联播节目的名牌主持人。

理想是彼岸,行动是桥梁。别坐着发呆,别总喊无奈,去追赶我们心中的梦,生命因行动而精彩!

因此,在生活中我们一定要多做实事,多实践少空想。只有这样,我们才能赢得成功。

从前有两个和尚,一个很有钱,每天过着舒舒服服的日子;另一个很穷,每天除了念经之外,还得到外面去化缘,日子过得非常苦。

有一天,穷和尚对有钱的和尚说:"我很想到印度去拜佛,求取佛经,你看如何?"有钱的和尚说:"路途那么遥远,你要怎么去?"

穷和尚说:"我只要一个钵、一个水瓶、两条腿就够了。"

有钱的和尚听了哈哈大笑,说:"我想去印度也想了好几年,一直没成行的原因是旅费不够。我的条件比你好,我都去不成,你又怎么去得成?"

过了一年,穷和尚从印度回来,还带了一本印度的佛经送给有钱的和尚。有钱和尚看他果真达成愿望,惭愧得面红耳赤,一句话也说不出来。

成功地将一个好主意付诸实践,比在家里空想出1000个好主意要有价值得多。没有行动,再远大的目标也只是目标,再完美的设想也仅仅是设想,要想使其变为现实,必须付诸行动。

英国诗人布莱克说:"光会想象而不行动的人,只是生产思想垃圾。成功是一架梯子,双手插在口袋里的人是爬不上去的。"

有个20岁的男孩名叫郭凯,是西部地区一所大学里的经济系的大二学生。到了大三,他发现自己更喜欢做一名企业家,他想到商学院学习企业管理。可是,他没办法转系。系主任告诉郭凯,他以前在大一期末考试成绩不够高,而且现在系里没有多余的名额。但郭凯没有就此罢休,他立即制定了这样的计划:先通过旁听选修所有企业管理的课程,参加他们的授课。一个月后,恰好有一个企管专业学生办理休学,郭凯便抓住这个机会去补了那个空缺。

到了大四,郭凯学习了企业管理所有的课程并修满了学分。最后一个学期,他拿着成绩单去见系主任。他问系主任:"虽然我没有被正式接受,但是我是否可以得到企管学士的学位?"

系主任感到非常吃惊,同时也很感动。"在我看来,你就是个企业家。"系主任说,"我不知道有什么理由可以拒绝你的申请。"

最后,郭凯得到了企业管理的毕业证书和学位证书,走出校门到更为广阔的天地去拼搏。

郭凯的成功,毫无疑问来自于他的行动力。假设他一直在观望中等待,无论如何都不可能得到企业管理的毕业证书和学位证书。换了其他人,我们也许会想,还是等一下吧,如果实在没有机会,就毕业后再进修自己感兴趣的专业。相信这是很多人的想法。而毕业之后,面对工作的压力和越来越少的个人时间,我们也许又会想,现在太忙了,等以后有时间再做自己喜欢的事情吧。直到有一天我们老了,才发现自己就在这种等待中度过了一生。

真正的人才不在于你拥有多少知识,而在于你能做出多大的事情。一个没有行动力的人,不管拥有多少知识,都不能叫人才。真正的人才,是那些做了决定就立即行动的人。这些人,才是我们这个社会的赢家。

生活中,有美丽的愿望当然是好事,但一味地空想,不但会一无所获,而且还会耽误你的前程,最终一事无成。

做任何事,想得再好也只是空想,要想变为现实,必须付诸行动。不管你的目标看起来是多么渺茫,不管前面有多少困难,只要你知道具体的目的地,而且向它迈出第一步,你便走上了成功之路!

相信自己能够更强一些

如果我们有勇气去追逐,那么我们所有的梦想基本上都能实现,不要害怕自己的梦想和现实之间的距离,如果有梦想,那我们就去实现它吧,成功永远属于不言放弃的人。

虽然我们不能选择生活中会发生什么事情,但是我们可以选择如何面对生活,自信的人会有成功的方法,相信自己一定可以更强一些。

在困难与挫折面前,心理上的强大比身体上的强大更有用。很多时候,我们不是被困难绊倒了,而是被自己束缚住了手脚,不给自己放手一搏的机会。其实一切困难都是"纸老虎",只要你勇敢出击,你就将发现它原来是不堪一击的。所以,我们不妨把自己想象得更强一些,在战略上藐视,但在战术上重视,抱着这种心态去和困难较量,我们才有战胜困难的机会。

艺人摩洛的非凡成就来自两次成功的拼搏,一次在20岁,另一次在32岁。

摩洛是个天才,他的才华从少年时代就得到了充分的展示。又由于家人都喜好音乐和喜剧,在家庭环境的熏陶和影响下,几乎所有乐器他都能演奏。不到10岁时,他就指挥过交响乐团;到了14岁,独立组织了一个舞蹈团;高中毕业后,又投身新闻界担任记者,与许多新闻界老前辈如班·希特、查尔斯、马卡沙等人一起工作;19岁时,他曾获音乐奖学金,但由于举家搬至纽约,不得不放弃此次进修机会。

到纽约后,他在Veiw广告公司找到一份每周14美元的工作。对于当时的情景，摩洛回忆说："那时我几乎天天跑外勤，十分忙碌，感觉时间过得特别快。6点下班以后，我还到哥伦比亚大学上夜校，主修广告。有时因为工作尚未完成，所以下课后还要从学校赶回办公室继续工作，常常从夜里11点干到凌晨两三点。"

摩洛很喜欢带有创意的设计工作。20岁时，他放弃在广告公司很有发展的工作，决心自己创业。他的创意主要是说服各大百货公司，通过CBS电视公司成为纽约交响乐节目的共同赞助人。摩洛认为这是十分可行的：一方面，当时的百货公司效益普遍不好，都希望能借助广告媒体提高公司形象与销售业绩；另一方面，在纽约，交响乐节目的听众多达100万人，十分值得投资。于是，摩洛决定在两者之间架起一座桥梁，为彼此牵线搭桥。

但新生事物在诞生之初，通常是很难被人认可和接受的。由于这种性质的工作对人们来说相当陌生。摩洛干起来遇到了很大的困难。而且，同时说服许多家独立的百货公司，分别采纳各公司的意见加以整合，这种事过去从未有人完成过，更别说要他们拿出几百万美元的经费来做广告了。基于这些，许多人都认为他不可能成功。

尽管大家都在说三道四，但摩洛坚信自己的能力，坚持走自己的路。功夫不负有心人，摩洛后来做得相当成功，他的创意大受欢迎，与许多家百货公司签成合约，同时，他向CBS电台提出的策划方案也被接受了。此后的10个星期内，他与电视台经理一同展开一系列的广告活动。然而，工作上虽然取得了重大突破，他这段时间却几乎没有任何收入。

眼看计划就要步入最后的成功阶段，谁料由于合约内某些细节未能达成而终告流产，他的梦想也随之破灭了。不过他的名声却从此传播开来。计划流产后，CBS公司随后聘请他做纽约办事处新设销售业务部门的负责人，并支付他3倍于以往的薪水。就这样，摩洛的潜力得以继续发挥，又开始活跃起来。此时，他年方20岁。

在CBS工作几年后，摩洛再度回到广告界工作。但他这次不是从基层做起，而是直跃龙门——担任了承包华纳影片公司业务的汤普生智囊公司的副总经理。

在那个时候,电视刚刚诞生不久,尚未普及。摩洛对它的发展前景十分看好,认为电视必将快速发展,大有可为,于是致力于这种传播媒体的推广工作。由公司所提供的多样化综艺节目,为CBS公司带来空前的成功。这便是摩洛人生中的第二次拼搏。

为此,他再次放弃原来可以平步青云的机会,走入另一个未知的领域。他这次冒险绝非盲目,而是看好市场后才下"赌注"的。

在起初两年里,他只是义务性地在"街上干杯"的节目中帮忙,没想到竟使该节目大受欢迎。

摩洛就是这样取得创业成功的。他的成功,要归功于他高度自信的性格。我们从中可以领悟到:只有把自己想象更强一些,我们的内在潜力才能更好地发挥出来,才有勇气和动力为既定的目标努力奋斗,从而排除万难,夺取胜利!

用困难塑造卓越的人生

冰心有首诗作得好:"成功的花,人们只惊慕她现时的明艳,然而当初她的芽儿,却浸透了奋斗的泪泉,牺牲的血雨。"是的,"若非一番寒彻骨,哪得梅花扑鼻香",在人生的背后,奋斗与牺牲是每个成功者的必然经历。

蔡荷出生在一个偏远地区的农村,农村里像她这样的女孩很多,家庭贫困,早早辍学,在家务农或是外出打工,挣钱补贴家用,让家里的弟兄继续学习。

蔡荷偏不这样,她喜欢上学。上完小学考上了县中学,父母死活不让她上了,弟弟还小呢,他是男儿,家里供不起两个,必须牺牲一个,理所当然的,这个人应该是作为女孩的蔡荷。

蔡荷不依,还在暑假,卷起自己睡的那床破被子就去学校报到了。她在县城捡废旧塑料瓶子、废旧纸箱,捡来堆在宿舍里,堆多了就拿去卖了换钱,攒学费、攒生活费,同室的人都厌恶她,说她把宿舍搞成了垃圾收购站。蔡荷她没有同学那么好的命,有父母来给她们承担一切,她得靠自己。她在被窝里捂着被子无声地哭过很多回,但在别人面前,她从来不会把"难"和"苦"写在脸上。

上高中时,她不但继续捡垃圾,还利用课余时间在学校旁边一个小吃店打工,她挣下了自己的学费,省吃俭用,还邮些钱回去,跟父母说,这是她尽自己最大的力所能帮助弟弟的了。

大学她学的是外语专业,早早她就开始接一些简单的翻译活儿,同时还勤工俭学。

靠着自己的努力,蔡荷上完了大学。除了专业之外,她还业余选修了经济学。早年的独立生活,锻炼了蔡荷极具经济意识的头脑。后来她轻松应聘到一家外资企业,如今已经是那家外资企业的中层主管之一。

去年,回到故乡时,时尚的蔡荷让人几乎无法认出来,穿着香奈尔女装,挎LV的包包,喷着雅诗兰黛的香水,高贵迷人得像从电视里走出来的明星。父母把她当贵宾,亲戚邻居争相来看她。还有儿时的姐妹,她们大多辍学打工务农,早早结婚嫁人生子,和蔡荷站在一起,明显的天壤之别。还不到30岁的她们,很多看上去已经像40岁的中年妇女了。

临走,望着故乡的山山水水,回想着自己捡垃圾,吃馊饭的艰辛,蔡荷感叹不已。她的今天,完全是在困难中造就的。现在她的很多同学还不如她呢,如果她出生在一个普通的城市家庭,她会这样的努力吗?

蔡荷审视自己的内心,摇了摇头,她的资质只能说是一般,并不比她的童年好友优秀到哪里。但是困难给她的痛苦太深太强烈了,而她又是个不甘屈服的人,正是这样的感受和这种性格,令她自强不息、不停地追求,才造就了如今这个优秀的蔡荷。

我们每个人的一生中,总会被堆积在面前的大大小小的困难所牵绊,困难往往会锻炼人,塑造一个人,把人变优秀,变成熟。但并不是说,经历了困难,就一定会造就成功的人生。成功很大程度上是靠战胜挫折与困难获得的,一个人能否有这样的观念和意识,才是关键。

高位截瘫的人很多,但能像张海迪一样卓越的,很少。鞋匠有很多,鞋匠的孩子也很多，摆渡工、种植园的工人、店员、木工、测算员、律师很多，但成为总统的，也只有亚伯拉罕·林肯一个……

在充满变数的当今社会，今天的朝阳工业，明天就可能沦为夕阳产业。下岗、失业、职业转型等问题，已经成为一种不可避免的社会现象。很多人陷入其中不知所措。

当然也有例外。一位朋友失业后，没过多久就又找到了一份理想的工作，而且待遇不错。在人人自危，漫天裁员的经济形势下，这么快找到可心的工作，真是让人感到意外。

有朋友问他，使用了什么巧妙的办法？他说，哪里使用过什么巧妙的办法，只是新的企业与原先的单位联系比较多，知道他在原单位的时候工作很努力、很用心罢了。只有好朋友知道，他一直都是追求卓越的人，不论在哪里。

一个人如果一贯地追求卓越，那么不用他自己说，也会被人知道的，甚至想不让别人知道都很难。追求卓越是一个人最好的名片与招牌。一个追求卓越的人，会积累一大笔宝贵的无形资产。这笔无形资产，会在冥冥之中帮助他走出困境、渡过难关，帮助他取得胜利、获得成功。

追求卓越是一种积极的心理状态，指的是行为过程中的心理倾向而不是行为结果。也就是说，当你做一件事情时，如果你在想方设法要把它做到完美，即使结果不一定是最好的，你也是在追求卓越了。

要养成追求卓越的良好习惯，需要一段时间的有意识的自我训练。许多人知道追求卓越的重要意义，而对自己进行训练，可是他们中的不少人最后放弃了，这是非常可惜的。

困难和成功不一定成绝对的正比关系，但是，困难是一种磨砺却是至理名言。一个人经历过，努力过，依然没有成功，但因为有过困难的磨砺，他的思想、观念、行事、作为，都会因此而改变，会懂得人生的真谛，会把人生的路走得更加踏实。

没有人能随随便便成功。有时困难和成功就像一个"人生跷跷板"，经历的困难越大，成功的可能性也就越大。而没有经历过困难的人，往往像温室的花朵，一阵风雨足可以将其摧残得再也直不起腰来。

在动物界里，也往往是这样，野生的动物，不管是生存能力还是其他方面的，往往优越于家养的动物。野生的动物困难重重，吃了上顿没下顿；不去拼搏厮杀，自己就会成为更强大动物的口中餐。但是这种生存困难，却造就了它们更懂得以卓绝的方式来生存。

只有经历过磨难的人，才能够走得更远更稳。当困难克服了，困境过去了，我们才会品尝到人生的真味，才懂得人生的苦，是怎样的一种苦，乐又是怎样的一种乐。

相信自己一定能够成功

你若在一开始就做好了失败的打算，那么结果你就真的会成为失败者。同理，你若认为自己是个成功者，那么你真的就会成为一个成功者。

既然思想和意志能把我们的身份定为成功者，那我们为何自讨苦吃要把自己定格为一个失败者呢？所以，不论发生什么事，绝不要认为自己是失败者，要阻止消极的思想侵蚀你的心灵。不要落入不满的陷阱，变得忧虑、蛮横或愤世嫉俗。当你被麻烦所困扰时，不要借助酒精或者其他不良方法来麻痹自己、逃避现实，它们虽然能在一定程度上起到发泄情绪和缓解压力的作用，但当你脱离那种环境或场合后，心中迎来的却是更大的烦恼和无助。此外，更不要跟其他遭遇困境的人一起同病相怜。不幸的人喜欢结伴同行，你那些什么也做不好的同伴可不愿见你脱离苦海，他们要你和他们一起沉沦下去。

有些人在遭遇困境后，总感觉别人甚至平时关系不错的人都在突然之间站出来跟他作对，以致对生活更加绝望。这实际上是一种病态心理，其实别人并没有这样做，只是他自己在胡思乱想罢了。

有医学专家说，这种精神上的堕落甚至可以导致绝症。然而，毒瘤可以通过手术割除，恶劣的情绪却不能。只有你自己有力量纠正心理上的偏颇,重新回到正常的心理状态。

身处困境时,不要对自己失去信心,除非你放弃,否则你不会被打垮。

伟大的希腊演说家德谟克利特因为口吃而羞怯。他父亲留下一块土地,希望他能通过这块土地富裕起来,但当时希腊的法律规定,他必须在声明土地所有权之前,先在公开的辩论中战胜所有人才行。口吃加上害羞使他惨败,结果丧失了这块可以改变他命运的土地。不过这次惨败却成了他命运的转折点。失败激发了他的斗志,使他从此开始发奋努力,立志成为一名演说家。结果,德谟克利特创造了人类有史以来盛况空前的演讲高潮。历史忽略了那位夺去他土地财产的人,但一连好几个世纪,世界各地的学童都在聆听有关德谟克利特的传奇故事。

"菲亚特"是"意大利都灵汽车制造厂"的缩写。100多年的创业史,历尽了艰辛坎坷,菲亚特从小到大,从国内到国际,靠的就是坚韧不拔的奋斗精神。

菲亚特的创始人老阿涅利在都灵办厂时,许多大名鼎鼎的经济学家嘲笑他,说什么"汽车只是少数贵族的奢侈品,根本没有前途"。但老阿涅利毫不动摇,坚持办厂。

如今,2000多万辆汽车在亚平宁半岛上奔驰,更多的车辆行驶在世界的各个角落,事实证明了老阿涅利的远见。乔瓦·阿涅利在继承了家业的同时,也承袭了他祖父这种坚韧不拔的奋斗精神。

20世纪70年代初期,西方爆发了能源危机,汽车工业首当其冲。阿涅利在严峻的现实面前探索道路,勇于开拓,针对能源短缺问题,努力研制低油耗车;针对市场萎缩问题,千方百计降低生产成本,最终,菲亚特战胜了危机,渡过了难关。

美国前总统柯立芝曾经说过:"世界上没有一样东西可以取代毅力。才干不可以,怀才不遇者比比皆是,一事无成的天才很普遍;教育也不可以,世上充满了学无所用的人。只有决心和毅力,才能让一个人无往而不胜。"

要想战胜失败,首先要有勇气,有勇气才有信心,而后才能采取一系列行动。

遭遇失败,我们既不要畏惧,也不要回避,要去正视它,并有打垮它的信心。无论什么事情,只要勇敢去尝试,多多少少都会有所收获。那些有成就的人都认为如果因为惧怕失败而放弃任何尝试机会,那么就不能进步。没有尝试就无从得知事物的深刻内涵,而尝试过,更由于对实际的痛苦亲身经历,而使得这种种体验为将来的发展做好了铺垫和准备。

在失败面前,你表现得越懦弱,失败就越欺负你,这样你就毫无建树。而你表现得越坚强,失败就越惧怕你,这样你就越容易做出成绩。

坚定地走好自己的路

每个人都有自己的人生轨迹,走好自己的路,大可不必受他人的言论所左右,只顾走好自己的路,坚定自己的信念,一个劲地朝着既定的目标走下去,就一定能达到光辉的彼岸。人不可能是完美的,即使你做得再好,也无法达到每个人的要求。人生充满艰难险阻,能在困顿中学会良好的适应之道,便能迈向成功。

在一个炎热的日子里,父亲带着儿子和一头驴走过满是灰尘的街。父亲骑着驴,儿子牵着它走。"可怜的孩子,"一位路人说道,"这个人怎能心安理得地懒洋洋地骑在驴背上?"父亲把这人说的话记在心上,他从驴背上下来让他儿子骑上去。但没走多远,另一位路人的声音又在耳边响起:"多么不孝啊!这小家伙像国王一样骑在上面,而他可怜的老父亲却在一边跟着跑。"这句话显然伤害了小孩,他要父亲坐在他的后面。"你们谁见过这样的事,"一位戴着面纱的女人说道,"这么残酷地对待动物。这可怜的驴子的背正在下陷。这个老不中用的家伙和儿子却悠闲自在地闲逛,多么可怜的动物啊!"

不用说,被批评的对象只好从驴背上下来。但是,当他们徒步走了几步后。一个陌生人对他们开玩笑地说："谢天谢地,我才不会那么蠢。为什么你俩赶着驴走,它却不能为你们效劳?为什么不让你们当中的一个骑着走?"父亲抓了把草塞进驴的嘴里,把手放在儿子的肩上说道:"不管我们怎么做,总有人不称心,我想我们自己应该知道什么才是对的。"

世上许多人,因恐惧失败而灰心丧气,结果无法实现理想,成为不可救药的失败者。事实上,这些失败者,与其说恐惧失败本身。不如说"恐惧因失败遭受世人的批评"。多数人因太过恐惧世人的批评而受亲朋好友、传播媒体等的影响,无法过自己想要的人生,一辈子都在扮演"别人希望的角色"。

照他人期望的模式过活,牺牲真正的自我,是天底下最愚蠢的事。你要记住:最后为你的一生"付账"的只能是你自己,何必太在意他人的看法,让他人来左右你的人生?

任何成功的人在达到成功之前,没有不遭遇失败的。爱迪生在历经一千多次失败后发明了灯泡,而沙克也是在试用了无数介质之后,才培养出小儿麻痹症疫苗。

你应把挫折当作使你发现你思想特质,以及你的思想和你明确目标之间关系的测试机会。如果你真能了解这句话,它就能调整你对逆境的反应,并且能使你继续为目标努力,挫折绝对不等于失败——除非你自己这么认为。

爱默生说过:"我们的力量来自我们的软弱,直到我们被戳、被刺,甚至被伤害到疼痛的程度时,才会唤醒包藏着神秘力量的愤怒。伟大的人物总是愿意被当成小人物看待,当他坐在占有优势的椅子中时会昏昏睡去。当他被摇醒、被折磨、被击败时,便有机会可以学习一些东西了。此时他必须运用自己的智慧,发挥他的刚毅精神,他会了解事实真相,从他的无知中学习经验,治疗好他的自负精神病。最后,他会调整自己并且学到真正的技巧。"

然而,挫折并不保证你会得到完全绽放的利益花朵,它只提供利益的种子。你必须找出这颗种子,并且以明确的目标栽培它给它养分。否则它不可能开花结果。

你应该感谢你所犯的错误,因为如果你没有和它作战的经验,就不可能真正了解它。

人的内心有着无限的力量,这个力量是:当一个人发挥出他的个性时,他的人生就会有惊人的光辉。我们的能力像深深埋在地下的矿藏,若能把它发掘出来,发展下去,人生就会有惊人的发展,不可能的事也会陆陆续续地变成可能。但这要看这个人是否选择自己应该走的路。

任何人都可以爬升到自己想要的事业顶峰;同时当他选择好要爬上的成功事业顶峰时,宇宙中最伟大的力量就会帮助他,一直把他推上成功事业的顶峰。

不管你现在处在何种恶劣环境中,都不要气馁,而要为了达到目标去努力,向着更大的目标挑战。只有这样你才会找到人生的意义,进而克服所有困难,最终一步一步地走向成功。